Treasures for Scholars Worldwide

殷比干文獻彙釋

栗軍芬 ｜輯釋｜

GUANGXI NORMAL UNIVERSITY PRESS

廣西師範大學出版社

·桂林·

殷比干文獻彙釋
YIN BIGAN WENXIAN HUISHI

圖書在版編目（CIP）數據

殷比干文獻彙釋 / 栗軍芬輯釋. -- 桂林 ：廣西師範大學出版社，2024.3
ISBN 978-7-5598-6745-2

Ⅰ．①殷… Ⅱ．①栗… Ⅲ．①比干－文獻資料－彙編 Ⅳ．①K827=23

中國國家版本館 CIP 數據核字（2024）第 026969 號

廣西師範大學出版社出版發行

（廣西桂林市五里店路 9 號　郵政編碼：541004）
（網址：http://www.bbtpress.com）

出版人：黃軒莊
全國新華書店經銷
廣西廣大印務有限責任公司印刷
（桂林市臨桂區秧塘工業園西城大道北側廣西師範大學出版社集團有限公司創意產業園內　郵政編碼：541199）
開本：880 mm ×1 240 mm　1/32
印張：10.125　　字數：280 千
2024 年 3 月第 1 版　　2024 年 3 月第 1 次印刷
定價：86.00 元

前　言

　　比干是殷商末期的一位知名人物，是一位具有民族象徵意義的人物，三千多年以來，一直作爲中華民族的仁人志士，被歌頌、紀念和崇拜。

一、比干其人及其藝術、宗教形象

　　中國先秦的古史，在舊籍中往往史實與傳説雜糅。而且，隨着時代的推移，一些人物的事跡越來越豐富，附着在他們身上的文化元素越來越多。孔子的弟子子貢説過："紂之不善，不如是之甚也。是以君子惡居下流，天下之惡皆歸焉。"（《論語·子張》）民國初期，疑古學派的史學家顧頡剛先生，曾經提出"層累地造成的中國古史"的史學理論，來解釋上古史中存在的這一現象。

　　在我們考察這一階段的歷史時，往往會發現，除了無心的訛傳之外，不同的人，不同的時代，出於不同的目的，在講述同一人物、事件時，往往會有所側重、强調，以至於誇張、想象。史實因此顯得撲朔迷離。我們不能簡單地視此爲對歷史的篡改，這也許祇是爲了表達一種願望或看法時采用的筆法，而未能完全顧及史實。後世的文學作品，小説、戲曲、曲藝、民間故事，則更是明確地對人物和事件加以虛構，從而使作品符合作者要表達的思想，或滿足受衆的期望，並使故事情節更爲曲折引人，人物形象更爲鮮明生動。

比干就是這樣一位人物。

比干的生平資料，留下的信史很少，在《今文尚書》《逸周書》和《史記》中，衹有寥寥數語。根據比較可靠的文獻，他是殷商王朝的一位王子——文丁或帝乙的兒子，亦即殷紂王的叔父或者兄弟，生活在殷商時代的末期。當時紂王失道，國將不國，最終，王室重臣微子逃往國外，箕子裝瘋爲奴，而比干因爲堅持直言諍諫，觸怒了紂王，被紂王剖心殺害。時在武王伐紂的前一年。

牧野之戰周武王取得勝利之後，給予比干很高的禮遇："封比干墓"，大約是在其埋葬之地封土起墳。《今文尚書》記述了一般百姓對此事的反應："王之於仁人也，死者封其墓，況於生者乎？"可知比干生前已被認爲是一位"仁人"。《史記》還記錄了比干勸諫紂王前講述的一句話："君有過而不以死爭，則百姓何辜！"這表現了他的民本意識，並可以作爲《尚書》"仁人"的注腳。

自春秋戰國開始，不同的傳說就陸續出現。這些傳說往往在基本史實上是矛盾的。關於比干的身世，多數記載都提到"王子比干"，但大都沒有明確說他是哪一位商王的王子，《史記》也衹說他是紂王的親戚。唯獨《孟子》講到，微子和比干都是紂王的叔父。而根據《尚書》和《史記》，微子是紂王的哥哥，所以，"比干是紂王叔父"的說法，可信程度便要打一些折扣。關於比干之死，大都記載是被紂王剖心殺害，而《楚辭》則說是"抑沈"（沉入水中溺死）或"菹醢"（剁成肉醬），這也許衹是流行於南方地區的不同傳說。

漢代以後，比干的傳說更爲豐富。即使被公認爲信史的《史記》，對於比干事件細節的記述，也有自相矛盾的地方：《殷本紀》說，箕子見到比干被殺，於是佯狂爲奴；《宋微子世家》則說，比干見到箕子爲奴，纔前去強諫紂王。

關於比干的官職，東漢的經學家鄭玄注釋《尚書》時，認爲《商書·微子篇》中的"少師"即比干，説他是殷紂王時的少師，即最高長官太師的副職。《尚書》在東漢時已是官方的教科書，後來經過孔穎達等歷代權威經學家的認可，"少師"的説法被普遍接受。但現代學者大都持否定的觀點，因爲它與《史記》的記載不符。

此外，漢鄒陽《獄中上梁王書》中講道，周武王"封比干之後，修孕婦之墓"，是分封了比干的後代，而不是封比干之墓。晉皇甫謐《帝王世紀》則説，紂王"剖比干妻，以視其胎"，而非剖比干而視其心。

妲己的故事，也在漢代的傳説中與比干關聯起來。劉向《列女傳》講道，由於比干指責紂王聽信婦人之言，妲己便提議剖其心而觀之。這樣，妲己便成爲殺害比干的倡始者和罪魁禍首。《列女傳》是爲勸諷後宫而編寫的讀本，這有可能是爲塑造妲己的反面形象，而加入了故事成分。其他如韓嬰《韓詩外傳》記載："紂作炮烙之刑，王子比干曰：'主暴不諫，非忠也；畏死不言，非勇也。見過即諫，不用即死，忠之至也。'遂諫，三日不去朝，紂囚殺之。"所引比干的話，排比鋪叙，與《尚書》中的殷商語言完全不符，而類似於戰國時代策士的説辭。因此，這些話和"三日不去朝"的細節，也有可能是帶了文學色彩的叙述。

宋元戲曲小説興盛以後，比干的形象也隨之進入文學作品。現存最早關於比干的小説是元無名氏的《武王伐紂平話》。至明代，又有余邵魚的《列國志傳》、鍾惺的《有商誌傳》，而以許仲琳的《封神演義》影響最大。元雜劇則有鮑天祐的《諫紂惡比干剖腹》，但已失傳。《封神演義》流行之後，涉及比干故事的戲曲作品大量出現，故事梗概大體不出《封神演義》的範圍。清代内府的連臺大戲《封神榜》，是比干故事的集大成之作。各地方劇種大都有涉及比干的封神戲，一些劇種還有以比干爲主角的作品，如豫劇《比干挖心》等。

在小説家、戲曲家的筆下，出現了比干救護太子、射九尾狐狸、鹿臺獻裘、妲己設計害比干、姜子牙贈符、路遇賣菜女等一系列情節，比干的故事變得有血有肉，比干的形象也豐滿起來。其中一些細節的改編非常生動，如《封神演義》中的比干之死，並非如前代所述，是被剖心而死，而是“自剖”，更加彰顯出這一形象的忠烈。

至少在南北朝時代，比干的形象就進入了道教的神仙譜系，成爲一位神衹。陶弘景的《洞玄靈寶真靈位業圖》，將比干列爲第六等的散位地仙，並標注居住在戎山。另據陶弘景《真誥》的説法，比干是因爲“至忠”而成仙的。這與儒家推崇的觀念相一致。不過，在《道藏》中，關於比干的記載很少，幾乎没有什麽影響。到了明代，小説《封神演義》的大結局中，姜子牙奉了元始天尊的符册，封比干爲文曲星。在此之前，文曲星或爲商代的伊尹（見元雜劇《伊尹扶湯》，或爲宋代的包拯（見小説《水滸傳》），此外還有唐代的李淳風（見小説《大唐秦王詞話》）等。同樣，作爲文曲星的比干，影響也不是很大。

在中國民間信仰中，比干又作爲文財神被供奉。其起源時代已不可考，但其興起與古代商業的發展相關。今查到最早的記載，山東曹縣的五聖祠將比干供奉爲增福財神。據道光間知縣章寅《重修五聖祠碑記》，五聖祠創建於清雍正九年（1731），原本是五省會館。章寅説：以比干爲財神，從未見正史野乘記載。對此他理解爲，比干能夠不惜身命，直諫剖心，所以大公無私，擔當得起財神之位，並使逐利者知道盈虚有定，不可有心求得。後世的財神廟，不少供奉比干，特別是清末民初以後，在中國的東北、臺灣，以及海外的東南亞一帶。國内市場經濟興起以來，一些道家的廟宇也往往增設財神廟，典型者如北京白雲觀，1980年代將儒仙殿改建爲財神殿，主位供奉比干，稱之爲“正一福禄財神真君”。

此外，近年皮革業還有將比干奉爲“裘祖”而祭祀者，這大抵是源於小説中出現的比干 "鹿臺獻裘" 的故事。

二、對比干的歷史評價

對於比干的認識和評價，在歷史上並不都是一味地贊美、歌頌。

如前所述，最早《尚書》的記載，比干被百姓視爲 "仁人"。仁，作爲品格，是一個帶有民本思想的概念。孟子説："仁者，愛人。"（《孟子·離婁下》）孔子正是基於這一點，稱微子、箕子和比干爲殷商的 "三仁"。由此確立了儒家對比干的基本評價，經過《漢書·古今人表》的評定，爲後世普遍繼承。由於傳世的《尚書》有可能是經過孔子整理的，其中的 "仁人" 是否爲孔子的修飾，亦可以存疑。

在比干的時代，人們對於他的諍諫，是有不同看法的。因此，面對紂王無道，殷商將要滅亡的局面，微子選擇了去國逃亡，箕子選擇了佯狂爲奴。《尚書》記載了微子出走之前，向父師、少師徵求意見的一段對話，父師建議微子出走，説：祇要潔身自重，各自都有自己獻身先王的方法。《史記》記述了微子自己的話：人臣三諫不聽，在道義上講就可以離去了。箕子則完全不認可微子的行爲，而選擇了佯狂。《史記》記載箕子的話説："爲人臣諫不聽而去，是彰君之惡而自説於民。" 認爲出走是放大了君主的惡，是取悦於民。這句話在《韓詩外傳》的記載爲 "知不用而言，愚也；殺身以彰君之惡，不忠也"，變成了對比干的指責，認爲他是一個不忠的愚人。東漢以後的學者，對三仁的行爲作出過許多討論和辯解，大體上都屬於從闡發儒家觀點的願望出發，維護三仁的形象，認爲三仁是殊途同歸於仁。如魏何晏《論語集解》所説："三人行各異而同稱 '仁'，以其俱在憂亂寧民也。" 但無論如何，不同的選擇，意味着不同觀念的存在。

春秋戰國的百家爭鳴時期，不同的學派對比干的評價有着細微的或很大的差異。例如，《墨子》稱，比干死於其抗直，屬於 "太盛難守"，因而過猶不及。這有些接近於結果論的思維。《吕氏春秋·過理》記載了孔子的一句話："其竅通，不死矣。"此話是否孔子所言，雖然可以存疑，但至少表現了春秋戰國的另一種看法：比干不知變通。東漢徐幹《中論》評價三仁，認爲"微子爲上，箕子次之，比干爲下"，也是立足於比干"不能以智自免"的角度。後世，唐代名臣魏徵則提出了"良臣""忠臣"之説，認爲"良臣使身獲美名，君受顯號，子孫傳世，福禄無疆。忠臣身受誅夷，君陷大惡，家國並喪，空有其名"（《舊唐書·魏徵列傳》），以爲忠臣比干並無足取。宋代理學家河南程氏更發揮道："邦無道，則能沉晦以免禍，故曰不可及也。亦有不當愚者，比干是也。"（《程氏外書》卷七）

道家的莊子，則借盗跖之口，指責比干"爲大盗積"，"卒爲天下笑"（《莊子·盗跖》）。這是説，比干的行爲實際上有助於紂王延長他的殘暴統治，幾乎等同與助紂爲虐。

雖然各家對比干的評價有所差異，但普遍認可比干是一位"忠臣"。《荀子·大略》説："比干、子胥忠，而君不用。"《韓非子·飾邪》説："比干、子胥之忠而見殺。"其他如《楚辭》《戰國策》中，都有類似的評述。即使《莊子·盗跖》也説："子胥沈江，比干剖心，此二子者，世謂忠臣也。"可知這是先秦的普遍共識，祇是莊子並不認可"忠臣"。

"忠"與"忠臣"是有區別的。"忠"是忠誠，指人際交往，如《論語·學而》中的"爲人謀而不忠乎"；也指忠於職守，如《論語·公冶長》中對令尹子文的評價。"忠臣"則限於對君主的忠誠，即忠君，《史記·屈原列傳》所謂"竭忠盡智以事其君"。先秦時代，"忠臣"並不像後世那樣，偏重於對君主的絶對服從，而偏重於對自己認爲是正確的道義的忠誠，堅守正義。《荀子·臣道》説："伊尹、箕子，可謂諫矣；比干、子胥，可謂争矣。……《傳》曰：從道不從君，此之謂也。"比干的静諫，本身就是對君主的反叛，而不是服從。

後世較爲開明的帝王，也正是在堅守正義、耿直不屈這一點上，認可比干的行爲。所以，魏孝文帝在《弔殷比干文》中，强調比干的"耿介"，"寧溘死而不移"，從而感嘆："嗚呼介士，胡不我臣！"唐太宗追贈比干爲太師，封忠烈公，其《贈比干詔并祭文》表達了同樣的認識：比干是爲其邦國，"愍其邦之殄悴"，同時"見義不回，懷忠蹈節"，"不以夷險易操，不以利害變節"。

在民間文化意識中，比干被賦予更多的民本思想色彩。早在《武王伐紂平話》裏，比干就被塑造成盡忠爲民的形象，他對紂王的諍諫，主要内容即以夏桀虐民、商湯愛民的言行爲規勸。《封神演義》第十一回《羑里城囚西伯侯》，比干的奏對中，也以姬昌"爲國爲民"爲諫言。而豫劇《比干挖心》則最大化地塑造了比干的民本形象，增加了大量的唱詞、道白，以表現他的一心爲民。劇中，比干指責紂王的珍寶是"民脂民膏"，玉液瓊漿是"百姓的鮮血"，要求紂王"隨爲臣去到郊外，聽聽那百姓飢餓的哭聲"。紂王要取比干之心爲妲己醫病時，作者專門安排了百姓結隊攔阻比干入朝的情節，以顯示民衆對他的愛戴。這在官方的劇本《封神榜》中都是没有的。

綜上所述，可以説，不同的時代，不同的階層，對比干有不同的理解，同時也賦予他不同的品質。這已經不再是單純對一個歷史人物進行評判，而成爲一個文化現象。其關鍵是，比干的形象，體現了熱愛人民、忠於正義并爲此不惜獻身的品德。在這一意義上，比干成爲超越階層、超越古今的人物，成爲人們共同歌頌的形象，成爲一種民族精神。

三、比干研究述略

早在漢代，學者在注釋《尚書》《論語》等先秦古籍時，就開始討論比干其人其事，此後一直持續到明清。這些討論也可以歸入比干研究的範疇，但畢竟衹是片言隻語的分析、評判，在此姑不論。

到了明代，出現了兩部關於比干的專著。

明天順五年（1461），衛輝府儒學訓導、華亭人曹安，編寫了第一部衛輝比干廟的廟志《太師比干録》，計三卷，後來又補充了一篇《旁證》附於書末，天順六年（1462）刊刻出版。此書第一次彙集了比干的歷代文獻，其卷上收録古籍中關於比干的事跡和評論，並附了微子、箕子的資料。卷中收録了衛輝比干廟中碑刻的原文。卷下則輯録歷代歌咏比干及比干廟的詩歌。這是一部有很高文獻價值的資料彙編，編者筆路藍縷，有開創之功。遺憾的是，該書一直流傳不廣，明清兩代的古籍中很少提到這本書。現在僅北京大學圖書館存有明天順六年刻本，寧波天一閣博物館藏有明弘治間補刻重印本，日本内閣文庫藏有江户時期傳抄弘治本。

明萬曆五年（1577），衛輝府知府暴孟奇，在《太師比干録》的基礎上加以增删，重編爲《殷太師忠烈録》十卷並刊刻出版。今國家圖書館藏有萬曆刻本，這是一部傳世孤本。書中有萬曆六年（1578）暴孟奇《銅盤銘跋》、萬曆十五年（1587）周思宸《銅盤銘辨》，應爲後來補刻。這部新編本增補了天順年間以來的新資料，采用了更合理的分類體例。但其收録的文本，却不如原本嚴謹，特别是删去了許多碑刻的落款，致使一些珍貴的信息缺失。

1935年，汲縣一位留學生林波清（一説爲林一足）回國，從家譜中得知自己是比干的後裔，因呈請縣政府批准，出資重修比干廟，在墓前石碑下發掘出一石函，内藏“歷代帝王及海内名士之詩詞碑記、墓誌歌文”及“孔子親筆之墨跡”。於是着手編輯出版。但在此過程中與縣儒教院發生矛盾，經河南省府派員協調，將出土文獻收歸官方保管，並由林氏主持編輯一部名爲《墓廟志》的圖書（見逆耳《比干廟中發現孔聖墨跡》，載《上海報》1935年7月13日；胡星垣《比干廟發現孔聖人墨跡》，載《戲世界》1935年7月27日）。這部《墓廟志》未見出版，不知最後編成與否。這批出土文獻也下落不詳，因而無法判定其真偽。從報導看，其內容與兩部明代比干廟志類似。林一足即林修，當時正倡修汲縣比干廟，其上書中曾提到《精忠集》（參見霍德柱、張英英《林修與比干廟》，《河南科技學院學報》2015年第7期），也許石函內文物即《比干錄》或《忠烈錄》。

民國以來，殷商史得到學術界的空前重視，陸續出現了包括殷墟甲骨在內的大量的考古成果和研究成果。但比干的史料卻沒有新的發現。在殷商史的研究著作和文章中，比干經常會被提到，但往往是一筆帶過。

1980年代以後，隨着改革開放和學術研究的恢復，比干研究和比干文獻的收集，逐漸開展。1982年，中州書畫社出版了衛輝學者耿玉儒先生的《比干廟》，它雖然是一本薄薄的小冊子，但卻是近現代第一部關於比干的專書，言簡意賅，介紹了比干與比干廟的概況，以及一些傳說，並徵引了許多原始資料。

此後，在衛輝市政府相關部門、相關協會及奉比干為先祖的林氏家族推動下，比干文化研究逐步繁榮。1989年，河南人民出版社出版了耿玉儒編寫的《林氏宗祖比干》。1993年，河南大學出版社出版了何東成主編的《比干與林氏》。1998年，衛輝市比干廟管理處內部印刷了《殷太師比干文獻集》。林氏家族的林樂志編著了《比干後裔：林氏家族三千年統譜》和《續集》，分別於1998年、2000年由光明日報出版社出版。在此期間，衛輝市召開了多次比干文化討論會，並結集出版過《比干學術研討論文集》（衛輝市比干紀念會、衛輝市姓氏歷史文化研究會編，1993年內部出版）等著作。這一階段，比干的歷史資料得到了初步的梳理，比干的文化精神得到初步探討，對衛輝比干廟（墓）的保護起到了重要的推動作用。由於研究者以林氏家族居多，成果也以比干後裔支脉研究比重爲大。但與此同時，由於一些文章的作者爲業餘愛好者，所以相當數量的觀點、表述，缺乏嚴密的論證、嚴格的證據，甚至缺少基本的學術規範。

進入 21 世紀，隨着專業學者的介入，比干文化的研究取得了長足的進步，出現了一批卓有建樹的學術論文。如中國社會科學院歷史研究所趙平安先生的《〈窮達以時〉第九號簡考論——兼及先秦兩漢文獻中比干故事的衍變》(《古籍整理研究學刊》2002 年第 2 期)，中國社會科學院考古研究所陳公柔和故宫博物院劉雨二先生的《〈封比干墓銅盤〉考辨》(《比干文化研究》，2012 年河南人民出版社出版)，河南省社會科學院文學研究所王永寬先生的《古代小説戲曲中的比干形象》(同前)，中國社會科學院哲學研究所朱雷先生的《今文經學視域中的"殷有三仁"》(《中國哲學史》2019 年第 2 期) 等，從不同的角度，對比干相關的文物、文化，作了深入的論述，提出了新的觀點。

2015 年，中州古籍出版社出版了霍德柱編著的《比干廟古碑刻解析》。2021 年，河南人民出版社出版了李雪山、霍德柱編著的《比干廟古詩辭彙釋》。兩部著作對衛輝比干廟的碑刻文獻，作了規範的整理。

2018 年，河南師範大學與新鄉市人民政府合作，在河南師範大學成立了比干文化研究院，此後舉辦了多届論壇，進一步促進了比干文化的研究。

迄今，比干文化的研究在許多方面都取得了豐碩的成果。但仍然存在諸多不足。比如，基本文獻史料的輯錄尚不完備；一些專題 (如民俗學) 研究，停留在泛泛而談的層面；一些缺乏文獻學、考古學證據，甚至明顯缺乏常識的説法，還在廣泛流傳。

四、關於本書

歷史研究的基礎是歷史文獻、文物。脱離了文獻、文物，任何理論的分析評價與規律的歸納總結，都是空中樓閣、癡人説夢。但關於比干的基本的史料，目前尚沒有一部完備的、嚴謹的、符合文獻學規範的彙編。

作爲比干文獻資料的彙編，本書不是一部全編，並不求全責備，而是有所去取。選擇的具體標準，詳見《凡例》。

比干研究屬於先秦史的範疇。在先秦史研究中，許多重大問題，千百年來一直存在不同的觀點。比如武王伐紂的年份，歷代有二百多種推算結果，直到近年"夏商周斷代工程"結論發佈，仍有不同聲音的争辯，並且有的學者還持有相當有力的證據。同時，先秦史的研究，還面臨着對歷史文獻本身真僞的甄别。比如《古文尚書》，東漢以來被奉爲不可置疑的經典，直到清康熙以後纔被疑爲僞書，歷經學術界數以百年計的深入辯論，纔達成較爲一致的共識，但迄今仍有學者持不同意見。實際上，很多事件、事物已經無法證實或證僞。

對於這一類的問題，本書力求以實事求是爲基本原則。一方面，徵引文獻，儘量使用現存年代最早的版本或公認的善本，確保其在文獻學意義上的準確。另一方面，在題解和注釋中，注意介紹所徵引文獻的背景、來龍去脈，使讀者能更好地判斷所引文獻本身的性質、價值和可信度。同時，儘可能列舉不同的記載、不同的傳説、不同的觀點，信以傳信，疑以傳疑，而不作過多的辨僞。相信讀者看到歷代不同的説法，會有自己的判斷。此外，本書也試圖做一些正本清源的工作，在結構上將文獻分門别類，把史實、傳説、宗教形象與文學作品區分開來，然後按照年代編排。這樣，許多問題的源流演變，可以比較清楚地呈現出來。

文獻資料的搜集，是一件辛苦的工作。關於比干的文獻，年代從殷商一直到近代，文獻載體從甲骨、金石、竹帛到紙本圖書，文字形態從篆體、隸書、正體到現代印刷體，內容從古奧的《尚書》到近代民間戲曲，類別兼及經、史、子、集，跨度非常之大，困難非常之多。好在近年以來，古籍數據庫提供了巨大的便利，除了新出土文獻之外，歷史古籍大都可以在數據庫裏進行全文檢索。不過，依然有大量唐宋以後的文獻，特別是地方志、祠廟志、家譜、圖像等，還無法全文檢索，甚至沒有被數字化。所以本書的遺漏和謬誤，是在所難免的，誠懇地希望專家學者批評、指正和補充。

在本書的編寫、出版過程中，有幸得到文獻學者、文心出版社原社長王鋼先生悉心的指導，廣西師範大學出版社魯朝陽先生也給予了熱情的支持。謹在此表達我衷心的感謝！

凡　例

一、本書彙集商代人物比干的歷史文獻，包括事跡、傳説、評論和文
學作品等，並輯録林州留馬村、留馬比干廟資料及相關民間故事
附後。

二、收録範圍：先秦文獻涉及比干者全部收録。秦漢以後文獻，涉及
事跡、事物者，收録較早出現的記載，以見其淵源；後出文獻，
若包含不同説法，也加以收録，以見其流變。評論性文字，各地
比干祠廟資料，凡不涉比干事跡、傳説者不録。文學性作品（包
括祭文）祇選有代表性者。

三、所收文獻，以内容分類編排，各類前作概括説明。類下以文獻年
代編排，全書統編序號。引文儘量依據善本。末附引用書目，注
明所據版本，依漢語拼音音序排列，以便核查。

四、所收文獻，注明作者、書名、卷帙，並加扼要的解題、校勘和注
釋。地方志不再注纂修者，以免煩瑣。

五、解題：附在各條引文之後，略述所引文獻的背景和價值。小説、
戲曲引文較長，不便觀覽，改附引文之前。

六、校記：僅對重要的正誤出校辨證。一般性脱誤不改原文，以正字
加方括號置於誤字之後，如：鏡〔徑〕；以補字加六角括號補脱字
處，如：〔公〕。小説、戲曲大都出自民間編印，錯訛較多，明顯
的錯别字徑直改正，不出校，如"比干"誤爲"此干"等。爲節

省篇幅，個別校記入注釋中。

七、注釋：僅對與重要史實相關的、需要辨析的詞語加注。一般性詞語不注。

八、附録：收録與主題有間接關係的文獻。

九、關於異體、別字、俗字、古今字、通假字等，依據許逸民《古籍整理釋例（增訂本）》（2014 年中華書局出版）提出的“適當範圍”“審慎穩妥”的原則，酌情加以統一。專有名詞，如人名、地名等，保留異體。個別早期文獻及碑文（特別是魏孝文帝《皇帝弔殷比干文》），適當保留異體，以見原文風貌。

目　録

卷之一
早期的可信文獻

　　事情發生在商王朝的末年。

　　商代的最後一位帝王——帝辛，名字叫"受"，又稱"受辛"。受辛即位之後，天下稱他為"紂王"。因國號為"商"，又稱為"殷"，所以也稱"商紂王"或者"殷紂王"。

　　在可信的記述中，紂王才智聰明、勇力過人，但又無道失德，殘暴地對待百姓，搜刮財富，設立酷刑，沉迷於酒色，寵信妃子妲己。

　　這時候，商的首都在殷墟（即現在安陽市殷墟博物館的所在）。紂王還在周圍興建了許多離宮別館，其中最為知名的是朝歌城（位於現在的河南省淇縣境內）。城中築有一座叫作"鹿臺"的高臺供他享樂。

　　就在這時候，西部的諸侯國——周國逐漸強大起來。周武王聯合了其他的侯國，準備進攻紂王。

　　在紂王的朝廷中，沒有人能夠阻止他。於是這一年，他的兄長微子逃亡外國了；他的叔父箕子被迫裝瘋，成為奴隸。

　　比干，也是紂王的一位重要的親屬，因勸阻他的行為，被剖心殺害。

　　第二年，二月（或者是三月）的甲子那一天，周武王率師，與紂王在朝歌外的牧野展開了大戰，短短的一天之內便打敗了紂王。紂王回到鹿臺，自焚身亡。這便是著名的"武王伐紂"和"牧野之戰"。

　　商朝就此覆亡。周武王登上天子位，從此開始了一個新的王朝——周。

　　獲勝之後的周武王，在班師回到自己的首都鎬京（位于今陝西省西安市）之前，做了幾件重要的事情。其中一件是"封比干墓"，由此我們知道，比干在當時已有重要的影響。

　　中國上古歷史的日期，在西周共和元年（前841）以前，已經沒有準確記錄了。關於牧野之戰的日期，歷代學者都設法進行計算，各自得出的結論有很大差異。由國家主導、1996年啓動的"夏商周斷代工程"，在2000年發佈研究成果，將這一年確定爲前1046年（《夏商周斷代工程：1996—2000年階段成果報告》，2000年世界圖書出版公司出版）。但在學術界，仍然有不同意見。比較有說服力的是江曉原、鈕衛星提出的"甲子日"爲前1044年1月9日（《回天：武王伐紂與天文歷史年代學》，2000年上海人民出版社出版）。

　　比干的生年沒有記載，他的被殺，是在牧野之戰的前一年，即前1047年或前1045年。

　　可信的記載基本如上所述。此後，在不同的時代，出現過許許多多不同的傳說。本卷祇收錄比較可信的文獻記錄。

1.《尚書》

　　微子若曰："父師、少師①，殷其弗或亂正四方！……"曰："父師、少師，我其發出狂，吾家耄遜于荒，今爾無指告予？顛隮若之何其？"父師若曰②："王子！……商今其有災，我興受其敗；商其淪喪，我罔爲臣僕。詔王子出，迪我舊云刻子。王子弗出，我乃顛隮。自靖，人自獻于先王，我不顧行遯。"（《商書·微子篇》）

【題解】

　　《尚書》是中國現存最早的一部書，是秦代以前上古時代官方歷史檔案的選編，大都是當時史官的記録，相傳由孔子編選成書。

　　到了漢代，漢武帝認爲儒家思想是治理國家最好的理論，於是"罷黜百家，獨尊儒術"。因此，漢代逐步將儒家最重要的五部經典著作列爲"五經"，設置學官"五經博士"，傳授弟子。《尚書》即"五經"之一。

　　漢代最早傳授《尚書》的，是一位叫伏生的人。他在秦朝就是博士。秦始皇焚書時，他將《尚書》藏在夾墙裏，使之倖免於難。漢文帝徵求《尚書》，得知此事，因爲伏生已經九十多歲了，無法入朝，就派晁錯去他家裏學習。伏生傳授的《尚書》已經不完整了，祇有28篇。此後，漢代又多次得到一些其他篇章，有些是民間呈獻的，有些是發掘出土的，大都是用先秦古篆字書寫的，被稱爲《古文尚書》，而伏生傳授用的是漢代通行的隸書版本，就被稱爲《今文尚書》。

到了西晋，經過慘烈的"永嘉之亂"後，兩種《尚書》都散失了。東晋初年，一位名叫梅賾的官員，向朝廷進獻了一部《尚書》，其中包括了《今文尚書》和《古文尚書》。隋唐以後至清代流傳的《尚書》，就是這一部，後被官方列入"九經""十三經"，成爲學子應知應會、必讀必考的著作。

自宋代開始，就有人懷疑《尚書》中的《古文尚書》是僞造的。清代乾隆、嘉慶間的學者，耗費了很大的精力深入研究，證明《尚書》中的《今文尚書》是真實的，《古文尚書》雖然原先存在，但現在流傳的這一部則是晋人僞造的。這是乾嘉學派的重要貢獻。現代學者普遍接受這個結論，並作出了更嚴密的論證。

所以，本卷祇收錄《今文尚書》中與比干相關的文字。僞《古文尚書》中的《泰誓》《武成》篇，也有關於比干的記載，所述的事情大都見於其他古籍記載，不再收錄。

《尚書》按朝代分爲幾個部分，其中商代文獻稱爲《商書》。《商書》中的《微子》，記錄了微子與兩位人物的對話。微子名字叫啓，是紂王的長兄。因爲紂王殘暴無道，國家快要滅亡了，微子召來"父師"和"少師"，徵求他們的意見：是該出走逃亡呢，還是留下來以身殉國？父師勸他出走，並説自己已經決定出走了。但沒有記載少師説了什麼。

本文沒有提到比干的名字。東漢以後學者注釋《尚書》時，大都認爲"父師"是紂王的叔父箕子，位列"三公"；"少師"就是比干，位列"三孤"。並解釋説：比干抱了必死的決心，所以沒有回答微子的問話。這一説法在東漢以後成爲主流，被廣泛接受。

　　商王朝的"少師"是什麼官職，歷史文獻没有記載。周王朝設有少師一職，與少傅、少保並稱爲"三孤"，是國家最高長官"三公"（太師、太傅、太保）的副職。

　　但是，更早的司馬遷《史記》，也記載了這段對話，説微子所咨詢的人是"太師、少師"，兩個人後來都抱着樂器逃亡國外了，並没有像比干那樣被處死。所以近現代學者認爲，"少師"不是比干，而是當時的樂師。這一説法的依據更爲有力。詳後《史記》引文。

【注釋】

　　①東漢鄭玄注："少師者，大師之佐，孤卿也。時比干爲之死也。"（皇侃《論語集解義疏·微子》引）魏晉僞孔安國《傳》："父師：太師，三公，箕子也。少師：孤卿，比干。"唐孔穎達《尚書正義》："以《畢命》之篇王呼畢公爲'父師'，畢公時爲太師也。《周官》云：'太師、太傅、太保，兹惟三公。少師、少傅、少保曰三孤。'《家語》云：'比干官則少師。'少師是比干，知太師是箕子也。……《周官》以少師爲'孤'，此《傳》言'孤卿'者，'孤'亦'卿'也。《考工記》曰'外有九室，九卿朝焉'，是三孤六卿共爲九卿也。比干不言封爵，或本無爵，或有而不言也。《家語》云：'比干是紂之親，則諸父。'知比干是紂之諸父耳。"

　　②鄭玄注："少師不答，志在必死。"（《尚書正義》引）僞孔《傳》："比干不見，明心同，省文。"《尚書正義》："諸二人而一人答，'明心同，省文'也。鄭云：'少師不答，志在必死。'然則箕子本意豈必求生乎？身若求生，何以不去？既'不顧行遁'，明期於必死，但紂自不殺之耳。若比干意異，箕子則別有答，安得默而不言？孔解'心同'是也。"

　　武王曠乎若天下之已定，遂入殷，封比干之墓①，表商容之間，發鉅橋之粟，散鹿臺之財，歸傾宮之女。而民知方，曰："王之於仁人也，死者封其墓，況於生者乎？王之於賢人也，亡者表其閭，況於在者乎？王之於財也，聚者散之，況於復藉乎？王之於色也，在者歸其父母，況於復徵乎？"（《周書·大戰篇》，從宋金履祥《通鑑前編》卷六引）

【題解】

《大戰篇》是《尚書·周書》中的一篇，記錄了周武王伐紂、推翻殷王朝的經過。傳世的《尚書》已經缺失了《大戰》篇，但宋代金履祥編著的《通鑑前編》曾經引用過，它纔得以保存下來。

《大戰篇》記述了周武王伐紂取得決定性勝利的"牧野之戰"的經過，以及戰事結束後，武王做的幾件大事：封比干墓，表彰商容的居里，散發紂王聚斂的糧食和財寶，放歸紂王的宮女，得到百姓的稱贊。

關於"封"，東漢以後有不同的解釋，有的說是"堆起墳堆"，有的說是給墓堆培土增高，也有的說是培土並劃定墓地邊界。現代也有學者認爲，"封"祇是在墓前樹立某種標志，比如牌坊之類。

這是最早出現比干姓名的古籍。由此可見，比干是當時有重要影響的一位人物，周武王對他非常尊敬。

【注釋】

①封：東漢鄭玄注《禮記·樂記》："積土爲封。"東漢高誘注《呂氏春秋》："封崇其墓以章賢也。"西晉孔晁注《逸周書》："益其緣也。"魏晉僞孔安國《傳》："益其土。"唐張守節《史記正義》："謂益其土及畫疆界。"徐莉莉《"表商容閭、式箕子門、封比干墓"新詮》認爲，"表""式""封"都是樹立標志的意思，可以互換通用（《天津師大學報》1985年第6期）。

2.《逸周書》（《汲冢周書》）

王入，即位于社。……立王子武庚，命管叔相。乃命召公釋箕子之囚，命畢公、衛叔出百姓之囚，乃命南宮忽振鹿臺之財、巨橋之粟，乃命南宮百達、史佚遷九鼎三巫，乃命閎夭封比干之墓，乃命宗祀崇賓饗禱之于軍。乃班。（《克殷解》）

【題解】

《逸周書》原名《周書》，也是周王朝歷史檔案的彙編，大約編成於西漢年間，有人認爲是西漢劉向所編。劉向推測，《周書》可能是孔子編選《尚書》時，删去不選的剩餘篇章。由於《尚書》的周代部分也稱爲《周書》，至東漢許慎作《説文解字》的時代，這本書就被改稱爲《逸周書》。此書的流傳過程曲折複雜，經過了不同時代人的潤色修訂，並被誤以《汲冢周書》的書名流傳。但是《克殷解》一篇，除個别文字（如人物稱呼）外，基本保存了原始的面貌。可以參考張懷通《〈逸周書〉新研》（中華書局2013年出版）的介紹。

《克殷解》也是記述武王伐紂的篇章，比《尚書·大戰篇》更爲具體詳細。司馬遷《史記》記録這一事件，依據的便是這篇文章。文中提到，當時負責封墓的是閎夭。閎夭在武王的父親周文王時代就是重要的大臣。文王被紂王囚禁在羑里時，閎夭曾設法將他營救回國。

根據《克殷解》的叙述，武王下令封比干墓，發生在牧野之戰獲勝、紂王自焚之後很短的時間内。文獻記載，牧野戰後的次月，武王已經班師回到周的國都鎬京了。這説明比干墓距朝歌不是太遠。

3. 《麥秀之歌》

麥秀漸漸兮①，禾黍油油②。彼狡僮兮③，不與我好兮④！（從《史記·宋微子世家》引）

【題解】

《麥秀之歌》是殷商亡國之後不久出現的詩歌，也是得以流傳至今的最早的詩歌之一。關於它的作者和寫作目的，有兩個不同的說法。一說是微子經過殷商故國時，十分悲傷，痛心於紂王不用比干，寫下這首詩。一說是箕子路過殷墟時，看到當日的宮殿已成廢墟，長出莊稼來，心中感傷，寫了這首詩。兩說都見於《史記》記載。無論如何，兩種說法都認爲這是一首悼念殷商的詩，那麼它也必然包含了懷念比干的情思。《史記》說，殷商的遺民聽到這首詩歌，都痛哭流涕。後代的琴曲書記載有一首《傷殷操》，又稱《微子操》，傳說即《麥秀之歌》的曲子。

不同文獻引用《麥秀之歌》時，字句略有差異，這裏僅擇要注明，不再一一列舉。

【注釋】

①麥秀，抽穗以後尚未成熟的麥穗。漸漸，唐司馬貞《史記索隱》："麥芒之狀。"

②油油，《史記索隱》："禾黍之苗光悅貌。"《詩·黍離》："彼黍離離，彼稷之苗。"

③狡僮，鄭玄注《尚書大傳》："狡僮謂紂。"（唐李善注《文選·宣德皇后令》引）

④此句或作"不我好仇"。"仇"，同"逑"，配偶。《詩·關雎》："窈

窈淑女，君子好述。"《詩·狡童》："彼狡童兮，不與我言兮。維子之故，使我不能餐兮。彼狡童兮，不與我食兮。維子之故，使我不能息兮。"

【附録】《麥秀之歌》的文獻記載

（1）西漢《尚書大傳》："微子將朝周，過殷之故墟，見麥秀之蔪蔪，曰：'此父母之國，宗廟社稷之所立也。'志動心悲。欲哭，則朝周；俯泣，則婦人。推而廣之，作雅聲，曰：'麥秀漸兮，黍米瞳瞳，彼狡童兮，不我好。'"（唐李善《文選注》《辨亡論下》《魏都賦》《思舊賦》引）

（2）又："微子朝周，過殷故墟，見麥秀之蕲蕲兮，禾黍之蠅蠅也，曰：'此故父母之國。'乃爲《麥秀之歌》。歌曰：'麥秀漸漸兮，禾黍油油，彼狡童兮，不我好仇。'"（宋史繩祖《學齋占畢》卷二《麥秀之歌》引）

（3）西漢司馬遷《史記·宋微子世家》："箕子朝周，過故殷虛，感宫室毁壞，生禾黍。箕子傷之，欲哭，則不可；欲泣，爲其近婦人，乃作《麥秀之詩》以歌咏之。其詩曰：'麥秀漸漸兮，禾黍油油。彼狡僮兮，不與我好兮！'所謂狡童者，紂也。殷民聞之，皆爲流涕。"

（4）《史記·淮南衡山列傳》："臣聞微子過故國而悲，於是作《麥秀之歌》，是痛紂之不用王子比干也。"這是元朔五年（前124）淮南王劉安的謀士伍被回答劉安的話。"臣"是伍被自稱。伍被也是飽學之士，年輩早於司馬遷。

（5）東漢班固《漢書·伍被傳》："臣聞箕子過故國而悲，作《麥秀之歌》，痛紂之不用王子比干之言也。"張晏注："箕子將朝周，過殷故都，見麥及禾黍，心悲，乃作歌曰：'麥秀之漸漸兮，黍苗之繩繩兮，彼狡童兮，不與我好兮。'狡童謂紂也。"

（6）東漢桓譚《新論》："《微子操》，其聲清以淳。"（唐馬總《意林》卷三引）

（7）宋郭茂倩《樂府詩集》卷五十七："《琴集》曰：'《傷殷操》微

子所作也。'《尚書大傳》曰：'微子將朝周，過殷之故墟，見麥秀之蕲蕲，黍禾之蠅蠅也，曰："此故父母之國，宗廟社稷之亡也。"志動心悲。欲哭，則爲朝周；欲泣，則近婦人。推而廣之，作雅聲。'即此操也，亦謂之《麥秀歌》。"

4. 西漢司馬遷《史記》

西伯歸①，乃陰修德行善，諸侯多叛紂而往歸西伯。西伯滋大，紂由是稍失權重。王子比干諫，弗聽。商容賢者，百姓愛之，紂廢之。（卷三《殷本紀》）

【題解】

《史記》是我國第一部紀傳體通史，西漢歷史學家司馬遷（前145年或前135年—？）著。雖然司馬遷的時代距比干已經近千年了，但他在寫《史記》的時候十分嚴謹，搜集了大量的歷史資料，其中許多文獻現在已經失傳了。《史記》記敘的事情，不少可以從其他上古文獻和現在出土的文物（如甲骨文等）中得到證明。所以《史記》被公認爲是比較可信的歷史著作。當然，其中也存在敘述不周密甚至自相矛盾之處，一些地方也采用了傳說，還有一些使用了文學語言誇張描述。

《殷本紀》是一篇記錄殷商歷史的文章。文中稱比干爲"王子比干"，說明比干是商王的兒子，那麼他同商王一樣姓"子"。但文中沒有明確他是哪一代商王的兒子，是紂王的長輩，還是紂王的兄弟。

【注釋】

①西伯，即周武王的父親周文王，"西伯"是他在殷商時受封的爵號。

　　紂愈淫亂不止。微子數諫不聽，乃與大師①、少師謀，遂去。比干曰："爲人臣者，不得不以死争。"酒强諫紂。紂怒曰："吾聞聖人心有七竅。"剖比干，觀其心。箕子懼，乃詳狂爲奴，紂又囚之。殷之大師、少師乃持其祭樂器奔周。周武王於是遂率諸侯伐紂。紂亦發兵距之牧野。甲子日，紂兵敗。紂走，入登鹿臺，衣其寶玉衣，赴火而死。周武王遂斬紂頭，縣之大白旗。殺妲己。釋箕子之囚，封比干之墓，表商容之閭。封紂子武庚、禄父，以續殷祀，令修行盤庚之政。殷民大説。於是周武王爲天子。（卷三《殷本紀》）

【題解】

　　《史記》的這段話，是最早比較詳細記述比干事跡的文獻。大意是：比干認爲，作爲人臣，對君王的錯誤應該以死相争。因此，雖然微子已經多次勸諫無效了，他仍然冒着生命危險，强行勸諫紂王。最終紂王大怒，説："聽説聖人的心有七孔。"於是殺害了比干，剖出他的心察看。

　　本文對比干的觀念、行爲，紂王的反應和結局，都有完整的描述。後邊也提到周武王封比干墓。由此可見，紂王也把比干視爲"聖人"。

　　文中還説到，與微子商議的少師，後來逃往周國了。可見少師與比干並不是同一個人。

【注釋】

　　①大，即"太"，古字相通。

　　居二年①，聞紂昏亂暴虐滋甚，殺王子比干，囚箕子。太師疵、少師彊抱其樂器而奔周。於是武王徧告諸侯曰："殷有重罪，不可以不畢伐。”乃遵文王，遂率戎車三百乘，虎賁三千人，甲士四萬五千人，以東伐紂。十一年十二月戊午，師畢渡盟津，諸侯咸會。（卷四《周本紀》）

武王爲殷初定未集，乃使其弟管叔鮮、蔡叔度相祿父治殷。已而命召公釋箕子之囚。命畢公釋百姓之囚，表商容之間。命南宮括散鹿臺之財，發鉅橋之粟，以振貧弱萌隸。命南宮括、史佚展九鼎保玉。命閎夭封比干之墓。命宗祝享祠于軍。乃罷兵西歸。（卷四《周本紀》）

【題解】

《周本紀》是一篇專門記載周王朝歷史的文章。前一段講述武王伐紂的開始，大意是說，武王得到消息，紂王殺比干、囚箕子，暴虐越來越嚴重，便起兵伐紂了。據此可知，比干被殺，發生在這一年。後一段敘述勝利之後的事情，與《逸周書》的記載相同，應該是根據《逸周書》撰寫的。

這裏再次提到逃亡的太師、少師，並說太師的名字叫“疵”，少師的名字叫“彊”，他們是抱着樂器逃走的。所以人們認爲他們是樂師。音樂在當時極爲重要，形成了一種維護政治秩序的禮樂制度。武王伐紂，列舉的紂王罪狀中就有一條：“斷棄其先祖之樂，乃爲淫聲，用變亂正聲。”所以，懂得音樂的樂師，地位也很高。在《論語》裏，孔子也曾提到兩位樂師——太師摯、少師陽，後人注釋說太師是樂官之首，少師是樂官之佐。但兩人的時代，有說是殷紂王時，有說是周平王時，有說是周屬王時，有說是魯哀公時。

清初學者汪价提出了另一個說法，認爲本來箕子是太師，比干是少師。箕子被囚、比干被殺後，疵和彊接任了太師、少師。這種解釋有些削足適履。

【注釋】

①居二年，指周曆十一年。依《回天：武王伐紂與天文歷史年代學》推算，爲前1045年；依"夏商周斷代工程"推算，則爲前1047年。另外，明代人僞造的《竹書紀年》，將此事記録在殷紂王帝辛五十一年。

【附録】

（1）清汪价《中州雜俎》卷十六《比干少師太師考》："余謂太師本是箕子，少師本是比干。因紂囚箕子、殺比干，遂以太師官疵、少師官强。微子之去，在囚殺箕、比之後。微子所問之太師、少師，乃疵與强。詳覽諸書自明。"

居二年，紂殺王子比干，囚箕子。武王將伐紂，卜，龜兆不吉，風雨暴至。群公盡懼，唯太公强之勸武王，武王於是遂行。十一年正月甲子，誓於牧野，伐商紂。紂師敗績。紂反走，登鹿臺，遂追斬紂。明日，武王立於社，群公奉明水，衛康叔封布采席，師尚父牽牲，史佚策祝，以告神討紂之罪。散鹿臺之錢，發鉅橋之粟，以振貧民。封比干墓，釋箕子囚。遷九鼎，修周政，與天下更始。師尚父謀居多。（卷三十二《齊太公世家》）

【題解】

《齊太公世家》是講述齊國歷史的篇章。太公即姜尚（姜子牙），周的功臣，武王尊稱他爲"師尚父"。這裏記載武王伐紂的經過與前邊大致相同，最後説，武王所做的事，許多是太公出謀劃策的。

箕子者，紂親戚也。紂始爲象箸，箕子嘆曰："彼爲象箸，必爲玉桮；爲桮，則必思遠方珍怪之物而御之矣。輿馬宮室之漸自此始，不可振也。"紂爲淫泆，箕子諫，不聽。人或曰："可以去矣。"箕子曰："爲人臣諫不聽而去，是彰君之惡而自説於民，吾不忍爲也。"乃被髮詳狂而爲奴。遂隱而鼓琴以自悲，故傳之曰《箕子操》。

王子比干者，亦紂之親戚也。見箕子諫不聽而爲奴，則曰："君有過而不以死争，則百姓何辜！"乃直言諫紂。紂怒曰："吾聞聖人之心有七竅，信有諸乎？"乃遂殺王子比干，刳視其心。

微子曰："父子有骨肉，而臣主以義屬。故父有過，子三諫不聽，則隨而號之；人臣三諫不聽，則其義可以去矣。"於是太師、少師乃勸微子去，遂行。（卷三十八《宋微子世家》）

【題解】

《宋微子世家》是講述宋國歷史的篇章。微子啓在周王朝建立後，被武王分封到了宋，成爲宋國的第一代國君。

這裏説比干同箕子一樣，是紂王的親戚，但没有説明是什麼親戚，大概司馬遷在寫《史記》的時候，已經無法弄清楚了。

文中講，比干是在見到箕子裝瘋爲奴之後，纔直諫紂王的。這與前邊《殷本紀》的記載，有順序上的不同。《殷本紀》説是箕子見到比干被剖，心中恐懼，裝瘋爲奴。

卷之二
春秋戰國的評述與傳聞

　　春秋戰國（前770—前221）是中國歷史上一個思想活躍的年代，百家爭鳴，出現了許多思想家，形成了不同的學派。不少學派在發表言論時都提到過比干，以比干作爲例證，闡述自己的學術和政治觀點。

　　儒家給予比干很高的讚譽，稱他爲“仁”爲“賢”。但並不是所有人都一味稱贊比干。比如，墨子以比干爲例，來説明太盛難守、過猶不及；莊子則以爲，比干的行爲不過是守護紂王這樣的大盜。

　　從他們的片段評述中，也可以看到當時出現的一些不同的傳聞，如比干是被沉水或菹醢處死的，武王“哭比干之墓”而不是“封比干之墓”等。

5.春秋孔子

微子去之，箕子爲之奴，比干諫而死①。孔子曰："殷有三仁焉②。"(《論語·微子》)

【題解】

《論語》是春秋時代孔子(前551—前479)的語録，由他的弟子記録流傳，後來成爲儒家的經典。

《論語·微子》是最早提到比干因勸諫而死的文獻。此時距比干的死，已經過去五百多年了。

殷商將要亡國時，微子逃亡了，周武王勝利後封他爲宋國的國君，讓他繼承殷的血脉；紂王叔父箕子裝成瘋子，成爲奴隸；比干因極力勸阻紂王而被殺害。三人都關心國家命運，反對紂王的無道，但選擇了不同的道路，有不同的結局。孔子將三人並稱爲殷朝的三位仁人，這是很高的評價。司馬遷專門抄下來，寫入《史記·宋微子世家》。在孔子的思想體系中，"仁"是寬廣的愛心，是非常高的道德標準。直到現在，我們還用"仁人志士"來尊稱道德高尚的人。

【注釋】

①東漢馬融注："微、箕，二國名。子，爵也。微子，紂之庶兄。箕子、比干，紂之諸父。微子見紂無道，早去之；箕子佯狂爲奴；比干以諫見殺。"(魏何晏《論語集解》引)《太平御覽》卷四一九引舊注："此三人，紂同姓人臣。微子知紂惡而去之，箕子、比干不忍去，故或見奴，或見殺之。"或謂即東漢鄭玄注。

②東漢鄭玄注："箕子、比干不忍去，皆是同姓之臣，有親屬之恩，君雖無道，不忍去之也。然君臣義合，道終不行，雖同姓有去之理，故微子去之，與箕子、比干同稱三仁。"(《詩·邶風·柏舟》唐孔穎達疏引)魏何晏《論語集解》："仁者，愛人。三人行異而同稱'仁'，以其俱在憂亂寧民。"

子曰："……且夫女獨未聞牧野之語乎？武王克殷反商，未及下車，而封黃帝之後於薊，封帝堯之後於祝，封帝舜之後於陳；下車而封夏后氏之後於杞，封殷之後於宋，封王子比干之墓，釋箕子之囚，使之行商容而復其位。庶民弛政，庶士倍禄。"(《史記·樂書》，又見《禮記·樂書》)

孔子曰："有是乎！由，譬使仁者而必信，安有伯夷、叔齊？使知者而必行，安有王子比干？"(《史記·孔子世家》)

【題解】

這是最早提到"王子比干"的記載。

後世還有一些文獻，如《孔子家語》等，記載了孔子對比干的評述，但未必可靠，所以放在後邊適當的地方介紹。

6. 春秋戰國墨翟《墨子》

比干之殪，其抗也①；孟賁之殺，其勇也；西施之沈，其美也；吳起之裂，其事也。故彼人者，寡不死其所長，故曰太盛難守也。(《親士》)

【題解】

《墨子》是先秦思想家墨翟（年代略晚於孔子）的著作。"比干之殪，其抗也"，是説比干之所以被殺害，是因爲他性格抗直。《親士》這段話，列舉比干等人都死於本身優秀的品質，來説明"一旦過度，則難以保持"的道理，勸説士人要有所自制，也告誡國君要保護賢士。

【注釋】

①殪：《説文解字》："殪，死也。"抗：抗直，剛直不屈。

7. 春秋戰國鄧析《鄧析子》

栗陸氏殺東里子，宿沙文㲉箕文，桀誅龍逢，紂刳比干，四主者亂君，故其疾賢若仇。(卷下《轉辭篇》)

【題解】

鄧析子是春秋晚期的思想家。《鄧析子》原本是他的著作，但現在流傳的《鄧析子》，一般認爲是戰國時代僞托他的名字編成的。

8. 戰國尸佼《尸子》

桀、紂之有天下也，四海之内皆亂，而關龍逄、王子比干不與焉。而謂之皆亂，皆亂者眾也。(《處道》，從唐《群書治要》卷三十六引)

義必利。雖桀殺關龍逄，紂殺王子比干，猶謂義之必利也。(從唐李善注《文選·運命論》引)

【題解】

尸佼(約前390—前330)是戰國時期的思想家。他的著作《尸子》已經失傳了，祇是在唐代的著作中有片段引用。第一段文字，在唐趙蕤的《長短經》卷八《勢運篇》引用時，却注明出自《慎子》。慎子與尸佼時代相近，他的著作《慎子》也失傳了。

以上前一段是講普通百姓與特殊人物的不同，在亂世也有清醒的人；後一段論述道義與利益的關係。其中提到的桀，是夏王朝最後一位君主，也是昏庸無道的，他殺死了勸諫他的大臣關龍逄。

【附録】

(1)《尸子》中還有一段文字：“箕子胥餘，漆體而為厲，被髮佯狂，以此免也。”(唐李善注《文選·非有先生論》引)意思是說，“箕子胥餘”，把身體塗上油漆，像厲鬼的樣子，又將頭髮披散下來，佯裝發瘋，因此得免於紂王的迫害。“箕子胥餘”是人名，但又有疑問。《莊子·大宗師》裏也提到“箕子胥餘”，唐陸德明《莊子音義》引用西晉司馬彪的注釋說：“胥餘，箕子名也，見《尸子》。”並說西晉學者崔譔的注釋相同。這是說：“根據《尸子》的記載，‘胥餘’是箕子的名字。”但陸德明又補充了一句：“或云，《尸子》曰：‘比干也，胥餘其名。’”意思完全不

同了："也有人説，根據《尸子》的記載，'胥餘'是比干的名字。""或
曰"是有疑問和不確定的説法，而箕子被髮佯狂的事見於許多古籍記
載。那麼，"胥餘"應該就是箕子。胥餘是比干名字的説法，應該是誤
傳，或者傳抄之誤。

9. 戰國孟軻《孟子》

紂之去武丁未久也，其故家遺俗，流風善政，猶有存者；又
有微子、微仲、王子比干、箕子、膠鬲，皆賢人也，相與輔相之，
故久而後失之也。(《公孫丑上》)

或曰："有性善，有性不善。是故以堯爲君，而有象；以瞽瞍
爲父，而有舜；以紂爲兄之子且以爲君①，而有微子啓、王子比
干。"(《告子上》)

【題解】

孟軻（約前372—前289）是孔子之後儒家知名的學者。《孟子》
是孟軻的著作，他的學生也參與了編寫。上邊這段話，是學生公都
子對孟子的提問。

最後一句大意是，善良的微子啓和王子比干，却有紂王這樣
不善良的侄子並且是國君。根據這句話，微子和比干都是紂王的叔
父。也就是説，他們都是第二十八代商王文丁的兒子、第二十九代
商王帝乙的弟弟。

這是最早提到比干是紂王叔父的文獻。

但根據可信的文獻，微子並不是紂王的父輩，而是他的哥哥。
《史記·宋微子世家》明確説：微子是"殷帝乙之首子而帝紂之庶兄
也"。所以，歷代學者對《孟子》這句話，或者存疑，認爲原文有

誤；或者以爲“兄”是“乙”字之誤，但這樣的話，微子、比干就都是帝乙之子、紂王的兄弟了。

此外，《孔子家語》記載：孔子曾提到過比干是紂王的“諸父”，即紂王的父輩。但《家語》存在不少問題，三國以來被認爲是漢代僞造的書，至少是經過了後人的增删改動，所以不能作爲信史看待，祇能視爲漢以後的記載。東漢馬融注釋《論語》時，也説到比干是紂王的“諸父”，已見前邊的引文。

【注釋】

①宋朱熹《孟子集注》卷十一：“按此文則微子、比干皆紂之叔父，而《書》稱微子爲商王元子。疑此或有誤字。”宋金履祥《孟子集注考證》卷六：“‘兄’字當是‘乙’字，謂均是帝乙之子也。”

【附録】

（1）《孔子家語》卷五：“子貢曰：‘陳靈公宣婬於朝，泄冶正諫而殺之，是與比干諫而死同，可謂仁乎？’子曰：‘比干於紂，親則諸父，官則少師，忠報之心，在於宗廟而已，固必以死争之，冀身死之後，紂將悔寤其本志，情在於仁者也。’”

10. 戰國莊周《莊子》

仲尼曰：“……昔者桀殺關龍逢，紂殺王子比干，是皆修其身，以下傴拊人之民，以下拂其上者也。故其君因其修以擠之，是好名者也。”（《内篇·人間世》）

世俗之所謂至知者，有不爲大盗積者乎？所謂至聖者，有不爲大盗守者乎？何以知其然邪？昔者龍逢斬，比干剖①，萇弘胣，

子胥靡，故四子之賢，而身不免乎戮。(《外篇·胠篋》)

處勢不便，未足以逞其能也。今處昏上亂相之間，而欲無憊，奚可得邪？此比干之見剖心徵也夫！(《外篇·山木》)

外物不可必，故龍逢誅，比干戮，箕子狂，惡來死，桀紂亡。(《雜篇·外物》)

世之所謂忠臣者，莫若王子比干、伍子胥。子胥沈江，比干剖心，此二子者，世謂忠臣也。然卒爲天下笑。自上觀之，至於子胥、比干，皆不足貴也。(《雜篇·盜跖》)

比干剖心，子胥抉眼，忠之禍也。(《雜篇·盜跖》)

【題解】

莊周（約前369—約前286）是戰國時期道家學派的學者，思想自由奔放、無拘無束。他的著作《莊子》文辭縱逸，與衆不同，除了直接的論述之外，往往用寓言故事來表達他的觀點。宋代蘇軾開始提出《莊子》中的一些篇章不是莊周的作品。至今，許多人認爲，《內篇》的七篇文章是莊子本人的，其他則有可能是後來莊子學派的追隨者僞托的。這些懷疑主要是從文章本身提出的，認爲有些觀點、言詞比較雜亂、粗劣，不像先秦的風格，但沒有更多的文獻證據。

莊子對比干的評價與其他人不同。他認爲，比干的行爲是強求身外事物，是"逞能"，是"忠"惹出的禍，不足爲貴。身雖被害，最終結果仍然是爲"大盜"守財，被天下人恥笑。對於習慣於守正持中者來說，這些評價的確聳人聽聞，怪誕詭異。從文中也可以看出，當時比干被世人視爲"忠臣"，是智者（至知）和聖人（至聖）。

《內篇·人間世》中僅說比干被殺，《外篇》《雜篇》則明確說比干被"剖心"，這是較早提到"剖心"的記載。但《內篇》之外，畢竟有僞作的嫌疑。此外，《胠篋》當中"比干剖"的"剖"字，另一古版本作"節"，被解釋爲"肢解"。

【注釋】

①唐陸德明《莊子音義》："崔本作'節'，云：'支解也。'"這句話是說，在西晋崔譔注釋的《莊子》中，"剖"字作"節"，崔注說是"支解"（肢解）的意思。這是紂王對比干施刑的另一個說法。崔譔注本《莊子》已失傳。

11. 戰國屈原《楚辭》

比干何逆，而抑沈之①？雷開阿順，而賜封之？（《天問》）

忠不必用兮，賢不必以。伍子逢殃兮，比干菹醢。（《九章·涉江》）

【題解】

屈原（約前340—約前278）是楚國的官員和詩人，一生熱愛楚國，爲祖國擔憂，而遭遇坎坷。《楚辭》中主要是他的詩歌作品。後代模仿他而寫作的詩歌，也被稱爲"楚辭"。

這裏提到的"抑沈""菹醢"，是當時流傳的關於處罰比干的不同傳說。"抑沈"，按字面的理解是"投入水中溺殺"；"菹醢"，即剁成肉醬，是見於先秦文獻記載的酷刑。但是，"剖心"的說法在漢代被廣泛接受，漢以後注釋《楚辭》的學者，對此大都一筆帶過，而以"剖心"之事爲注。

【注釋】

①東漢王逸注："比干，聖人，紂諸父也。諫紂，紂怒乃殺之，剖其心也。"宋洪興祖補注："抑沈，猶《九章》云'情沈抑而不達'也。"洪興祖把"抑沈"解釋爲心情鬱悶，顯得很牽强，從句法上也説不通。依照原文，比干和雷開，一個因抗逆而被抑沈，一個因順從而被賜封。"抑沈"和"賜封"對仗，都是被動詞。

12. 戰國佚名《窮達以時》九號簡

〔比干〕初沈醢，後名揚，非其德加；子胥前多功，後戮死，非其智衰。

【題解】

　　《窮達以時》是一篇寫在竹簡上的文章。這組竹簡共15枚，原無篇名，現代學者依文意命名。竹簡是1993年於湖北省荆門市郭店一號楚墓出土的，同時出土的還有《老子》等。考古報告鑒定郭店墓爲戰國（前475—前221）中期偏晚的墓葬，所以這篇文章的撰成時間不會晚於此。

　　以上爲編號第九號的竹簡。由於它是用楚國篆字書寫，辨識很困難，研究者們各有不同看法，尤其對前邊幾個字。這裏依據趙平安《〈窮達以時〉第九號簡考論》（《古籍整理研究學刊》2002年第2期）的觀點釋文。趙平安認爲，這枚簡的前三字爲"初沈醢"，前邊很可能脫失了一枚簡，脫簡的末尾應該是"比干"二字。"沈醢"與《楚辭》記載相同，語法上也與下一句對仗，符合戰國時代的行文習慣，當時也常將比干和伍子胥相提并論。

　　這是一個比較合理的推斷。遺憾的是，對我們非常重要的"比干"二字恰恰脫失了，無法得到證實。

13. 戰國荀況《荀子》

　　武王之誅紂也，行之日以兵忌，東面而迎太歲①，至汜而汜，至懷而壞，至共頭而山隧。霍叔懼，曰："出三日而五災至，無乃不可乎？"周公曰："劓比干而囚箕子，飛廉、惡來知政，夫又惡有不可焉！"遂選馬而進。（《儒效》）

　　故諫爭輔拂之人，社稷之臣也，國君之寶也，明君之所尊所厚也，而闇主惑之以爲己賊也。故明君之所賞，闇君之所罰也；闇君之所賞，明君之所殺也。伊尹、箕子，可謂諫矣；比干、子胥，可謂爭矣。……《傳》曰：從道不從君，此之謂也。（《臣道》）

紂剖比干，囚箕子，爲炮烙刑。(《議兵》)

桀紂者，其知慮至險也，其至意至闇也，其行之爲至亂也。親者疏之，賢者賤之，生民怨之，禹湯之後也而不得一人之與。剖比干，囚箕子，身死國亡，爲天下之大僇。(《正論》)

世之衰，讒人歸，比干見刳箕子累。(《成相》)

比干見刳，孔子拘匡。(《賦篇·佹詩》)

武王始入殷，表商容之閭，式〔釋〕箕子之囚，哭比干之墓，天下鄉善矣。(《大略》)

虞舜、孝己孝而親不愛，比干、子胥忠，而君不用。(《大略》)

昔虞不用宮之奇而晉并之，萊不用子馬而齊并之，紂刳王子比干而武王得之。不親賢用知，故身死國亡也。(《堯問》)

天地不知，善桀紂，殺賢良，比干剖心，孔子拘匡。(《堯問》)

【題解】

荀況(約前313—前238)是戰國晚期的學者，繼承了儒家的學說而又有所發展。他所著《荀子》9次提到比干(上引最後一條，一般認爲是荀子學生的記述)，但大都是以比干作爲事例，説明一些道理。比如，作爲臣子，應該追隨真理，而不應追隨某一個君主。

其中有兩段文字值得注意。一是《儒效》中講道：武王伐紂的途中，武王的弟弟周公提到紂王"刳比干"的事情("刳"與"剖"的意思相同)。二是《大略》中説，武王入殷後，"哭比干之墓"，也就是到比干墓前哭拜。不知道《荀子》的依據是什麼，但其中的一些敘述是不完全可靠的，如"東面而迎太歲"(見注釋)等，衹能將其當作戰國末期的傳説來看待。

【注釋】

①"太歲"當誤，或爲後人改。古者以歲星（木星）紀年，大抵戰國始有"歲陰紀年"，虛設"太歲"之星，運行與歲星相反。初稱爲"太陰"，西漢晚期方多稱"太歲"。西漢劉安編《淮南子·兵略訓》，也記有此事，説："武王伐紂，東面而迎歲。"沒有"太"字。

14. 戰國韓非《韓非子》

以智説愚，必不聽，文王説紂是也。故文王説，紂囚之，翼侯炙，鬼侯臘，比干剖心，梅伯醢。（《難言》）

顔涿聚曰："昔桀殺關龍逢而紂殺王子比干，今君雖殺臣之身以三之，可也。臣言爲國，非爲身也。"（《十過》）

故人臣稱伊尹、管仲之功，則背法飾智有資；稱比干、子胥之忠而見殺，則疾強諫有辭。（《飾邪》）

崇侯、惡來知不適紂之誅也，而不見武王之滅之也。比干、子胥知其君之必亡也，而不知身之死也。故曰：崇侯、惡來知心而不知事，比干、子胥知事而不知心。聖人其備矣。（《説林下》）

人主不自刻以堯，而責人臣以子胥，是幸殷人之盡如比干。盡如比干，則上不失、下不亡，不權其力而有田成。而幸其身盡如比干，故國不得一安。（《安危》）

不獨恃比干之死節，不幸亂臣之無詐也，恃怯之所能服，握庸主之所易守。（《守道》）

如此，則上無殷、夏之患，下無比干之禍，君高枕而臣樂業，道蔽天地，德極萬世矣。（《用人》）

桀索岷山之女，紂求比干之心，而天下離。（《難四》）

若夫關龍逢、王子比干、隨季梁、陳泄冶、楚申胥、吳子胥，

此六人者，皆疾争强諫以勝其君。(《説疑》)

昔關龍逢説桀而傷其四肢，王子比干諫紂而剖其心，子胥忠直夫差而誅於屬鏤。(《人主》)

【題解】

韓非（約前280—前233）是戰國時期法家學派的代表人物。他的著作《韓非子》也多次提到比干的故事，可見比干在戰國時期是人們常常拿來做例證的人。韓非認爲，社會的治理主要應該靠法律，而不單是靠忠誠之類的道德教育。

15. 戰國佚名《戰國策》

蔡澤曰："主聖臣賢，天下之福也；君明臣忠，國之福也；父慈子孝，夫信婦貞，家之福也。故比干忠，不能存殷。子胥智，不能存吴；申生孝，而晉惑亂。是有忠臣孝子，國家滅亂，何也？無明君賢父以聽之。"(《秦策·蔡澤見逐於趙》)

【題解】

《戰國策》是戰國謀士在各國遊説時的言論彙編，是西漢末年劉向編訂的。蔡澤是燕國人，曾在秦國做謀士。這段話也見於《史記·范睢蔡澤列傳》。

16. 秦吕不韋《吕氏春秋》

亡國之主一貫。天時雖異，其事雖殊，所以亡同者，樂不適也。……作爲璇室，築爲頃宮，剖孕婦而觀其化，殺比干而視其心，不適也。孔子聞之曰："其竅通，不死矣。"夏、商之所以亡也。(《過理》)

【題解】

《呂氏春秋》是由秦相呂不韋主持，他的門下客編纂的一部圖書。其中許多地方提到比干，但大都是一些評述，沒有涉及其他史實。唯獨上邊一條，提到孔子的一句對比干的論述，不見於其他古籍的記載。

卷之三
漢代以後的傳説

　　漢代以後，又出現了不少新的傳説。比如，周武王封比干，是給他的後代分封土地；剖比干之心，是妲己想出的主意；紂王剖殺的，是比干的妻子。其中的一些屬於文學性的描寫，而另一些則屬於宗教神話。

　　本卷主要收録與事件相關的傳説，不收録一般性的評論文字，祇是在卷末附録兩條有代表性的評價。

　　漢以後關於比干墓葬、遺跡、後裔的種種説法，則分類彙録於以後各專題卷中。

17.西漢鄒陽《獄中上梁王書》

是以聖王覺寤，捐子之之心，而能不說於田常之賢；封比干之後，修孕婦之墓①，故功業復就於天下。（從《史記·魯仲連鄒陽列傳》引）

【題解】

鄒陽（約前206—前129）是西漢時期的謀士，因受誣陷被梁孝王（漢景帝的弟弟）下獄，在獄中上書梁孝王以表明心跡。這篇文章非常有名，被《史記》全文錄入他的傳記。此後，西漢劉向《新序》、東漢班固《漢書》以及梁蕭統《文選》，都予以收錄。

書中說聖王"封比干之後"，而不是封比干之墓，是說武王給比干的後代分封了土地。這與前代文獻記載不同，而且，並沒有早期文獻顯示，比干的後人被封在什麼地方。這當屬於西漢初的傳說。

關於"修孕婦之墓"，參見下邊晋皇甫謐《帝王世紀》一條的附錄。

【注釋】

①唐司馬貞《史記索隱》："比干之後，後謂子也，不見其文。《尚

書》'封比干之墓'，又惟云'刳剔孕婦'，則武王雖反商政，亦未必修
孕婦之墓也。"唐劉良注《文選》："紂剖比干，刳懷孕之婦。武王封其
後而修其墓。"

18. 西漢韓嬰《韓詩外傳》

紂作炮烙之刑，王子比干曰："主暴不諫，非忠也；畏死不言，
非勇也。見過即諫，不用即死，忠之至也。"遂諫，三日不去朝，
紂囚殺之。《詩》曰："昊天大憮，予慎無辜！"（卷四）

比干諫而死。箕子曰："知不用而言，愚也，殺身以彰君之惡，
不忠也。二者不可，然且爲之，不祥莫大焉。"遂解髮佯狂而去。
君子聞之，曰："勞矣！箕子！盡其精神，竭其忠愛，見比干之事，
免其身，仁知之至。"《詩》曰："人亦有言，靡哲不愚。"（卷六）

【題解】

韓嬰（約前200—前130）是西漢文帝的博士（負責教授學問的
官職）。文中講述比干、箕子的故事，與司馬遷《史記·宋微子世家》
相似。其中比干"三日不去朝"（三天不離開朝堂）的説法，不見於
前代記載。韓嬰的年代早於司馬遷，所以這個故事也不會是從《史
記》抄來的。但兩處語言風格，不像是上古記録，至少是用漢代語
言翻譯過了。

【附録】

（1）西漢劉向《新序·節士》："紂作炮烙之刑，王子比干曰：'主暴
不諫，非忠臣也；畏死不言，非勇士也。見過則諫，不用則死，忠之
至也。'遂進諫，三日不去朝。紂因而殺之。《詩》曰：'昊天太憮，予

慎無辜.' 無辜而死，不亦哀哉!"大概源於《韓詩外傳》。

（2）唐李泰《括地志》："比干見微子去，箕子狂，乃嘆曰：'主過不諫，非忠也。畏死不言，非勇也。過則諫，不用則死，忠之至也.' 進諫不去者三日。紂問：'何以自持?' 比干曰：'修善行仁，以義自持.' 紂怒，曰：'吾聞聖人心有七竅，信諸?' 遂殺比干，刳視其心也。"（唐張守節《史記正義》引）

19. 西漢賈誼《新書》

鑑，所以照形也；往古，所以知今也。……太公知之，故國微子後，而封比干之墓。（《胎教》）

【題解】

賈誼（前200—前168）也是西漢文帝的博士。這裏提到，太公（姜尚）"國微子後"和"封比干之墓"。《史記·齊太公世家》曾提到，武王的一系列舉措多出於姜太公的謀劃，但沒有明說是哪一件。賈誼的話至少有些不準確，"封墓"的謀劃者、執行者無論是誰，都應該是以周武王的名義。此外，"國微子後"（分封給微子的後人一個國）也不準確，當時是給微子本人封了宋國。

【附錄】

（1）《大戴禮記·保傅》："明鏡者，所以察形也；往古者，所以知今也。……太公知之，故興微子之後，而封比干之墓。"所述與賈誼大致相同。有人認爲《大戴禮記》抄自《新書》，也有人認爲兩者都抄自先秦文獻。此外，劉向《説苑》也曾抄録這段話。

20. 西漢劉向《古列女傳》

妲己者，殷紂之妃也，嬖幸於紂。……比干諫曰："不修先王之典法，而用婦言，禍至無日。"紂怒，以爲妖言。妲己曰："吾聞聖人之心有七竅。"於是剖心而觀之。（卷七《殷紂妲己》）

【題解】

劉向（前77—前6）是西漢末年的知名學者。《古列女傳》是一部古代女性的傳記。班固的《漢書》說，漢成帝時，民俗奢淫，皇帝的後宮也是如此，劉向就采擇歷史上記載的賢妃貞婦，編了這本書，呈給皇上。實際上它相當於一個通俗讀本，編者把他認爲好的和壞的女性，經過語言加工，用故事的形式表達出來。因此，不能將其作爲信史看待。也有人認爲，現在流傳的《古列女傳》，有可能經過了後人的修改。

在這個故事中，比干被剖心的直接起因，被編成了妲己的建議，強調出妲己是個壞女人。早期文獻提到妲己時非常簡略，但確有紂王對妲己唯言是從的記載。

【附錄】有關妲己的早期文獻

（1）《國語》卷七《晉語一》："史蘇曰：'昔夏桀伐有施，有施人以妹喜女焉，妹喜有寵，於是乎與伊尹比而亡夏；殷辛伐有蘇，有蘇氏以妲己女焉。妲己有寵，於是乎與膠鬲比而亡殷。"

（2）《史記·殷本紀》："好酒淫樂，嬖於婦人。愛妲己，妲己之言是從。"

21.《箕子操》

　　嗟，嗟！紂爲無道，殺比干。嗟，重復嗟！獨奈何？漆身爲厲，被髮以佯狂，今奈宗廟何？天乎，天哉！欲負石，自投河。嗟，復嗟！奈社稷何？（從宋郭茂倩《樂府詩集》卷五十七引）

【題解】

　　《史記》記載，箕子看到紂王無道，於是披髮裝瘋，扮成奴隸隱藏起來，彈琴自悲，曲子流傳下來，叫《箕子操》。但是，這首琴曲是不是有歌詞，却沒有記載。漢代以後，一些解釋琴曲的書也都提到這首曲子，又稱之爲《箕子吟》。直到宋代，郭茂倩彙編了一部上古以來的歌詞集《樂府詩集》，收錄了這首曲詞。宋代以來的學者大都認爲，上古的琴曲是有曲無詞的，不大相信這些歌詞，以爲歌詞是後人填的詞。至於是什麽時代的人填寫的，已經無法證實了。

　　操，後來被解釋爲琴曲的一種風格類型，是自悲自嘆並表達自己節操的琴曲。也有人解釋說，商代叫"操"，周代稱"吟"。

【附錄】有關《箕子操》的早期文獻

　　（1）西漢司馬遷《史記·宋微子世家》："箕子者，紂親戚也。紂始爲象箸，箕子嘆曰：'彼爲象箸，必爲玉桮；爲桮，則必思遠方珍怪之物而御之矣。輿馬宮室之漸自此始，不可振也。'紂爲淫泆，箕子諫，不聽。人或曰：'可以去矣。'箕子曰：'爲人臣諫不聽而去，是彰君之惡而自說於民，吾不忍爲也。'乃被髮詳狂而爲奴。遂隱而鼓琴以自悲，故傳之曰《箕子操》。"

　　（2）東漢桓譚《新論》："《微子操》，其聲清以淳。《箕子操》，其

聲淳以激。"(唐馬總《意林》卷三引)

（3）北魏酈道元《水經注》卷九《淇水》："箕子佯狂自悲，故《琴操》有《箕子操》。"

（4）南朝陳釋智匠《古今樂録》："紂時，箕子佯狂，痛宗廟之爲墟，乃作此歌。後傳以爲操。"(郭茂倩《樂府詩集》卷五十七引)

（5）北朝後周竇儼《大周正樂》："《箕子吟》者，箕子之所作也。箕子，紂之諸父也。紂爲無道，殺比干，醢梅伯，斮朝涉，刳孕婦，奢淫驕恣，不修道德。箕子不可諫，乃被髮佯狂，痛宗廟之丘墟，喟然援琴而鼓之。"(《太平御覽》卷第五七八引)

（6）宋郭茂倩《樂府詩集》卷五十七："《箕子操》，殷箕子。一曰《箕子吟》。……《琴集》曰：'《箕子吟》，箕子自作也。'"

22. 東漢袁康《越絶書》

申胥且死，曰："昔者桀殺關龍逢，紂殺王子比干。今吳殺臣，參桀紂而顯吳邦之亡也。"(卷五)

【題解】

《越絶書》是一部以古吳、越兩國爲主的地方史書，大約成書於東漢初期。

文中的申胥，即伍子胥（前559—前484），春秋末期的一位知名政治家。他對於吳國有功，但是因爲太宰嚭從中離間，最終被吳王夫差賜死。以上這段話，是伍子胥的臨終之言。

伍子胥是孔子同時代人，如果他真説過"昔者桀殺關龍逢，紂殺王子比干"的話，那麼他就是歷史上最早提到比干的二人之一，另一位是孔子。但畢竟這是東漢以後的叙述，而不是檔案。

【附録】關於伍子胥的早期記載

（1）西漢司馬遷《史記・伍子胥列傳》：“吴太宰嚭既與子胥有隙，因讒曰：‘子胥爲人剛暴，少恩，猜賊，其怨望恐爲深禍也。……嚭使人微伺之，其使於齊也，乃屬其子於齊之鮑氏。夫爲人臣，内不得意，外倚諸侯，自以爲先王之謀臣，今不見用，常鞅鞅怨望。願王早圖之。’吴王曰：‘微子之言，吾亦疑之。’乃使使賜伍子胥屬鏤之劍，曰：‘子以此死。’伍子胥仰天嘆曰：‘嗟乎！讒臣嚭爲亂矣，王乃反誅我。我令若父霸。自若未立時，諸公子争立，我以死争之於先王，幾不得立。若既得立，欲分吴國予我，我顧不敢望也。然今若聽諛臣言以殺長者。’乃告其舍人曰：‘必樹吾墓上以梓，令可以爲器；而抉吾眼縣吴東門之上，以觀越寇之入滅吴也。’乃自剄死。吴王聞之大怒，乃取子胥尸盛以鴟夷革，浮之江中。吴人憐之，爲立祠於江上，因命曰胥山。”

23. 東漢趙曄《吴越春秋》

吴王置酒文臺之上，群臣悉在，太宰嚭執政，越王侍坐，子胥在焉。……子胥曰：“今臣不忠不信，不得爲前王之臣。臣不敢愛身，恐吴國之亡矣。昔者桀殺關龍逢，紂殺王子比干，今大王誅臣，參於桀紂。大王勉之，臣請辭矣。”子胥歸，謂被離曰：“吾貫弓接矢于鄭楚之界，越渡江淮自致於斯。前王聽從吾計，破楚見凌之讎。欲報前王之恩而至於此。吾非自惜，禍將及汝。”被離曰：“未諫不聽，自殺何益？何如亡乎？”子胥曰：“亡，臣安往？”

吴王聞子胥之怨恨也，乃使人賜屬鏤之劍。子胥受劍，徒跣褰裳，下堂中庭，仰天呼怨，曰：“吾始爲汝父忠臣立吴，設謀破楚，南服勁越，威加諸侯，有霸王之功。今汝不用吾言，反賜我劍。吾今日死，吳宮爲墟，庭生蔓草，越人掘汝社稷。安忘我乎？昔前王不欲立汝，我以死爭之，卒得汝之願，公子多怨於我。我徒有功於吳。今乃忘我定國之恩，反賜我死，豈不謬哉！”

吳王聞之大怒，曰：“汝不忠信，爲寡人使齊，託汝子於齊鮑氏，有我外之心！”急令自裁：“孤不使汝得有所見。”子胥杞〔把〕劍，仰天嘆曰：“自我死後，後世必以我爲忠，上配夏殷之世，亦得與龍逢、比干爲友！”遂伏劍而死。

吳王乃取子胥屍，盛以鴟夷之器，投之於江中，言曰：“胥，汝一死之後，何能有知？”即斷其頭，置高樓上，謂之曰：“日月炙汝肉，飄風飄汝眼，炎光燒汝骨，魚鱉食汝肉。汝骨變形灰，有何所見？”乃棄其軀，投之江中。子胥因隨流揚波，依潮來往，蕩激崩岸。（《夫差內傳第五》）

【題解】

《吳越春秋》是一部描寫春秋戰國時期吳越兩國歷史的著作。一般認爲，現在流傳的這部《吳越春秋》是東漢趙曄的作品，並經過了晉人的增刪改寫。這本書在描述上有很強的文學性，且還記錄了一些怪誕的傳聞，所以不能當作信史來看。

本文生動地描繪了伍子胥臨終前的故事：仰天長嘆“得與龍逢、比干爲友”，身後遺體“隨流揚波，依潮來往，蕩激崩岸”。這大體屬於爲了增強感染力的文學筆法。後來錢塘江潮來源的傳說中，將伍子胥奉爲江神。

24. 晋皇甫謐《帝王世紀》

紂剖比干妻，以視其胎。（從唐孔穎達《尚書正義·泰誓上》引）

【題解】

皇甫謐（215—282）是晋初的知名學者，學識淵博，撰寫了好幾部書。《帝王世紀》是一部上起三皇、下至漢魏的通史，其中廣采博引，記録了許多不見於正史的事情。但也正因爲這一點，一些事件被認爲是傳聞，而不是信史。原書散失於宋代，現在祇能從其他圖書的引用中，看到此書的片段。如上面的一句，即唐代學者孔穎達在注釋《僞古文尚書·泰誓上》時引用的。

按這裏所述，紂王剖害的不是比干，而是比干的妻子。先秦時代，曾有紂王"刳剔孕婦"以觀其胎的傳説。剖比干之妻，則似乎是把剖比干之心與剖孕婦兩個事件捏合在一起而産生的。此外，唐代還有比干的妻子同時殉難的傳説，詳本書卷八唐徐彦伯《比干墓》詩。

【附録】

（1）《墨子·明鬼下》："昔者殷王紂貴爲天子，富有天下，上詬天侮鬼，下殃傲天下之萬民。播棄黎老，賊誅孩子，楚毒無罪，刳剔孕婦……"

（2）《吕氏春秋·過理》："剖孕婦而觀其化，殺比干而視其心，不適矣。"

（3）《韓詩外傳》卷十："昔殷王紂殘賊百姓，絶逆天道，至斮朝涉，刳孕婦……"

（4）西漢劉安《淮南子》卷十三："紂爲肉圃酒池，燎焚天下之財，罷苦萬民之力。刳諫者，剔孕婦。”

（5）《偽古文尚書·泰誓上》：“焚炙忠良，刳剔孕婦。”

25. 南朝陶弘景《真誥》

夫至忠至孝之人既終，皆受書爲地下主者。一百四十年乃得受下仙之教，授以大道。從此漸進，得補仙官。一百四十年聽一試進也。

至孝者能感激鬼神，使百鳥山獸巡其墳埏也。至忠者能公犯直心，精貫白日，或剖藏煞身，以激其君者也。比干今在戎山①，李善今在少室。有得此變錬者甚多，舉此二人爲標耳。（卷十六《闡幽微第二》）

【題解】

陶弘景（456—536），丹陽秣陵（今江蘇南京）人。南齊時曾在朝爲官，後入茅山爲道士，成爲道家上清派的重要道人。《真誥》詳細闡述了上清派道教的理論和神仙體系，被道家奉爲經典。據陶弘景説，出自上清派第一代宗師、晉代女道人魏華存（252—334）口述，她被尊爲紫虛元君上真司命南嶽魏夫人。魏夫人的口述經過她的兒子和弟子、再傳弟子記錄以後，傳抄流傳，陶弘景作了最終的整理。但近代以來，也有學者認爲這是一部假托的著作，如胡適先生就稱陶弘景“存心欺詐”，《真誥》“全是鬼話”。

無論如何，至少在南北朝時代，比干已經進入了道家的神仙譜系。此後的道家著作，如北周的《無上秘要》、宋代的《雲笈七籤》等，都沿用了《真誥》中關於比干的説法。

【注釋】

① 戎山：道家體系中的仙山。戎山之神，爲西嶽華山金天王的佐理。唐杜光庭《洞天福地嶽瀆名山記·中國五嶽》："西嶽華山，嶽神金天王，領仙官玉女七萬人。山周迴二千里，在華州華陰縣。地肺山、女几山爲佐命；西城山、青城山、峨眉山、嶓冢、戎山、西玄、具山同佐理。"從其他佐命、佐理山來看，大約在現在的陝南、四川。

【附録】

（1）宋張君房《雲笈七籤》卷八十六《尸解·地下主者》："《太微金簡玉字經》云：'尸解地下主者，按《四極真科》，一百四十年乃得補真官，於是始得飛華蓋，駕群龍，登太極，遊九宮也。'夫至忠至孝之人既終，皆受書爲地下主者。一百四十年乃得受下仙之教，授以大道。從此漸進，得補仙官。又一百四十年聽一試進也。至孝者能感激於鬼神，使百鳥山獸馴其墳塋也。至忠者能公抱直心，精貫白日，或剖藏殺身以激其君者也。比干今在戎山，李善今在少室。有此得變鍊者甚多，略舉二人爲標耳。"

26. 南朝陶弘景《洞玄靈寶真靈位業圖》

比干，在戎山。

【題解】

《洞玄靈寶真靈位業圖》是陶弘景的另一部道教著作，内容是一份神仙的譜系名單。他將神仙分爲七個級別，每個級別中又分中位、左位、右位，有些"位"下還分有"散位"。最高者爲第一等的中位元始天尊。比干被列在第六等右位中的"地仙散位"。

【附録】

（1）北周武帝宇文邕《無上秘要》卷八十三《得地仙道人名品》："……比干，紂之叔父，剖心諫死。在戎山。……右件一百三十九人，地仙有姓名。此皆内爲陰德，外行忠孝，但世功未就，不得上昇三境，且爲地仙之任。昇進之科，别有年限。"

27. 宋洪适《隸釋》

比干墓在衛州汲縣。其俗立三仁像，併商紂謂之"四王廟"。以四月四日爲比干誕日。承平時，祠具甚盛。雖千古，尊仰英風，敬事不懈。没而有靈，必不與獨夫共此血食也。（卷十）

【題解】

《隸釋》成書於宋乾道三年（1167）。這是傳説中比干誕日的最早的記載。元代至明代的前期，延續以此日爲祭日。後一度改爲春秋兩祭。迄今衛輝比干廟仍以四月四日爲比干誕日。明代有人認爲，其來源是北魏孝文帝在比干墓立廟、廟建成之日。

【附録】

（1）元王公孺《大元敕修太師忠烈公殷比干廟碑銘并序》："……用明年巳月四日常祭期，備物具儀，照宣褒典。"（明曹安《太師比干録》卷中）"明年"指延祐四年（1317）丁巳，按干支紀月法，丁巳年巳月即四月。

（2）明姚夔《姚文敏公遺稿》卷十《奏議》："據衛輝府甲據廟户張琬等狀供，先於宣德九年間蒙帖看守比干廟墓，切見墓在本縣城西北十五里，地名後莊村，前有廟三間，廟前有樹碑一十二片。……宣德九年，蒙巡按河南監察御史按臨到縣，拜謁前廟墓，見得前項廟田碑記分明，又見廟前廟後地土俱各荒閑，就令本府知府沈義照碑四分封界。張琬等五家住居臨近，撥付耕種，名爲廟户。朝夕供奉香火，遞年四月初四日出辦祭物，猪一口，羊一隻，幣帛一段，香燭果酒，本府知府等官致祭，至今不缺。"

（3）明張亨《比干墓地畝祭物志》碑："比干墓東南地七頃五十畝，係前代相傳供祭，今汲縣民佃種辦祭。恐後泯滅，故勒石以誌之。計每歲四月初四日致祭。羊一，豕一，帛一，果酒香燭等物。佃地人户：張綱、張琬、李讓、李綱、崔昇，每人種一頃五十畝。正統十四年四月，衛輝府知府通州張亨識。"（明曹安《太師比干録》卷上）明萬曆五年（1577）衛輝知府暴孟奇增補《太師比干録》，重編爲《殷太師忠烈録》時，在卷五中也收録此碑，增補了一句："舊每歲四月初四日致祭，今改春秋丁後巳日致祭。"

（4）明《成化河南總志》卷九："殷太師廟，在汲縣西北十五里比固社。祀殷太師比干也。魏文帝時因墓始立廟。元末兵燬，國朝洪武四年，縣丞陳子銘修，并給廟北地十餘頃，復民入租，以供祀事。歲以夏四月四日官爲致祭，蓋循孝文立廟始成之日也。成化元年，知縣盧信奏請重建，每歲春秋致祭；十年，同知張謙創爲肖像，章服如制。又，淇縣亦有廟。"

28. 宋羅泌《路史》

比干則受剚之，干，四月四日生。武王封墓；貞觀十九再封之，贈太師，謚忠烈。梅伯則醢之矣。有蕩氏、比氏、梅氏、枚氏、梅伯氏。武王封伯元孫黄梅，曰忠侯，居楚鄭間，以梅爲氏。《韻》云：梅伯本出于姓。歐文忠《梅氏銘》云：遠出梅伯，世久籍不明忽也。比干死，子堅逋長難林，爲王氏、林氏。王望及則河間，林王爲十德之門。邵氏云“少師比干後”。鄧名世：久爲無。失之。(《後紀》九下《高辛紀》下)

比泚 比干國。馬融、鄭玄、王肅云：紂諸父。今唐之北陽有泚水，後魏爲殷州。而比干墓乃在偃師西北十五。《寰宇記》：在汲北十里，有石銘云“□大夫比干之墓”。魏孝文吊之。黎陽西北三十枉人山，云比干煞于此，名止陽三山。有廟在滑。唐太宗謐太師。又，汾之西河縣北百二十，有比干山。《九域志》：石州有比干山、比干祠，禱驗。(《國名記》四)

【題解】

羅泌（1131—1203？）是南宋時期一位飽學之士。《路史》是他耗費一生精力完成的一部關於上古歷史的著作。書成於宋乾道六年(1170)，由他的兒子羅苹加以注釋。引文中，大字爲正文，小字即羅苹的注。

全書是基於許多道家的神話傳説，加以想象，拼合構架而成的，多少有些民科的意味。其所引用的古籍，現在大多能查到來源，如《韻》指《廣韻》，“馬融”指馬融《論語》注釋，《寰宇記》是宋樂史《太平寰宇記》，“邵氏”指邵思《姓解》，“鄧名世”指鄧名世《古今姓氏書辯證》等。

這裏提出了一個“比干國”的概念。作者引用了不少資料，却到底沒説明白比干國在哪里，以前有哪部書記載過比干國，所以不可信。這些資料都無法證明有比干國的存在。

雖然作者沒有明言，但“比干國”名稱的本身，明示了它是比干的封地。由於殷商時代姓氏的氏，往往來源於其居住的封地，於是後人又據此生發出新的説法：比干的“比”是其姓氏的氏，“干”是他的名字。

　　書中有個別誤字，不知是刊刻的錯誤還是作者抄錯字了。

　　此書中還有一些涉及比干後裔及遺跡的文字，參見本書卷四、卷五。

【附録】

　　（1）明陳士元《名疑》卷一：“比干，紂諸父。名干，封於比，故稱‘比干’。比干子堅，逃於難林。‘堅’一作‘竪’。”

　　（2）明陳士元《孟子雜記》卷三：“王子干，封於比，故曰‘比干’。”

　　（3）明郝敬《論語詳解》卷十八：“比干，王子名，封于比，名干。”

29. 清章寅《重修五聖祠碑記》

　　寅既宰曹之次年，有以重修東關五聖祠碑文索叙者，並録其舊文見示。閲之，始啞然笑，繼恍然悟，末乃悚然敬。

　　五聖者何？一漢關聖帝君，一火德星君，一金龍四大王。其二爲財神，一握鞭而從虎者，爲趙元壇；一烏紗而蟒玉者，爲俗之增福財神，乃別其名爲殷少師比干也。……至增福財神之哲其面、豐其頤、美其鬚髯、修其儀度，則天下襲素封擁厚貲之恒範也，胡爲而必殷王子比干哉！比干爲財神，非特正史無可考，即稗官野乘亦無所聞。此所以啞然笑也。抑又思之，比干以直諫剖心，天下惟不惜身命者，爲能主禄位而無私，且亦使世之登壟斷、競蠅頭者，知盈虚有定，皆不可以有心求，是所以爽然悟也。且聖何必五？古者天有五帝，地有五嶽，神有五祀，皆五行、五方之義。兹祠舊爲五省會館，以是得名。

　　……廟建於雍正九年，修於乾隆十五年，今兹復修，予謹以所知略述梗概。

……道光十七年　月　日。

（《光緒曹縣志》卷十七）

【題解】

章寅，生卒年不詳，字直齋，江蘇如皋人，嘉慶九年（1804）舉人，道光十六年（1836）任曹縣知縣。在他任知縣的第二年，曹縣縣民重修城東關五聖祠完工，請他作記，刻碑立於祠中。不知道此碑還存否？碑記中講，五聖祠創建於清雍正九年（1731），原本是五省會館。所供奉的五聖，其中有武財神趙元壇、文財神比干。他的理解和推測，祀比干爲財神，是因爲比干能夠直諫剖心，不惜身命，所以必定無私；這也可以讓人們知道，盈虧自有天定，不能刻意用心追求。

比干被供奉爲財神，這是現查到的最早的記載。五聖祠原爲五省會館，則應該是由商人創建的。由此推測，以比干爲財神，最初可能祇是商界的崇拜，而不是普遍的奉祀。

"增福財神"起源於"增福神""增福相公"，最初並不是比干，而是李詭祖。宋代始有李詭祖的記載，説他寫過一本名爲《冥司錄》的書。元代人説他是北魏文帝時人，後唐天成元年（926）封增福相公，白天管陽間，決斷邦國冤獄，夜間判陰府是非，兼管三品以上官員衣飲俸禄和居民衣食所得。九月十七日是他的誕日。元雜劇的道白中多處提到增福神，但姓名各不相同，職司五花八門。這些道白在元刊本雜劇中並不存在，祇是明代版本中纏有，也許是明代文人、藝人增補改編的。元代文獻中沒有見到説他是財神的記載。明中葉的《諸神聖誕日玉匣記等集目録》開始將他與財神聯繫起來，標注他是"增福財神"。

清末民初以後，比干作爲文財神，纏在道教系統中廣泛流傳，

遠至東南亞一帶。民國時期方志記載，不少地方商界供奉比干為財
神，特別是東北地區。20世紀末，因為市場經濟發展、信士頗熱
衷發財的社會趨向，道教全真龍門派祖庭北京白雲觀，將儒仙殿改
建為財神殿，供奉三位財神，主座中位即比干，牌位稱"正一福祿
財神真君"。這是現在影響較大的祭祀比干的財神殿。參見李養正
《新編北京白雲觀志》（2003年宗教文化出版社出版）。

　　也有人說，宋代已經奉比干為財神了，但缺乏確切依據。例
如，今山西平遙古城東門內的城隍廟，有一座財神殿，也稱財神廟，
供奉比干、趙公明和關羽。有些書中說它建於宋代，還有的說建於
清康熙八年（1669），並推論宋代開始供奉比干為財神。其實，平
遙城隍廟初建時代不詳，廟內有明嘉靖三十四年（1555）重建落成
時，知縣麻瀛所作《城隍廟記》碑，其中祇說"其來遠矣"。今人
推測其初建在宋元時代，並無根據。而且嘉靖重建時，也沒有提到
財神殿。此後，清康熙、乾隆間均重修城隍廟，也都沒有財神殿的
記載。同治間王佩鈺《重修城隍廟碑記》纔提到，咸豐九年（1859）
火災，整個廟宇，包括財神殿化為灰燼。因此祇能說，財神殿的創
建，在乾隆以前。至於財神是誰，也無記載。同治間重修時，重建
了"財神窰三孔"，可知供奉有三位財神，但未知財神為誰。據董
培良《平遙城隍廟》（2001年山西經濟出版社出版）介紹，三位財神
的木雕神龕，保存至今。城隍廟在民國初、1951年和"文化大革命"
中三次被破壞。現在供奉比干、趙公明和關羽的財神殿，是1997
年平遙被列入世界遺產名錄後重修，不能據此推斷民國以前即供奉
比干。另外，《康熙重修平遙縣志》卷六記載，城北門內有一座財
神廟，建於康熙八年。此廟今已不存。這是城隍廟財神殿建於康熙
八年誤傳的來源。

【附錄】

（1）宋李昌齡《樂善録》卷六：“果報之來，或墜或升，如影對形，亦無可以避者。但試取李詭祖《冥司録》一觀，則知邵使君今之所載不妄。”

（2）元秦子晋《新編連相搜神廣記》後集《增福相公》：“李相公諱詭祖，在魏文帝朝治相府事。白日管陽間决斷，邦國冤滯不平之事，夜判陰府是非，杜［枉］錯文案，兼管隨朝三品以上官人衣飲禄料，及在世居氏［民］每歲分定、合有衣食之禄。至後唐明宗朝天成元年贈爲神，居增福相公。”後世如明初《三教源流搜神大全》等，多抄録此段。

（3）宋陳元靚編、元佚名增補《新編纂圖增類群書類要事林廣記》續集卷一《九月聖降》：“十七日：天曹增福相公生日。”此又見元劉應李編、詹友諒改編《新編事文類聚翰墨全書》戊集卷四《排日事實·九月十七日》。

（4）明佚名《諸神聖誕日玉匣記等集目録·九月十七日》：“增福財神聖誕。”

（5）《民國雙城縣志》卷六：“財神：云係比干，附祭於關帝廟及城隍廟，商鋪必供之，住户供者亦夥。祀時供品，視他神爲獨豐，拜祝亦虔誠之至。”

（6）《民國（二十三年）梨樹縣志》卷二：“財神，世以殷相比干爲財神。後世商工各業，無不建廟祀之。本邑財神廟在東街路北，由商會主辦祭祀酬神等事。每歲九月十七日爲財神誕日，各行商業均敬謹致祭，並宴工夥，以爲紀念。”

（7）《民國海城縣志》卷四：“財神：相傳財神爲殷少師比干，其説亦出自《封神演義》，俗稱‘增福財神’。本城財神廟有二，一在西關，一在南關。外鎮亦間有立廟者。鄉村無專祀，多在七聖、九聖祠中。

財神爲商舖家家必供之神，朝夕焚香叩拜，年節供品從豐。每年九月十七日爲財神聖誕，家家供以壽桃。蓋商家以謀利爲目的，故崇拜財神獨至。惟回民及天主耶穌教徒所設商號不供財神。"

30. 東漢班固《漢書》

孔子曰："……唯上智與下愚不移。"傳曰：譬如堯舜，禹、稷、卨與之爲善則行，鯀、讙兜欲與爲惡則誅。可與爲善，不可與爲惡，是謂上智。桀紂，龍逢、比干欲與之爲善則誅，于莘、崇侯與之爲惡則行。可與爲惡，不可與爲善，是謂下愚。齊桓公，管仲相之則霸，豎貂輔之則亂。可與爲善，可與爲惡，是謂中人。因兹以列九等之序，究極經傳，繼世相次，總備古今之略要云。（卷二十《古今人表》）

【題解】

班固（32—92）是繼司馬遷之後的著名歷史學家。《漢書》是一部記錄漢代歷史的著作。班固在書中列了一份古往今來的著名人物的表格，把人物分爲九等，最高"上上"爲"聖人"，如周文王、周武王、孔子等；其次"上中"爲"仁人"，如微子、箕子、比干；再次"上下"爲"智人"，如造字的倉頡；然後依次爲"中上""中中""中下""下上""下中"；最末"下下"爲"愚人"，如紂王。

漢代獨尊儒術，這也是根據儒家理論對歷史人物所作的評判，其判斷的標準是，是否可以"與之爲善"。比干被列入第二等的"仁人"中，是繼承了孔子"殷有三仁"的思想。而紂王被列爲下愚，是因爲比干無法與之爲善。

漢代以後，儒家的思想一直占據主流地位，這些評價也被視爲定評，延續下來。

31. 東漢徐幹《中論》

殷有三仁，微子介於石不終日，箕子内難而能正其志，比干諫而剖心。君子以微子爲上，箕子次之，比干爲下。故春秋大夫見殺，皆譏其不能以智自免也。(卷上《智行》)

【題解】

徐幹(171—218)，東漢末年知名的學者和詩人，"建安七子"之一。《中論》是他的理論著作。書裏説，殷商的三仁之間相比，比干爲下。作者從智慧與行爲結果角度評價，認爲比干固然是仁者，但其結局未能以智自免。這是儒家中庸思想的進一步發揮，在歷史上也有一定影響。

　　自《尚書》說周武王封比干墓開始，到公元3世紀的三國時代，1000多年間一直沒有人提到比干墓的地理位置。唯一可以推測的是，墓址距朝歌不是太遠。直到西晋纔有記載，而且並不明確。此後，歷史文獻記載的比干墓有三處。

　　第一處在河南汲縣（今衛輝市），最早見於北魏文獻，至今仍存。此地曾有一塊“殷大夫比干之墓”石刻，有可能是東漢時竪立。汲縣墓歷史記載出現最早，北魏孝文帝曾親到墓前祭拜，唐太宗也親自撰寫過祭文，均立碑於此，同時這裏距朝歌很近，所以被廣泛認可。

　　第二處在河南偃師，最早見於隋唐文獻，久已不存。偃師是商王朝的故都西亳，不僅見於文獻，也爲考古發掘證實（參見《偃師商城》第一卷，中國社會科學院考古研究所編著，2013年科學出版社出版）。這裏距朝歌100多千米，並且是武王伐紂的途經之地。所以，比干葬於此，也不無可能。

　　第三處在山東鉅野，出現最晚，同樣久已不存。後人幾乎不再提及。

　　此外，南宋的《墨莊漫録》提到，陝西鳳翔（在今陝西寶雞）也有一處比干墓。但書中講述的故事不盡可靠，此墓也沒有見於任何地理志書記載。它可能祇是一個誤傳。參見本書卷七《比干墓銅盤銘》，其資料這裏不再收録。

　　對於歷史地理位置的真偽判斷，文獻記載出現的早晚祇是參考因素之一，最終的結論，需要考古發掘報告認定。比如文獻記録比較清楚的朝歌，具體位置迄今仍然沒有得到證實（參見夏商周斷代工程朝歌遺址調查組《1998年鶴壁市、淇縣晚商遺址考古調查報告》，《華夏考古》2006年第1期）。

　　隋唐以來，同一部地理志書往往會同時記載不同的説法。

一、不明確者

32. 晋陸雲《與兄平原書》

經比干墓，悵然欲吊之。（《陸士龍文集》卷八）

【題解】

陸雲（262—303），字士龍，吳郡吳縣（今江蘇蘇州）人，三國東吳後期至西晋初年的官員、文學家。《與兄平原書》是給他的哥哥陸機的書信。陸機也是文學家，曾擔任平原内史，世人稱他"陸平原"。《陸士龍文集》保存了39封給陸機的信，這是第18封。

這封信是最早提到比干墓的文獻。學者推斷，信作於永寧二年（302）。這一年陸雲在首都洛陽爲中書侍郎，轉任清河（今屬河北）内史。從洛陽到清河，會經過偃師和汲縣，因此文中提及的比干墓，可能是偃師墓或汲縣墓。

二、汲縣（衛輝）墓

汲縣是西漢設置的縣，明代設立衛輝府以後，府治即在汲縣。汲縣比干墓，位於現在的衛輝市頓坊店鄉，見於《魏書》《水經注》記載。北魏太和十八年（494），魏孝文帝曾到墓前祭奠，同年又親自撰寫祭文，命刻碑立於墓前。唐貞觀十九年（645），唐太宗下詔追封比干為太師，謚忠烈公，命所司"封崇其墓，脩葺祠堂"，規定州縣每年春秋兩次祭祀，並撥附近五戶人家，專門負責管理。同時，唐太宗也親自撰寫祭文，刻碑立於此。

唐代以後，歷經戰亂和自然災害，比干廟多次遭到破壞，歷代又多次重建。許多歷史名人都曾到過這裏，留下大量詩文作品。明天順五年（1461），衛輝府儒學訓導曹安曾彙集有關比干的史料和比干廟的碑刻，編成《太師比干錄》一書，次年刊刻出版。萬曆五年（1577），衛輝府知府暴孟奇在此基礎上進一步增刪，編輯了《殷太師忠烈錄》，稍後刊刻出版。兩書收錄了豐富的歷史資料。

迄今，比干廟內仍保存了許多歷代石刻。衛輝一帶，也流傳有不少比干的民間傳說。

這裏，衹收錄與墓址相關的記載。

33. 北齊魏收《魏書》

十有八年春正月丁未朔……癸亥，車駕南巡。……戊辰，經殷比干之墓，祭以太牢。乙亥，幸洛陽西宮。（卷七《高祖紀》）

十有一月辛未朔……丁丑，車駕幸鄴[①]。甲申，經比干之墓，傷其忠而獲戾，親為弔文，樹碑而刊之。己丑，車駕至洛陽。（卷七《高祖紀》）

十有九年……九月……丙戌，行幸鄴。……壬辰，遣黃門郎以太牢祭比干之墓。乙未，車駕還宮。（卷七《高祖紀》）

高祖遷洛，路由朝歌，見殷比干墓，愴然悼懷，爲文以弔之。芳爲注解，表上之。詔曰："覽卿注，殊爲富博。但文非屈宋，理慚張賈。既有雅致，便可付之集書。"（卷五十五《劉芳傳》）

汲：二漢屬河内，晉屬，後罷。太和十二年復，治汲城。有比干墓。（卷一百六《地形志·司州·汲郡》）

【題解】

《魏書》是記載北魏歷史的專著，由魏收奉詔編撰，成書於北齊天保五年（554），被列爲《二十四史》之一，編纂時參考了許多北魏的檔案。

《高祖紀》記載了孝文帝的三次祭祀：

第一次太和十八年正月（494年2月），自鄴城往洛陽，十七日癸亥（8日）出發，二十二日戊辰（13日）經過殷比干墓，祭以太牢。太牢是牛、羊、豕三牲全備的祭典，是最高的規格。二十九日乙亥（20日）抵達洛陽。

第二次也是自鄴城往洛陽，時在同年十一月十四日甲申（12月26日），親自寫了祭文，樹碑而刊之。十九日己丑（12月31日）回到洛陽。

第三次是太和十九年九月二十六日壬辰（495年10月30日），派遣黃門郎以太牢祭墓。

《劉芳傳》說途經朝歌，見到比干墓，説明墓在朝歌附近。

孝文帝的祭文，見本書卷八。

【注釋】

①鄴，即鄴城，東漢時曹操被封魏王後的國都，北魏曾加以擴建。故址在今河北臨漳縣鄴鎮一帶，與河南安陽交界。

34. 北魏酈道元《水經注》

清水……又東過汲縣北。

縣故汲郡治……有殷大夫比干冢。前有石銘，題隸云："殷大夫比干之墓"。所記唯此，今已中折，不知誰所誌也。太和中，高祖孝文皇帝南巡，親幸其墳而加弔焉，刊石樹碑，列於墓隧矣。（卷九《清水》）

【題解】

《水經注》是北魏地理學家酈道元（約470—527）的一部地理名著。

這裏記載了比干墓前最早的一塊石刻——"殷大夫比干之墓"七字碑。文中説到碑爲隸書，而隸書始於秦，盛於漢，那麼這塊碑應該是秦漢時期所立。參見下一節《汲縣"殷比干墓"四字碑》。

35. 唐李泰《括地志》

比干墓，在衛州汲縣北十里二百五十步。（從唐張守節《史記正義》引）

【題解】

李泰（620—652）是唐太宗李世民的第四個兒子，封魏王，後封濮王。《括地志》是他主持編纂的一部大型的、記錄全國地理情況的著作，共555卷，成書於唐貞觀十六年（642）。編成以後影響很大，經常被引用。可惜已經失傳。

唐代規定，五尺爲一步，三百六十步爲一里。唐宋不少古方志中，經常可以見到精確到"步"的記載，大約當時曾有過普查測量。

36. 唐李吉甫《元和郡縣圖志》

汲縣：……比干墓及廟，在縣北十里。(卷十六《河北道·衛州》)

【題解】

《元和郡縣圖志》與《括地志》是同類圖書，成書於唐元和八年（813），原本是有地圖、有文字的，圖的部分已經失傳，文字部分基本完整地保存了下來。編者李吉甫（758—814），學識淵博，曾擔任過宰相。

37. 宋樂史《太平寰宇記》

汲縣：……比干墓，在縣北十里餘。有石銘題云"殷大夫比干之墓"。魏太和中，孝文帝南巡，親幸其墳弔焉，刊石於墓。(卷五十六《河北道·衛州》)

【題解】

樂史（930—1007），北宋初學者，太平興國五年（980）進士。《太平寰宇記》與《元和郡縣圖志》性質相同，約成書於雍熙末、端拱初（988前後）。

38. 宋李石《續博物志》

汲縣，舊汲郡。……有比干墓，前有名［石］銘，題隸云："商大夫比干之墓"，所記唯此。漢高宗、孝文各爲立碑。（卷八）

【題解】

李石，南宋官員、詞人，紹興至乾道間（1131—1173）在世。《續博物志》是續晉張華《博物志》的一部著作，雜抄諸書而成，多有怪誕之説，所以後人不完全相信書中的記載。

此條記録的前半部分，明顯抄自《水經注》。後邊却説"漢高宗、孝文各爲立碑"。漢高宗即漢元帝劉奭（前49—前33在位），漢孝文帝即漢文帝劉恒（前180—前157在位）。這樣，文中這句話對二人的前後排列失當。它應該是對《水經注》原文中"高祖孝文皇帝……刊石樹碑"一句話的誤抄，或者是傳本的脱誤，那原來是指北魏的高祖孝文帝拓跋宏。至於"商大夫比干之墓"與《水經注》的"殷大夫比干之墓"有一字之差，則是因宋代避宋宣祖趙弘殷之諱而改。

39. 宋程卓《使金録》

（嘉定五年正月）十七日乙丑，晴。早頓衛縣，晚宿衛州。將至城，過比干墓，有碑云"忠孝比干之墓"。紂墓亦在衛河之東。

【題解】

程卓，南宋官員，淳熙十一年（1184）進士。嘉定四年（1211），他受命出使金國賀正旦，《使金録》是這次出使的日記。他在返程的嘉定五年（金崇慶元年）正月十七日（1212年2月21日）路過比干墓，簡略記了這段話。這也是較早的目擊者的記載。所謂"忠孝比干之墓"碑，現在已經不見了。

40. 明李賢《大明一統志》

比干墓，在府城北一十里，即武王所封者。有石題曰"殷太師比干之墓"。後魏孝文帝南巡，親幸弔祭，刻文墓上。（卷二十八《衛輝府》）

【題解】

《大明一統志》是官修的全國的總志，由明英宗朱祁鎮命翰林院學士李賢等人主持編纂，成書於明天順五年（1461）。

以上收錄了唐至明代的四部全國總志。其間元代也編纂過《大元一統志》，但已經散佚不傳了。

41. 明曹安《太師比干錄》

邵子詩云："老木無柔枝。"愚惟太師之墓，自紂迄今，上下三千餘年，前後百有餘世，巋然獨存如廈屋，是固忠臣稱首之跡矣。墓前有老木一株，大約三圍而中空，根身止存其半，上則枝葉茂密，人終不伐。識者以爲此即比干剖心、生氣猶存之證。繇是推之，蓋與蜀孔明廟之老柏、杭岳王墳之南拱木同一意歟？（《旁證》）

【題解】

曹安，華亭人，明正統九年（1444）鄉貢舉人。天順間任衛輝府儒學訓導。《太師比干錄》是一部有關比干和衛輝比干廟文獻的彙編。

文中所引邵子詩，即宋邵雍《過比干墓》詩，見本書卷七。此處記載了比干墓前當時尚存的一株古樹，"大約三圍"，一圍若按1.7米計算的話，樹幹的周長差不多是5米了。

《嘉靖河南通志》汲縣比干墓圖

《萬曆衛輝府志》汲縣比干墓位置圖

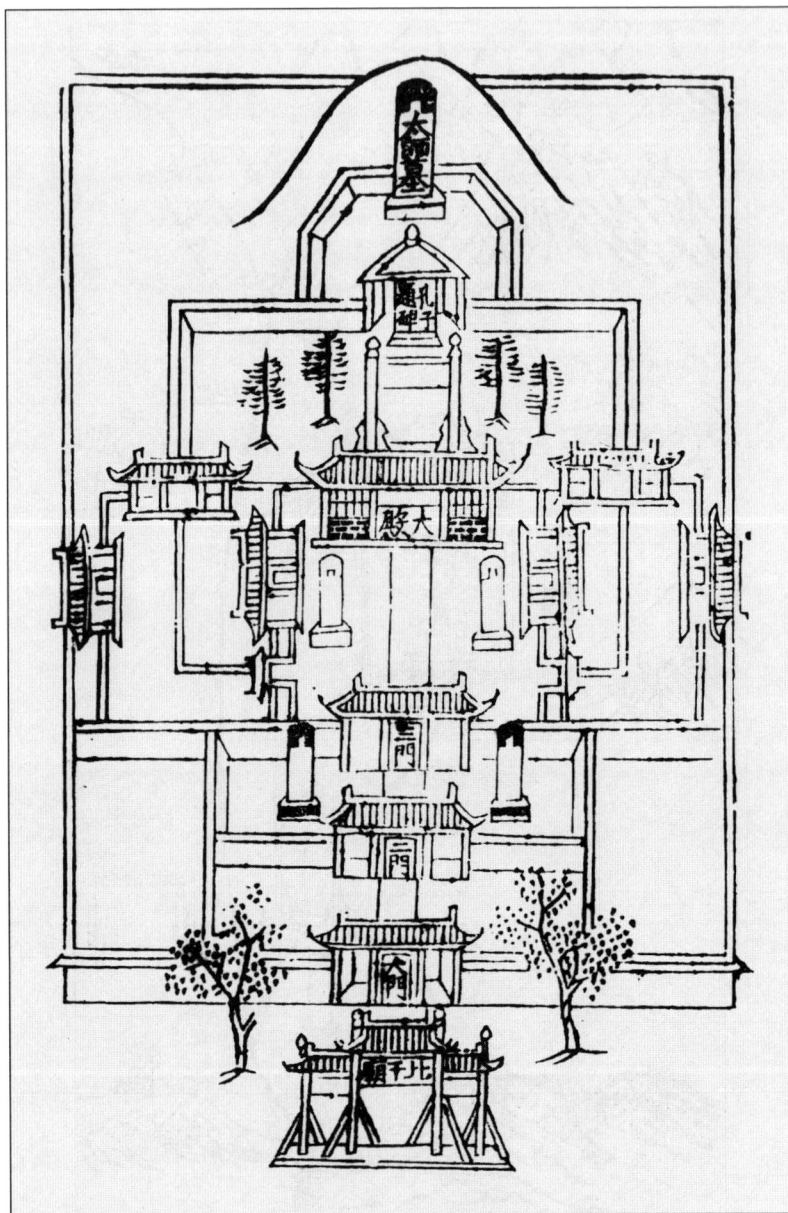

《殷太師忠烈錄》比干廟圖

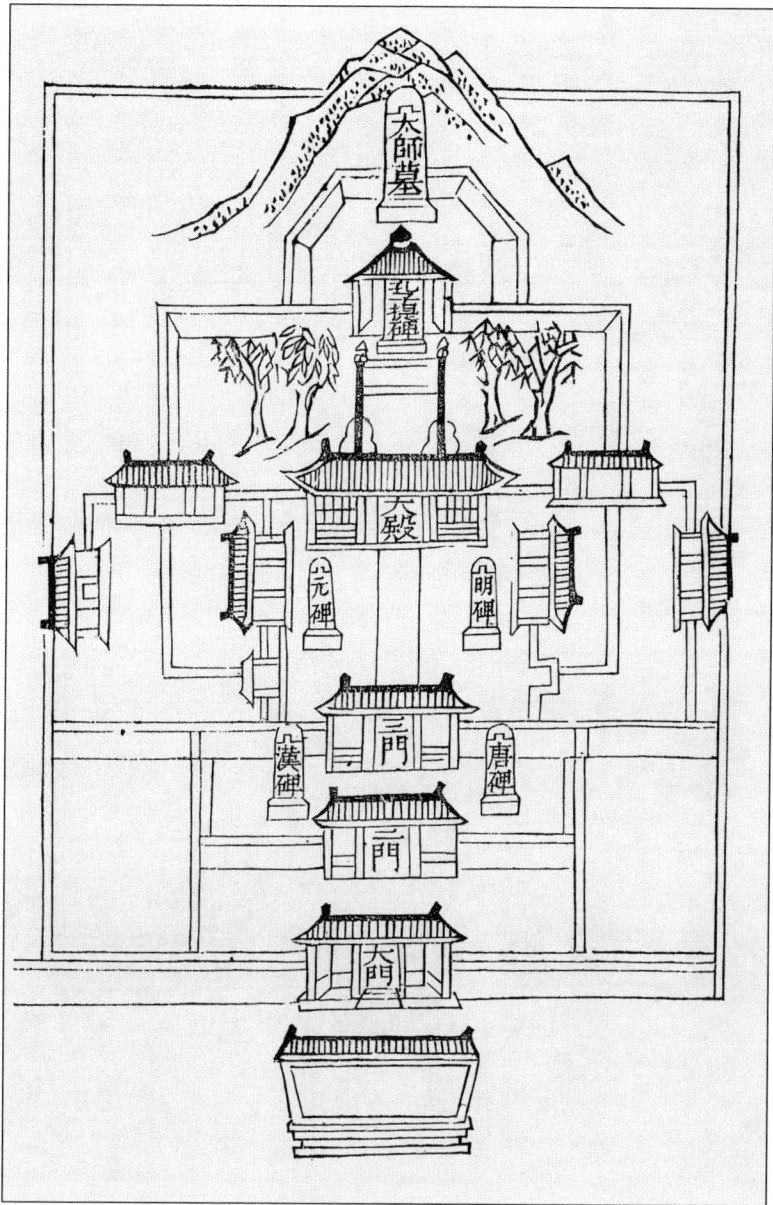

《康熙汲縣志》比干廟圖

比干墓，原載《國粹學報》第 5 卷第 9 期，1909 年

比干廟，原載《鐵路協會會報》第 104 期，1921 年

三、汲縣"殷比干墓"四字碑

　　隸書四字碑是立在汲縣比干墓前的一塊石碑。北宋晚期始見於文獻記載。其刻立的時間有多種説法：其一，孔子刻。這一説法始見於北宋末，但當時人即不太相信，因爲孔子的時代還没有隸書。所以，此説後來被人們一致否定。其二，漢代。這是依據書法風格做出的推斷。具體一點，有人認爲是東漢晚期的風格。其三，北魏時期根據舊碑重刻。依據《水經注》，北魏時有"殷大夫比干之墓"七字碑，已經折斷了，並没有四字碑。從四字碑的文字排列看，它也不可能是七字碑斷開後的殘石，可能是後人依據斷碑的殘石，重新摹刻的。以下圖片，爲日本京都大學人文科學研究所藏内滕氏舊藏拓片。

　　"墓"字已殘，有人釋爲"莫"，並説"莫"是"墓"的古字，完全没有根據。

42. 宋石公弼《"殷比干墓"跋》

"殷比干墓"四字，在今衛州比干墓上。世傳孔子書，然隸始于秦，非孔子書必矣。字畫勁古，當是漢人書。（從宋婁機《漢隸字源》卷一引，亦見宋陳思《寶刻叢編》卷六，字句稍異）

【題解】

石公弼（1061—1115），北宋官員、藏書家，元祐六年（1091）進士。著有《臺省囚話錄》《柏臺雜著》《維揚燕衎堂古器銘》等。他的著作都已失傳。這是最早關於四字碑的記錄，最初應該是題寫在他收藏的碑文拓片上。這段跋語最早提到了孔子書寫的傳說，同時也最早否定了孔子書寫的傳說。石公弼認爲，此碑應該是漢代石刻。

43. 宋洪适《隸續》

殷比干墓①

右"殷比干墓"四字，《水經》云："朝歌縣牧野比干冢前有石銘，隸云：'殷大夫比干之墓'，今已中折，不知誰人所誌。"大觀中②，會稽石國佐有此四字③，比《水經》又闕其三。字畫清勁，乃東都威靈時人所書者④。收碑如歐趙⑤，皆未之見。（卷二十《比干墓四字》）

【題解】

洪适（1117—1184），南宋官員、金石學家。所作《隸釋》《隸續》，是專門研究隸書的著作，最終刊刻於淳熙八年（1181），作

者生前即多次刻印，元明也有翻刻，但大都失傳。以上據清康熙
四十五年（1706）曹寅揚州使院刻本録。

　　作者見到的四字碑，大概也是石公弼的拓本，所以説"石國佐
有此四字"。這時汲縣已是金國的領土，無法到那裏看原碑。從曹
寅刻本來看，當時四字碑的狀態，和現在差不多。洪适判斷，四字
碑是東漢後期的作品。

【注釋】

　　① 四字原本似爲摹寫。曹寅刻本作："殷比干苦"。

　　② 大觀，宋徽宗年號，1107—1110。

　　③ 石國佐，即石公弼，字國佐。

　　④ 東都威靈時，指東漢桓帝劉志至靈帝劉宏在位期間（146—
189）。東都即當時的首都洛陽。劉志廟號威宗。劉宏謚號孝靈皇帝。

　　⑤ 歐，指歐陽修；趙，指趙明誠。兩人都是金石碑帖收藏大家。
歐陽修有《集古録》，趙明誠有《金石録》，二書均爲金石著録的開創
性著作。

44. 明曹安《太師比干録》

　　按《衛輝舊志》云："殷少師比干墓，在北一十五里。墓前有
'殷比干墓'四字碑，年深石斷，字畫不全，世傳以爲孔子所書。"
今此碑見存，竊觀其體勢，與周穆王時書"吉日癸巳"石刻相類①，
其爲古筆無考，謹用摹鋟，以暴于世云。（卷首）

【題解】

　　《太師比干録》卷首摹刻了四字碑。所引《衛輝舊志》已失傳，

不知是衛輝府的哪一部舊志。元代學者王惲編寫過《汲郡志》；明初也有一部《衛輝府志》，見於明正統六年（1441）楊士奇等編纂的《文淵閣書目》記載。

【注釋】

① "吉日癸巳"石刻，即宋代在贊皇（今屬河北）發現的一處摩崖石刻，傳爲西周的周穆王所書。今有拓片傳世。但其書寫所用的字體小篆，西周時期尚未出現，所以一般認爲也是一個傳説。

45. 明井秩《殷太師比干墓大字碑》

殷太師比干廟墓大字碑，不知立自何時，歲久斷仆，前衛輝郡守葉公宜補立道傍①，迄今五十餘年。碑因舊塋將頹，時郡守文安邢公表②，恐久而傾仆，人莫知廟墓所在，且承欽差御馬監奉御黃公所托，乃重爲摹勒貞石，立于故碑之左，庶似續古跡而將來。欲弔太師廟墓者，得所指歸云。(明暴孟奇《殷太師忠烈録》卷二)

【題解】

井秩，山東臨淄人，明成化年間任衛輝府通判。這段文字屬於碑跋，或者刻在一塊獨立的碑上，或者刻在重刻的大字碑背面。《殷太師忠烈録》收録時，略去了日期。根據文中人物的任職時間，撰文日期應在成化六年至十六年（1470—1480）之間。重刻時邢表還發佈了一個公告，也刻成石碑，現已不存。

根據碑文描述，"殷太師比干墓大字碑"在明正德年間已經斷開倒地了，知府葉宜補修之後，立於道旁。成化時，知府邢表重新摹刻了一塊，稱爲"墓穹碑"，置於原碑左側。

這塊"大字碑"有可能是四字碑。文中的"歲久斷仆"，與曹安引述的《衛輝舊志》中"年深石斷"相符。果然如此的話，現在衛輝比干墓前的四字碑中間沒有斷裂，則應是邢表的重刻。其背面已被青磚砌封，不詳是否刻有井秩這一碑文。

但這祇是可能性之一。比干墓還有一塊篆書"殷太師比干墓"碑，清初汪价記載説位於墓前，民國初林修描述説橫立在墓門前，而邢表稱"墓穹碑"，也應是位於墓前的碑。所以"大字碑"也許是這一塊篆字碑。河南省衛輝市林氏聯誼總會編輯的《殷太師比干廟碑刻選集》(2003年香港亞太國際出版有限公司出版) 第1頁載有"殷太師比干墓"拓片，大字，篆文橫書，可能即此碑，今不知移至何處。

【注釋】

① 葉公宜，即葉宜，字守義，福建南平人。明永樂十年 (1412) 進士，宣德年間 (1426—1435) 任衛輝府知府。

② 邢公表，即邢表，字居正，順天文安人。明天順元年 (1457) 進士，成化六年 (1470) 由彰德府知府調任衛輝府知府，十六年 (1480) 以前升任山東布政使司左參政。

【附錄】

(1) 明邢表《立碑告文》："表等慮泯古跡，琢彼貞石，摹寫太師廟墓穹碑，工兹成之，告神樹立。伏仗神護，舉毛之易。輕如風吹，毋勞人力。雖肎之手無所施，而獲之力亦無所恃也。頃然安固，我心方蘇。峙立道傍，忠良吁都。幾度摩挲，奸邪唾惡。冀靈洋洋，清助與否。謹告。"(明暴孟奇《殷太師忠烈錄》卷二)

（2）清汪价《中州雜俎》卷十八《比干少師太師考》："墓前有石曰
'殷太師比干墓'，乃先聖孔子所書，科斗文。余於己亥夏過其地拜謁，
親見之。然則比干當爲太師，非少師也，容再考之。（按《路史》，唐
太宗謚太師，則此碑當爲唐以後所易。）"

（3）民國林修《謁太始祖比干公墓記》："墓門橫立篆碑，爲'殷太
師比干墓'，如石坊額，攝影僅有'太師比'三字，餘爲門墓［墓門］
所蔽。"（旅菲西河林氏宗親總會《西河林氏族志》）文作於民國六年
（1917）。

46. 清畢沅《中州金石記》

殷比干墓題字，隸書，在汲縣墓上。《金石略》有後魏比干
墓刻①，即此。《水經注》："清水東南歷坶野，有殷大夫比干冢，
前有石銘，題隸云'殷大夫比干之墓'。所記惟此，今已中折，
不知誰所誌也。"按今惟云"殷比干墓"，是又非酈道元所見之刻
矣。《漢隸字原》云："石公弼跋云'上世傳孔子書'。"然道元、
鄭樵俱不謂然。周時亦無隸字，足證世俗流傳之妄也。其字當有
舊刻，魏人復書之，故又脫"大夫"二字。《漢隸字原》謂當是漢
人書，玩其筆跡，亦非也。（卷一）

【題解】

畢沅（1730—1797），清代官員、金石學家。《中州金石記》
是專門記錄河南歷代石刻的著作，編纂於作者任河南巡撫期間
（1785—1786）。

這裏提出，此碑應當有舊刻，北魏時據舊刻重新摹刻，不失爲
有道理的推斷。

【注釋】

①《金石略》，指宋鄭樵《通志·金石略》。《金石略》在北魏石刻類下，列有"比干墓刻"，但没有具體説明，畢阮認爲即此四字碑。

四、偃師墓

偃師比干墓，最早見於隋唐時代的《圖經》，位於當時偃師縣城東北十里。唐開元年間，在這一帶出土了一隻青銅器銅盤。詳細的經過，彙編在本書卷七《比干墓銅盤銘》中，這裏祇收録關於墓址的記載。

47. 宋樂史《太平寰宇記》

偃師縣：……比干墓，在縣西北一十五里。（卷五《河南道·西京》）

48. 明李賢《大明一統志》

比干墓，在偃師縣西北。比干，商宗室，以諫死。唐開元中縣人耕地得銅盤，篆文，甚奇古。（卷二十九《河南府》）

五、鉅野墓

鉅野比干墓，在今山東省鉅野縣西南方約10千米的田橋鎮趙莊村（以前叫比干廟趙莊）附近，久已不存。宋代即有比干村的村名，明代中晚期這裏始有比干墓的記載。比干村有殷聖忠祠，不知始建於何時，嘉靖間改稱爲比干廟。《萬曆（二十四年）兗州府志》中的鉅野縣地圖標注有比干廟的位置，以後方志地圖也大都標注。明代晚期出現"無心草"傳說，與《封神演義》中的"無心菜"一脉相承。

49. 宋晁補之《進士清河張君墓誌銘并序》

君張氏，諱鼎，字正之。……君之先蓋鄆州須城人，自五代之亂，累世隱居，以孝稱。逮君曾祖始徙濟州鉅野，而諱宗孺者，君考也。……以元祐六年六月甲辰卒，年六十有八。初，君考以上皆葬鉅野之比干村，而地多水，君疾且革，語仲原曰："欲爲先人改卜，今不能，以爲恨。汝無忘吾志，則是吾不没也。"仲原泣曰："諾。"既而，卜任城縣之諫議鄉呂村吉，廼遷其先柩，及君與兩夫人之喪祔焉，實元符二年九月某日也。（《濟北晁先生雞肋集》卷六十八）

【題解】

晁補之（1053—1110），濟州鉅野人，北宋知名文人，"蘇門四學士"之一。這是晁補之爲鉅野縣的鄉賢張仲原遷葬其父張鼎而撰寫的，時在宋元符二年（1099）。文中提到，自張鼎（1024—1091）的曾祖父那一代起，四代都葬在鉅野縣的比干村。可見這個比干村，至少在宋初就有了。但這裏沒有提到比干村究竟在鉅野縣的什麼地方，也沒有提到比干村與比干有什麼關係。

50. 明宋滄《殷聖忠祠》

虎豹重闔大力推，忠言寧畏殺身媒。
脛當斲處尚何忍，心到刳時更不灰。
墓道姓名高似斗，祠堂風雨響如雷。
至今麥秀纖纖地，猶有英靈日往來。
（《萬曆（元年）兗州府志》卷四十九）

【題解】

宋滄（1483—1533），鉅野縣人，正德三年（1508）進士。此詩又見《萬曆鉅野縣志》《道光鉅野縣志》，是遊歷鉅野比干村殷聖忠祠之作。詩中有“墓道姓名高似斗”之句，可見當時有比干墓存在。

51. 明《嘉靖山東通志》

比干廟，在鉅野縣西南二十五里。（卷十八《祠寺》）
比干墓，在鉅野縣西南二十里。（卷十九《陵墓》）

【題解】

《嘉靖山東通志》成書於嘉靖十二年（1533）。此爲鉅野比干墓最早的明確記載。廟與墓，相去有一些距離。此後，兗州、鉅野縣地方志中，大都延續記載。

52. 明江廷藻《比干廟記碑》

城西比干廟，《舊志》名殷聖忠祠，今春牛景、趙平、徐元等修成。藻謁而嘆曰：正氣堂堂，儼如公生前之忠乎？像容戚戚，儼如公生前之孝乎？危坐不屈，儼如公生前之節乎？祈禱有靈，儼如公生前之義乎？使天地間而無公忠孝節義，則三綱淪、人道絕矣。後之人過其祠者，學其忠斯成臣道，學其孝斯成子道，學其節斯成婦道，學其義斯成友道。其關係於世教豈淺哉！故記之以爲斯民勸。

嘉靖己酉仲春立。（《道光鉅野縣志》卷二十一、《萬曆（元年）兗州府志》卷三十）

【題解】

江廷藻，南直隸旌德（今屬安徽）人，時任鉅野縣知縣。嘉靖己酉，即嘉靖二十八年（1549）。《兗州府志》收錄碑文時，有所節略改動，此據《道光鉅野縣志》錄。這裏講道，在本地以前的舊方志中，比干廟已經有了記載，稱爲殷聖忠祠。所謂《舊志》，不知道指的是哪一部。

53. 明徐譓《比干廟碑》

鉅野之西偏，有殷聖比干祠，位面陽，上搆四架，覆以陶瓦。前置户牖，塑像於其中。土人歲時致祭祠之，創始也無可稽。嘉靖甲辰，邑宰江公廷藻聞此土之有聖祠也，躬自縣治來謁，爲之鐫石以頌忠孝節義四大德，而立祠之自，亦莫識其詳。後五載己酉，鄉人於祠之西南三里許，得故天慶觀大德年遺碑於土中，所

載有比干村，是村之名以傍祠而得，則此地之有聖祠也，固在元宋以前矣。……萬曆二年冬月立。(《道光鉅野縣志》卷二十一)

【題解】

徐謐，濟寧人，嘉靖四十三年（1564）舉人。碑文講鄰近的天慶觀中出土了元代大德年間（1297—1307）的一通石碑，裏邊提到比干村。他認爲村子因祠而得名，因此比干祠建於元代以前。

54.明《萬曆（元年）兗州府志》

比干墓，在鉅野縣西南二十五里。(卷四十九《陵墓》)

【題解】

此書爲明萬曆元年（1573）編成的《兗州府志》。

55.明《萬曆（二十四年）兗州府志》

比干墓，在縣西南二十里。未詳所據。(卷二十三《陵墓志·鉅野縣》)

【題解】

此書爲明萬曆二十四年(1596)編成的《兗州府志》。"未詳所據"一句，似乎暗示此時比干墓已經不存在了。

56. 明《萬曆鉅野縣志》

殷聖忠祠，即比干廟，在城西南二十五里劉官屯東。世傳比干家村，有無心草焉。（卷一）

比干廟，在縣西南二十里許。（卷二）

田嶠《殷聖祠》：比干祠傍比家村，異草無心古木髡。尼父銅盤迷近遠，龍逢金闕亙朝昏。寸丹欲吐非開剖，七竅從觀祗自捫。民社幾更柏與栗，依然明水薦湯孫。（卷九）

【題解】

《萬曆鉅野縣志》，最初編成於明萬曆末年，未能刊刻，天啓、崇禎間加以增補刊刻，清康熙間又曾增補。這裏的幾條資料中，特別多出了無心草的記載，與小說《封神演義》中的無心菜相一致，參見本書卷八。作《殷聖祠》詩的田嶠，是鉅野縣人，萬曆四十八年（1620）貢生。

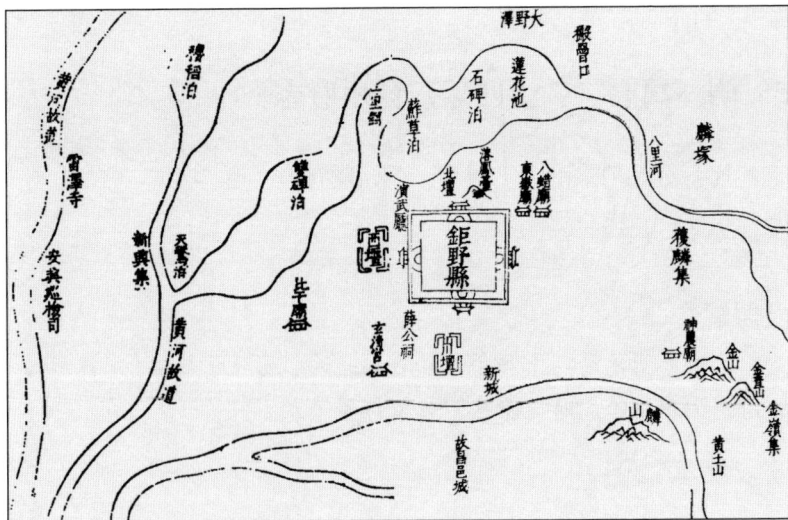

《萬曆（二十四年）兗州府志》鉅野縣圖

【附録】

（1）清薛鴻漸《比干廟》：“禾黍離離廟兩楹，殷仁千載尚神明。可憐滿地無心草，碧色都疑血染成。”（《道光鉅野縣志》卷十六）

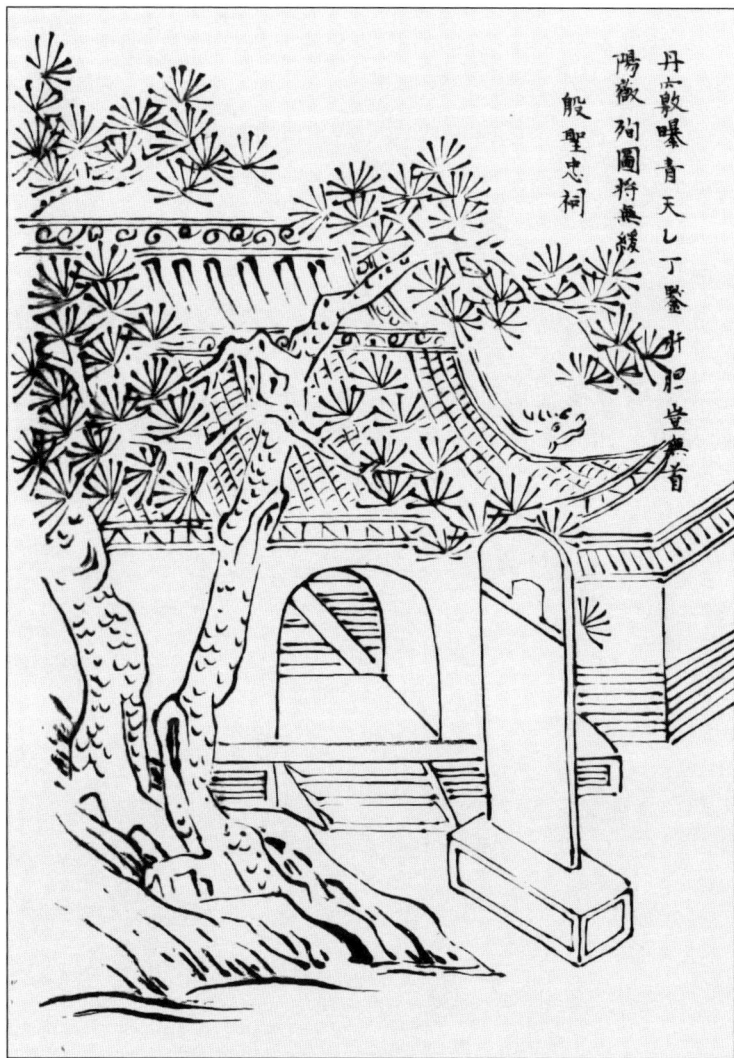

《萬曆鉅野縣志》（清康熙增修本）殷聖忠祠圖

卷之五
遺　跡

　　本卷收録關於比干遺跡的記載。歷史上許多地方都立過比干的祠廟，比如較早的淇縣三仁祠、滑縣比干廟等，屬於各地人們對他的紀念，沒有涉及事跡的傳説，這裏不再收録。

一、黎陽枉人山

枉人山，在今河南濬縣西北的屯子鎮，北鄰湯陰縣。濬縣先前是漢代設置的黎陽縣，北魏時改爲黎陽郡。"枉"有冤枉、冤屈的意思，"枉人"也就是受冤屈的人。作爲地名，有些不吉利。山名最早見於北魏。因爲由三座山峰組成，隋朝又稱爲"上陽三山"。明代因爲山中雲霧變幻，能興雲致雨，稱爲"善化山"。"善化奇峰"，曾是濬縣八景之一。

自隋朝開始，有傳說比干是在這裏被紂王殺害的。山中出產的一種花紋斑斕的石頭，叫作紫斑石或花斑石，非常美麗，可以用作宮殿立柱的基礎，或者石屏、几案。明代傳說是因爲比干一腔熱血灑染而成。

經過歷代無度的開采，特別是修建皇宮時的大規模開采，現在這裏已經滿山瘡痍，目不忍睹了。參見王毓蘭《明北京三殿營建采石的重要史料——記河南濬縣天啓六年皇極殿采石摩崖題刻》（《故宮博物院院刊》2014年第1期）。

57. 佚名《後魏書》

文帝太和十八年，卜遷都，經鄴，登銅雀臺，御史崔光等曰：
"鄴城平原千里，漕運四通，有西門、史起舊跡[1]，可以饒富，
在德不在險，請都之。"孝文曰："君知其一，未知其二。鄴城非
長久之地。石虎傾於前，慕容滅於後。國富主奢，暴成速敗。且
西有枉人山，東有列人縣，北有柏人城，君子不飲盜泉，惡其名
也。遂止，乃都洛陽[2]。（從《太平御覽》卷一百六十一《州郡
部七·河北道上·相州》引，又見《太平御覽》卷一百五十六《州
郡部二·叙京都下》、《太平寰宇記》卷五十五《河北道四·相州》）

【題解】

隋魏澹、唐張大素都撰寫過《後魏書》，但都已失傳。此處宋
人所引，不知道是哪一部。所述之事，在北魏太和十八年（494），
是關於枉人山的最早記載，但祇說這是一個不好的地名，在鄴城的
西邊。

【校記】

〔1〕史起，原作"使起"，據《太平寰宇記》改。史起，魏襄王
時任鄴令，以重修西門渠知名。

〔2〕"乃都洛陽"四字，據《太平寰宇記》卷一百五十六補。

58. 北魏酈道元《水經注》

羑水出蕩陰西北韓大牛泉……又東逕蕩陰縣南，又東逕枉人
山，東北至內黃縣，右入蕩水。（卷九《蕩水》）

【題解】

此從武英殿本《水經注》錄，別本"柱"多誤作"柱"。這也是較早記載柱人山的文獻。文中也大概指示了方位，說羑水發源於蕩陰的西北，東流經過蕩陰縣，又東流經過柱人山，然後東北流至內黃縣。"蕩陰"，即現在的湯陰。

59.北周庾信《哀江南賦》

始則地名全節，終以山稱柱人。（從《周書·庾信傳》引）

【題解】

庾信（513—581），南陽新野人，是南北朝時期著名的文學家。《哀江南賦》是他哀悼故國梁朝興亡的一篇名作。上邊引用的這句話，比喻梁朝重臣王僧辯的命運，說他最初勇往直前，功勛卓著，像"全節"那個地名一樣；最終被殺，結局像"柱人"那個山名一樣。

60.隋佚名《圖經》

柱人山，俗名上陽三山。或云紂殺比干於此山，因得名。古凡伯國之地也。（從《太平御覽》卷四十五《地部·河北諸山》引）

【題解】

《圖經》是隋朝編纂的方志，參見本書卷七。這是最早關於柱人山與比干關係的記載，說紂王殺比干的地點是在這裏。

61. 唐李吉甫《元和郡縣圖志》

黎陽縣：……枉人山，在縣西北四十二里。或言紂殺比干於此。(卷十六《河北道·衛州》)

【題解】

唐代的黎陽縣在今濬縣河道村，此處説枉人山在縣西北四十二里，並不準確。

62. 明《正統大名府志》

善化山，在濬縣西北二十五里。山有三峰，如峙鼎足。其東二峰形勢危峻；其西南一峰突兀最大，高六十餘丈。周圍三十里，南北連跨巨崗，左右溪澗百數。西南有溪，名黑龍潭，遇旱致禱則雨。溪上又有龍神祠，溪傍復有泉數十，春夏水常不減。其山址出花斑石。有時雲烟變態，朝暮異狀，故名善化。今名"三山"。(卷一《山川》)

【題解】

《正統大名府志》成書於正統十年(1445)。此時，枉人山的正式名稱成了"善化山"。這是最早提到山中出産花斑石的文獻。

63. 明李賢《大明一統志》

善化山，在濬縣西北二十五里，去內黃縣西南六十里。山有三峰，如鼎峙。南北連跨巨岡。左右溪澗，不翅百數。西南峰近西有黑龍潭，上有龍祠。又有仰泉如盆者七十二，春夏水常不減。山產紫斑石。又名枉人山，相傳紂殺比干於此，故名。居人以其能興雲致雨，因目之曰"善化"。(卷四《大名府·山川》)

紫斑石：善化山出。光膩類玉，其色五等，可充殿閣柱礎之用。(卷四《大名府·土產》)

64. 明《正德大名府志》

善化山，縣西北二十五里。山有三峰，如鼎峙。東二峰形勢危峻；西一峰尤突兀，高六十餘丈。周三十里，連跨巨岡，左右溪澗百數。西南有黑龍潭，遇旱禱其祠即雨。溪傍仰泉如盆者七十有二，春夏常水。山趾出文石，可作屏案及柱礎之用。舊傳其山雲烟變熊[態]，朝暮萬狀，故名。或又以其能興雲雨名之。今俗呼"三山"，又呼"枉人山"，謂紂嘗剚比干于此也。(卷二《山川志·濬縣》)

【題解】
《正德大名府志》成書於明正德元年(1506)。

65. 明《嘉靖濬縣志》

善化山，在縣西北二十五里。山多變態，時爲樓觀亭臺，或舟車、旗鼓、人馬之狀，因名曰"善化"。一山分而爲三，故亦曰"三山"。俗傳紂殺比干於此，故又曰"枉人山"。山下檻泉七十有二。(《爾雅》曰："檻泉正出。正出，涌出也。")山趾産花斑石，年來取石過多，山之變態漸少。然則善化者花石之氣歟？
（卷一《山川》）

　　花斑石，出善化山及白祀崗。黄質紫章，爲几屏，文采可愛。
（卷一《物產》）

【題解】
　　《嘉靖濬縣志》成書於明嘉靖八年（1529）。

66. 明孟思《濬對》

　　先生曰：赤斑之石，濬産之異也。紂剖比干，山曰枉人，血
流漬泉，萬古朱殷，凝結爲石，類若萇弘之碧，底奠山根，下極
無垠。五色相間，若疊錦繡。包以礧礫，襲以青石。深藏固閉，
意若自責。發之者必鑿山抵淵，再淘重泉，窮力盡巧，然後出焉。
琢以錘鑿，礪以沙滓。燦若星辰，隱若龍鱗。拭之磨之，不瑕不
皴。敷分勻勻，合分彬彬。光潤瑩潔，殊色相鮮。赤或如日，黄
或如月，青或如天，紫或如血。矗如峰巒，巍巍岩岩，湧如波濤，
汩汩滔滔；伏者獸蹲，騰者鳥飛。林木蟲魚，彷彿依稀。既春既
通，以揀以擇。厥包橐楮，厥筐荆篋。風帆雨櫂，舳艫相接。浮
于淇衛亂于漳，沿于清御達于潞。匠石獻焉，營繕監焉。郊壇社
壝，太廟明堂，長門壺巷，便殿曲房。面勢縣繩而界直，地址絜
矩而就方。儵營工門而成萬户，豈但柏梁之與建章。廟廊之柱石
攸賴，國家之鴻基永昌。若是者，亦琳珉琅玕之流亞矣。（《孟龍
川文集》卷十九）

【題解】

孟思，明代學者，濬縣人，嘉靖四年（1525）舉人，約去世於嘉靖末或萬曆初年。《濬對》是一組以問答的形式講述濬縣山川物產的文學作品，共八篇，這是其中的一篇。"先生"是指他自己。此文以精彩的鋪張，描繪了赤斑石的美麗，以及它的開采和運輸。這裏把赤斑石描繪成比干的一腔熱血所凝，如同萇弘化碧一樣。或許當時民間原有這樣的傳説，作者纔這樣寫。

67. 民國林修《謁太始祖比干公墓記》

碑記又載太師公殉節之大伾山，產紫斑石，皆他處所無，此與周孔之墓生蓍，岳墓之枝不北，湘妃斑竹，信國卦竹，何異？蓋血誠動天地，乃產此異品，以表彰賢聖，扶植人倫，此則我中國之真國粹也！（旅菲西河林氏宗親總會《西河林氏族志》）

【題解】

此文是作者拜謁衛輝比干廟後所作，署民國六年（1917）四月一日。林修（1878—1952），字一足，廣東人。民國間曾熱心促成汲縣比干廟的收歸國有和修繕。參見霍德柱、張英英《林修與比干廟》（《河南科技學院學報》2015年第7期）。

所謂"碑記"，今廟中未見，不詳其情。大伾山也是濬縣的名山，但其地不產花斑石，此當是善化山的誤傳或誤記。

《正統大名府志》疆域之圖

二、離石比干山

　　離石比干山，具體位置已經不清楚了。最早的記載，説山在離石縣（今山西呂梁市離石區），稍後則有人稱在西河縣（今爲汾陽市）北一百一十里。離石與西河相鄰，或許因爲行政區域不同時期的劃分，這座山一度屬於離石，一度屬於西河。大約位置應該在兩地之間、偏北的呂梁山脉。還有人説在"太原之西"，指向也是這一帶。

　　唐宋的文獻中，祇提到比干山的山名，没有説到爲什麽叫比干山。據明初的説法，紂王曾命令比干在此築城。

68. 唐釋道宣《大唐内典録》

　　余曾於隰州，有曇韻禪師，定州人，行年七十，隋末喪亂，隱于離石比干山。（卷十）

【題解】

　　釋道宣（596—667）是初唐的高僧。《大唐内典録》是一部記録佛教著作的書，成於唐麟德元年（664）。這是比干山最早的記載。

　　隰州即汾州。北魏置汾州，隋開皇四年（584）爲西汾州，次年又改爲隰州。離石，西漢設置的縣名，隋大業初改爲離石郡，唐武德元年（618）改爲石州，現在是呂梁市離石區。

【附録】

　　（1）唐釋道宣《續高僧傳》卷二十《唐蔚州五臺寺釋曇韻傳》："釋曇韻，不詳氏族，高陽人。……至仁壽年内，有瓚禪師者，結集定學，皆負繩床，在雁門川中，蘭若爲業。韻居山日久，思展往懷。聞風附道，便從瓚衆一沐清化，載仰光猷。隨依善友，所謂全梵行也。屬隋高造寺偏重禪門，延瓚入京。衆失其主，人各其誠，散歸林谷。韻遂投於比干山。"仁壽，隋文帝年號，共四年（601—604）。

69. 唐釋道宣《續高僧傳》

釋志超，俗姓田，同州馮翊人也。……初，入太原之西比干山，栖引英秀，創立禪林。（卷二十《唐汾州光嚴寺釋志超傳》）

【題解】

《續高僧傳》是釋道宣的另一部著作，是唐代高僧的傳記，初成於貞觀十九年（645），以後陸續有所增補。

70. 唐李吉甫《元和郡縣圖志》

比干山，在縣北一百一十里。（卷十三《河東道·汾州·西河縣》）

【題解】

西河，唐代設置的縣，在今汾陽市。

71. 宋樂史《太平寰宇記》

比干山，在縣北一百一十里。（卷四十一《河東道·汾州·西河縣》）

72. 宋佚名《新定九域志》

古跡：比干山西谷有比干祠，祈禱多驗。（卷四《河東路·石州》）

【題解】

《新定九域志》是在宋王存等人編纂的全國地理著作《元豐九域志》基礎上，增補"古跡"等類內容而成，爲時大約在南宋前期。宋代石州的州治在離石縣。

73. 元脫脫《金史》

西河，有謁泉山、比干山、文水、汾水。（卷二十六《地理志·汾州·西河》）

74. 明李賢《大明一統志》

比干山，在州城西北一百里。相傳昔商王嘗令比干於此築城。（卷二十一《汾州》）

【題解】

此條是最早提到比干山與比干關係的記載。

75. 明《成化山西通志》

比干山，在汾州西北一百里。相傳昔商王嘗令比干于此築城以避暑，故以名焉。（卷二《山川》）

【題解】

　　《成化山西通志》成書於明成化十一年（1475）。這裏又多出了築城是爲避暑的説法。

《成化山西通志》汾州圖

三、孝義比干臺

孝義比干臺是一座與比干相關的建築。比干臺在孝義縣（今山西孝義市）東面的汾河邊上。北宋始有記載，但當時已是古跡，僅存臺基。按明代傳說，此臺是紂王命比干建造，用來避暑的。清代時已經不存在了。

76. 宋趙瞻《比干臺》

九閽大壞一木支，勢知不可誠不欺。
商之三仁異所歸，死諫不欲狂囚爲。
賢哉萬世忠臣師，比干而已前其誰？
諫不當顯何所持，忠必愛君無拂辭。
帝舜賡載歌康㛐，風雅比興陳盛衰。
君臣聖賢流書詩，光華榮輝同葳蕤。
夫豈不欲憂顛危，剖心血頸鼎鑊糜。
此意不獨援一時，死者一傳星日垂。
猶有佞人乘其機，順止逢惡稱諷規。
甘言好語解人頤，如鯁食角寢不貲。
聰明蔽密菩莫知，微干之節世亦疑。
章華非不窮峨巍，姑蘇亦同宗社移。
名與土滅掃無遺，但爲囚鑒那足譏。
茲臺巍然存遺基，尚覺清風灑肝腮。
妖狐狡兔不敢依，飛沙落日予心悲。

（《成化山西通志》卷十六）

【題解】

　　趙瞻（1019—1090），盩厔（今陝西周至）人，慶曆六年（1046）進士，治平二年至四年（1065—1067）任汾州通判。從"兹臺巍然存遺基"來看，當時的比干臺僅剩下臺基了，而且，由臺基的面積可以想象得出，原來的比干臺一定是很高大的。

77. 明于謙《孝義縣懷古》

　　茫茫烟樹繞孤城，千載猶傳孝義名。
　　郭巨墓荒春草合，比干臺古野烟生。
　　落花飛絮迷征斾，剩水殘山惱客情。
　　鞍馬匆匆無限意，不堪回首暮雲平。
　　（《于肅愍公集》卷三）

【題解】

　　于謙（1398—1457），錢塘人，明代名臣。

78. 明李賢《大明一統志》

　　比干臺，在孝義縣東二十里汾河之上。相傳昔商王遣比干於驕虞山築臺避暑，即此。（卷二十一（《汾州·宮室》））

【題解】

　　此爲最早明確提到比干臺來歷和地理位置的文獻。後世山西及孝義地方志多據此抄録。

79. 明《成化山西通志》

比干臺，在孝義縣東三十里汾河之上。相傳昔商王遣比干於
騏虞山築臺避暑，即此。（卷七《古跡》）

【題解】

此處記載的位置爲縣東三十里，與《大明一統志》差了十里。

80. 明程文德《送孔卜麓督學陝西》

西河故多賢，山水鬱靈開。
北有卜商宅，南有比干臺。
……

（《程文恭公遺稿》卷二十三）

【題解】

程文德（1497—1559），浙江永康人，明代學者、官員。此詩講
到，比干臺在西河縣南，從地理位置上看，與孝義縣東相符合。

81. 清《乾隆汾州府志》

比干臺，在孝義縣東二十里。考《元和郡縣圖志》，西河縣
北百一十里有比干山。或汾陽、孝義之間，比干食邑在焉？未可
知也。縣志云：舊傳比干避暑處。（卷二十三《古跡》）

【題解】

《乾隆汾州府志》成書於乾隆三十六年（1771）。作者將比干山、比干臺兩個傳説中的古跡誤爲一處。從前引資料可以看到，比干山在西河（汾州州治）之北，比干臺在西河之南。可見當時比干臺已經不存在了，所以當地的志書也説不清楚。

四、廣昌紂王城

歷史上關於紂王城的傳説不止一處，但僅廣昌紂王城的傳説與比干相關。

廣昌是西漢設立的縣，今爲河北淶源縣。明代記載，紂王城在縣東十五里，城内有一座比干廟。清代傳説，城是紂王命令比干建造的。

據1998年《淶源縣志》，淶源縣東的三甲村發掘有戰國至西漢時代的城址。其地理位置與縣志所載的縣東十五里相符，劉揚正、郭友釗《淶源白石山》（2015年河北美術出版社出版）一書則説三甲村城址是商代至西周時期的遺址，並認爲即文獻中的紂王城。

廣昌在隋唐時期曾叫作飛狐縣，當地有許多狐狸和妲己的傳説，與小説《封神演義》的一些情節相似。

82. 明李賢《大明一統志》

比干廟，在廣昌縣東南。（卷二十一《大同府·祠廟》）

【題解】

這是最早的廣昌遺跡記載，但祇説了廟，没有説城。

83. 明《正德宣府鎮誌》

飛狐廢縣：即廣昌縣。後周置，隋改今名。相傳有狐於紫荆嶺，食五粒松子成飛仙，故名。

飛狐道：在城北。漢酈食其説高祖塞飛狐之口，謂此。

……

紂王城：城東十五里。内有比干廟遺址。

妲己洞：城東二十里。相傳爲妲己遊處。

飛狐洞：城北十里。相傳有狐精，生九尾，其走如飛。每遇鷹犬則落於此。

（卷五《古跡·南路·廣昌所》）

【題解】

《正德宣府鎮誌》成書於明正德九年（1514）。這是廣昌紂王城最早的記載。這時，城内的比干廟已經没有了，僅存遺址。後來的州縣志大都抄録此條。

84. 明《崇禎廣昌縣志》

紂王城，縣東十五里。（卷上《地理志·古跡》）

【題解】

《崇禎廣昌縣志》成書於明崇禎三年（1630）。

85. 清《康熙廣昌縣志》

紂王城，縣東十五里。遺址猶存。內有比干廟。（卷一《方輿志·景跡》）

【題解】

《康熙廣昌縣志》成書於清康熙三十年（1691）。

86. 清《乾隆廣昌縣志》

紂王城，縣東十五里。相傳紂使比干築此。內有比干廟。（卷一《方輿志·景跡》）

【題解】

《乾隆廣昌縣志》成書於清乾隆二十五年（1760）。這是最早講到廣昌紂王城來歷的記載。

《乾隆廣昌縣志》山川圖

五、潞城比干嶺

潞城比干嶺，在今山西省長治市潞城區微子鎮，其地今有比干嶺村。此地雖屬山西省，但比鄰河南林州，距安陽殷墟直綫距離不到 100 千米，不過中有太行山阻隔。

這一帶很早流傳着許多殷商遺跡的傳説，北魏有微子城（當時屬壺關縣），宋有微子嶺，潞水由此發源，流入漳河。金有三仁祠，祀微子、箕子、比干，當時此地即有叫“微子”的村落。微子的“微”，是他所封之地的國名。殷商滅亡時，周武王又把微子改封到宋國，即今商丘市睢陽區。當地人推測，微子城也許是殷商時微子最初封國的所在。

其地名與比干關聯的記載出現較晚，清代始有箕子墓的記載和比干嶺的名稱，説是因爲有三仁祠，所以百姓把村邊的山叫作比干嶺。如今這裏有比干嶺隧道，207 國道穿嶺而過。

87. 北齊魏收《魏書》

壺關，二漢、晋屬，後罷，太和十三年復。有……微子城。（卷一百六上《地形志·并州·上黨郡》）

88. 宋樂史《太平寰宇記》

微子城，在縣東北二十里。（卷四十五《河東道·潞州·潞城縣》）

89. 宋韓琦《過微子嶺》

崎嶇微子道，行路始知難。

峻嶺萬千疊，紆途百十盤。

地磽民力薄，天旱穀苗乾。

未瘳蒼蒼意，平川雨澤寬。自入潞境，皆已雨足，獨此未洽。

（《安陽集》卷八）

【題解】

韓琦（1008—1075），安陽人，北宋名臣。此詩爲至和二年（1055）韓琦從并州回安陽途中所作。宋代有不少關於微子嶺的記載。山上還有靈顯王廟，祀唐衛國公李靖。

【附録】

（1）宋張山《潞州潞城縣重修靈顯王廟記》："維兹潞城，微子故墟。北行十里，爰有爽塏。重岡複嶺，土厚水深，風俗淳固，是宜神靈。"（《弘治潞州志》卷九）文末署紹聖元年（1094）。

（2）宋吕升卿《謁李衛公神祠記》："元符元年九月，升卿行部入潞城界，至微子嶺，有靈顯王廟在焉。"（《弘治潞州志》卷九）元符元年，即1098年。

（3）宋李公弼《過微子嶺》："路穿雲靄陟層崗，稍下彌高十里長。澗底攢星分水石，谷中行蟻辨牛羊。奇峰巉刻瞻熊耳，亂壑奔湍湊濁漳。咫尺靈源雖不到，空餘俗眼羨青蒼。"（《成化山西通志》卷十六，《弘治潞州志》卷九）李公弼，崇寧初年（1102）任潞州通判。

90. 金楊漢卿《潞城縣重修微子廟記》

上黨北五十里，邑曰微子，自前古立祠於北山。其下有故墟曰宋城，世謂商微子昔居焉。考之於《傳》，微，畿內國也，以元子分封，故遂爲號。至成王封之於宋，以奉殷後。此去紂都不數百里，豈其始封之地耶？

舊祠以箕子、比干配享。端冕南向，即微子也；被髮如奴坐於左，即箕子也；玄冠曰王子坐於右，即比干也。當紂之時，賢臣失位，或負祭器而歸周，或佯狂而爲奴，或嘔諫而剖心。雖制行不一，殊塗而同歸。故孔子稱曰："殷有三仁焉。"成周既興，誅暴進賢。彼去國而亡者，乃作賓於王家；以狂而拘囚者，得肆志於《洪範》；至使死骨不朽，即其墓而封焉。以武王、周公之聖，猶尊崇之如此，豈以仁人之功烈，不特著于當時，其德可加於後世，是宜爲百世祀也。然箕子既釋囚而受封，後世廟貌不改厥初，豈非全其真以彰明德？

歲久殿宇隳陊，好事者易其地而新之。謂箕子被髮，此僧也，加之胡服；謂比干王子也，名爲太子。皆置之別坐，從而祀之，咸失其真。嗚呼，仁者見棄於當時，後世幸能不没其實，反矯誣如此！名實相違，何瀆神之甚也。歲時獻享，固將吐之，豈答神之意耶？

余家世卜居於此，少與群兒游戲廟側，具瞻神像，古制宛然。比余隨侍秦晉，還謁祠下，然丹青炳煥，規制訛錯，罔或如古。詢之故老，則曰："神之舊像，皆所目睹。一爲俗訛，莫之能革。"於是慨然頗思改易。昔柳下季謂前哲令德之人，所以爲明質，故在祀典。若三子者，自殷迄今，歷數千載奉祀不絕，雖先賢之德不可忘，抑聖王之制存之於今歟？惜其遂訛狃於怪誕，使聖賢之跡寂然無聞。乃語諸長者曰："吾邑之奉祀三人也，久矣，豈可一日見誣於冥冥之中？盍革去俗訛，遵其古制？以王子爲比干，去胡僧而享箕子，于以奉祀，昭哲人之令德，毋作神羞，不亦宜乎？"衆皆曰："然。"時方多事，莫遑改易，遂書厥由於廟壁。

後二十餘年，余歸自河東，長老來告曰："子嘗欲正三仁之祀，方今時和歲豐，人樂愷悌，皆遷善崇德，而成康樂之俗。使神享其祀，人受其福，茲其時矣。"遂與其衆祀於神而卜之吉，乃遷其祀宇，正其服位，以復明靈之居，仍題其祀曰"三仁"，俾後之來者，不罔於流俗，咸仰舊德而致肅恭云。

工始於七月之庚子，落成於九月之丙午。工既畢，鄉人請以舊題刻石廟左，遂爲之書。

天德三年九月重九日記。

（《成化山西通志》卷十四，《弘治潞州志》卷九《潞城縣·詞翰志》）

【題解】

此碑爲微子廟最早的記載。原碑已不存。由此知道，廟之由來已久，又稱爲三仁祠，祀奉微子，配享箕子、比干，金天德三年（1151）重修。而此地也早有比較大的名叫"微子"的村落，所以說"邑曰微子"。猜測此地是微子最初的封地，也是這篇文章最早提出的。

91. 明李賢《大明一統志》

微子城，在潞城縣東北一十五里，殷微子所封之地。（卷二十一《潞州·古跡》）

92. 明《成化山西通志》

三仁祠，在路城縣北二十里，因微子所封國而併立焉。舊以箕子、比干配。端冕南面者，微子也；被髮左坐者，箕子也；玄冠右坐者，比干也。元大德間重修。國朝洪武三年，錫號微子、箕子、比干之神，有司歲以二仲擇日祭。(卷五)

微子城，在潞城縣東北十五里。殷微子所封之地。今無遺址。(卷七)

93. 明《弘治潞州志》

微子嶺，在城北二十里。上有三仁祠。

潞水，在縣東一十五里微子城發源，西流合濁漳水。(卷九《潞城縣·山川志》)

微子城，在縣東十里。相傳以爲微子所封之地。今按《史記·微子世家》注："畿内國名；子，爵。"微子以殷帝乙之元子，紂之庶兄，始封微。周武王伐紂克殷，微子歸周，武王乃釋微子，復其位如故。至成王，微子始國于宋。宋在今河南睢陽。舊志曰宋城，則是以潞城爲成王所封微子之宋。殊爲繆甚。蓋微爲殷之畿内，此去紂都不數百里，豈其始封之地耶？(卷九《潞城縣·古跡志》)

【題解】
《弘治潞州志》成書於明弘治八年(1495)。

《弘治潞州志》潞城縣圖

94. 明《萬曆潞城縣志》

三仁廟，在縣東北二十里微子村村西口外。(卷四)

【題解】

《萬曆潞城縣志》成書於明萬曆十九年（1591），天啓、崇禎年間曾兩次增修。

95. 清《康熙潞城縣志》

微子嶺，在縣東北二十里。高二里，斜延十里，周圍二十五里。上有三仁廟，下有微子村。相傳微子封於此，其食邑也。

箕子墓，在縣東十五里微子村北。俗因微子村東有三仁廟，呼其地爲比干嶺。此曰箕子墓，想亦附會其説與？無考，不敢深辨。(卷一)

【題解】

《康熙潞城縣志》成書於康熙四十五年（1706）。這是比干嶺的最早記載。後世的方志，也多抄録這一記載。

六、附録：比干城

比干城的名稱，歷史文獻中僅《魏書》出現過一次，從同書另一處記載推測，比干城即受降城。受降城是漢武帝時公孫敖爲接受匈奴投降所建，見於《史記》記載。其地在漢與匈奴的交界區，隋唐以後不見記載。關於其具體位置曾有不同説法，現在一般認爲即蒙古國南戈壁省瑙木岡縣巴彦布拉格要塞遺址。參見鮑桐《受降城和滿夷谷考》(《中國歷史地理論叢》1992年第1期)，A.A.科瓦列夫、Д.額爾德涅巴特爾《蒙古國南戈壁省西夏長城與漢受降城有關問題的再探討》(《内蒙古文物考古》2008年第2期)，A.A.科瓦列夫《蒙古國南戈壁省巴彦布拉格要塞遺址(漢受降城)的考古發掘及西漢時期外部防禦相關問題研究》(《草原文物》2015年第2期)。

但是，這個受降城爲什麽叫"比干城"，是否與殷比干有關，却没有記載。因此作爲附録，收録相關資料於此。

96. 西漢司馬遷《史記》

是歲[1]，漢使貳師將軍廣利西伐大宛，而令因杅將軍敖築受降城[2]。其冬，匈奴大雨雪，畜多飢寒死。兒單于年少，好殺伐，國人多不安。左大都尉欲殺單于，使人閒告漢曰："我欲殺單于降漢，漢遠；即兵來迎我，我即發。"初，漢聞此言，故築受降城，猶以爲遠。(卷一百十《匈奴列傳》)

【注釋】
①是歲，指太初元年(前104)。
②敖，即公孫敖，時任因杅將軍征匈奴。

97. 北齊魏收《魏書》

(太平真君九年)十有二月[1]，詔成周公萬度歸自焉耆西討龜兹。皇太子朝于行宫[2]，遂從北討，至于受降城，不見蠕蠕[3]，因

積糧城内，留守而還。（卷四下《世祖紀》）

長子他④，襲爵。……後與武昌王提率并州諸軍討吐京叛胡曹僕渾於河西，平之。拜使持節、前鋒大將軍、都督諸軍事，北討蠕蠕，破之，運軍儲於比干城。（卷十六《陽平王傳》）

【題解】

根據以上兩處記載，一般認爲比干城即受降城。

【注釋】

①太平真君，魏太武帝拓跋燾的年號。

②皇太子，即拓跋晃（428—451），先於太武帝薨。

③蠕蠕，即柔然，蒙古草原部落制汗國，是北魏對他們的貶稱。

④他，即拓跋他（416—488），陽平王拓跋熙之子，道武帝拓跋珪之孫。

卷之六
後　裔

　　比干的後裔，在先秦的文獻中没有記載。東漢以後，相傳有多個姓氏爲其後裔。

　　上古的姓與氏是兩個不同的概念。姓是血緣關係總的標誌，氏是姓的分支。比如，商王的姓是"子"，因此，紂王和微子都是"子"姓，後來微子被周武王分封到宋國，微子一族就成爲"宋氏"。氏大都以居地、職官等來命名。秦漢以後，姓、氏合一，統稱爲"姓"或"氏"。這樣，同姓的人，並不一定是同一個先祖。東漢以後，門閥制度逐漸興盛，要有門第纔能做官。於是，一些有勢力的大家族，往往在自己的姓氏前加上居住地的郡名，稱爲某郡某氏，如陳郡謝氏、陳郡袁氏、瑯琊王氏、太原王氏等，以標榜自己的貴族地位。這稱爲"郡望"或者"望"。後世延續下來，稱述自己姓氏的時候，常加郡望，表明自己這個族姓的來源。

　　比干也是"子"姓。東漢以後，稱述爲比干後裔者，有孫氏、王氏、高氏、林氏、比氏、比干氏六支。

　　此外，民國年間還有研究者提出比干是一位女性。參見孫道昇《比干爲女性説》(齊魯大學國學研究所《責善半月刊》1941年第2卷第3期)、寧墨公《"比干爲女性"説質疑》(《今文月刊》1943年第2卷第5期)。

一、孫氏

98. 東漢佚名《漢安平相孫根碑》

府君諱根，字元石，司空公之伯子①，樂安太守之兄子，漢陽太守侍御史之兄，乘氏令之考。厥先出自有殷，玄商之系，子湯之苗。……聖武定周，封比干之墓②，胤裔分析，避地匿軌，姓曰孫焉③。（宋趙明誠《金石錄》卷十七）

【題解】

《漢安平相孫根碑》是東漢官員孫根的墓碑。孫根的最後官職是安平相。安平，即安平國，皇子受封的國，在今河北省安平縣；相是封國的行政長官。他卒於東漢光和四年十二月乙巳（182年2月8日）。碑原在山東高密市，久已不存，並且沒有拓片傳世。宋趙明誠《金石錄》首先記載，節引有原文；宋洪适《隸釋》卷十收錄了碑文的全文。

碑文講，孫根是比干後裔的一支。這是最早自稱爲比干後代的記載，距比干被殺已經1200多年了。

【注釋】

　　① 司空公，名朗，《東觀漢紀》《後漢書》都記載有他的名字。

　　②“比”，《隸釋》無。或是《金石録》臆補，或是《隸釋》脱。

　　③“焉”，《隸釋》作“爲”。案，孫氏時爲當地望族。參見李儲森等《山東發現東漢墓志一方》(《文物》1998年第6期)。

二、王氏

99. 北魏佚名《王禎墓誌》

　　君諱禎，字宗慶，樂浪遂城人也。燕儀同三司、武邑公波之六世孫。高祖禮班，散騎常侍、平西將軍、給事黄門侍郎、晋陽侯。曾祖定國，聖朝庫部給事中、河内太守、博平男。祖唐成，廣武將軍、東宫侍郎、合肥子。父光祖，寧遠將軍、徐州長史、淮陽太守、司州中正、晋陽男。……

　　殷有三人，周訪九疇。祇族王家，藉冑鮮侯。……

【題解】

　　此碑刻於北魏延昌四年(515)三月，1929年出土於河南省洛陽城北西山嶺頭之東三里護駕莊南，曾歸于右任所有，1938年捐藏西安碑林。

　　銘文中“殷有三人”，指孔子所説的“殷有三仁”——微子、箕子和比干，表達了墓主人是“三仁”之一後代的意思。結合後世的記載，可以判斷，其中之一就是比干。

100. 佚名《古今姓纂》

王：王姓出太原、琅邪，周靈王太子晋之後。北海、陳留，齊王田和之後。東海，出姬姓，畢公高之後。高平、京兆，魏信陵君之後。天水、東平、新蔡、新野、山陽、中山、章武、東萊、河東者，殷王子比干子孫，號王氏。唐王宗，隋末改王氏。(從《古今合璧事類備要續集》卷八《類姓門》引)

【題解】

《古今姓纂》一書未見於著錄，不知是何代何人所編，成書於宋寶祐五年(1257)的《古今合璧事類備要》中曾大量引用。《四庫全書提要》説，《事類備要》引用的圖書，大多是宋以前的書。

這段話，其他宋末及以後的百科書籍，如《新編翰苑新書》後集下卷三、《秘笈新書》別集卷二等，也有引用，但祇題簡名《姓纂》。由於《元和姓纂》的王姓部分已經失傳了，清代學者輯補時，曾據《秘笈新書》補入，認爲《姓纂》即《元和姓纂》。但從《事類備要》其他篇章引用《古今姓纂》的文字看，《古今姓纂》與《元和姓纂》並不完全一樣。

101. 宋佚名《大宋故王府君墓記并序》

有瑯琊郡公，其先自比干之後，爲紂所害，棄國而逃，子孫以王者之爲姓氏，隱於金城。公即本鎮□常也縣人。曾祖諱□。祖諱□。皇考諱□，皇妣□氏。府君諱暉，字處厚。

【題解】

此碑爲上海哲學社會科學規劃重大課題項目《全宋石刻文獻墓誌銘之部》所得拓本，從籍合網《中華石刻數據庫》錄。墓主爲王暉。碑文中有"大宋淳化四年歲次癸巳十月乙卯朔二十八日壬午，大葬於上黨縣太平鄉郝家莊北祖塋內"的記載，可知墓主葬於山西，碑刻於淳化四年（993）。

102. 宋陳彭年、丘雍《大宋重修廣韻》

王……又姓，出太原、琅邪周靈王。太原、琅邪，周靈王太子晉之後。北海、陳留，齊王田和之後。東海，出自姬姓。高平、京兆，魏信陵君之後。天水、東平、新蔡、新野、山陽、中山、章武、東萊、河東者，殷王子比干爲紂所害，子孫以王者之後，號曰王氏。金城、廣漢、長沙、堂邑、河南，共二十一望。（卷二）

【題解】

《大宋重修廣韻》是北宋官方編纂的一部韻書，是當時的標準語音字典，初名《切韻》，景德四年（1007）由中央頒佈；大中祥符元年（1008）更名爲《大宋重修廣韻》，再次頒佈。

103. 宋鄧名世《古今姓氏書辯證》

汲郡王氏，一曰河東漪縣王氏，出自子姓。商王子比干之後。比干以正諫爲紂所殺，子孫居朝歌，因氏焉。（卷十四）

【題解】

　　鄧名世，兩宋之交的學者，臨川人。《古今姓氏書辯證》初稿成於北宋末，此後又有修訂補充，他去世後由他的兒子鄧椿年整理，刊刻於南宋乾道四年（1168）。這也是一部研究姓氏源流的專著，與前代的同類著作相比，它收錄的資料更爲豐富。可惜這本書在明代散失了。清乾隆年間編纂《四庫全書》時，從《永樂大典》中輯錄出來，重編成冊。

三、高氏

104. 唐徐察《唐故安東副都護高府君墓誌銘并序》

　　君諱遠望，字幼敏，先殷人也。時主荒洇，攻惟暴政。崇信奸回，賊虐諫輔。比干以忠諫而死，故其子去國，因家于遼東焉。貞耿冠乎曩時，遺烈光乎史籍，即君始祖也。其地逼烏丸、鮮，接夫餘、肅慎。東征西討，其邑里或遷于河北，勃海高氏則其宗盟，或留於漠南。曾祖懷，唐雲麾將軍、建安州都督。祖千，唐左玉鈐衛中郎、襲爵建安州都督。父欽德，襲建州都督、皇右武衛將軍、幽州副節度知平盧軍事。承世簪組，禮有聞。方伯家綏，宣和咸秩。君即將軍第一子也。

【題解】

　　此碑刻於唐天寶四載（745），出土於河南洛陽，原石不詳在何處，今據拓片抄録。全文也被收入《全唐文補遺》。

　　墓志銘的撰文者徐察，是墓主人高望遠的女婿。在此之前，開元二十一年（733），高望遠的父親高欽德過世，也是徐察撰寫的墓志銘，志石現存南京博物院，但文中沒有提到他是比干的後代。

【附録】

（1）徐察《唐右武衛將軍高府君墓誌銘并序》："公諱欽德，字應休，渤海人也。曾祖瑗，建安州都督。祖懷，襲爵建安州都督。父千，唐左玉鈐衛中郎。公即先君仲子也。"

四、林氏

105. 唐林寶《元和姓纂》

林：殷太丁之子比干之後。比干爲紂所滅，其子堅逃難長林之山，遂姓林氏。（卷五）

【題解】

《元和姓纂》是唐代譜牒姓氏之學專著。唐憲宗時宰相李吉甫命林寶修撰，元和七年（812）成書。宋代書已散佚。清代乾隆年間編纂《四庫全書》時，從《永樂大典》中輯出佚文，編爲十卷。後代學者陸續有所輯補。

關於此書對林氏的記載，後人有不同意見，認爲作者林寶因爲自己姓林，纏攀比干爲先祖，私生好惡，有厚此薄彼之嫌。

【附録】

（1）宋鄭樵《通志》卷二十七《氏族略》："林氏：姬姓，周平王庶子林開之後，因以爲氏。開生林英，英生林茂、林慶，世系甚明。而譜家謂王子比干爲紂所戮，其子堅逃長林之山，遂爲氏。按古人受氏之義，無此義也。……臣謹按，林氏在唐末爲昌宗，而特詳著，豈林寶作《元和姓纂》故爾？然林氏出比干之子堅之説，由寶傳之也。著書之家，不得有偏徇而私生好惡，所當平心直道。於我何厚，於人何薄哉？"

（2）《四庫全書》本《元和姓纂》批注："案《通志》，林氏出自姬姓，周平王庶子林開之後。開生林英，英生林茂、林慶。世系甚明。因長林山得氏説，自林寶始，夾漈稱其偏徇，有以也。"夾漈，鄭樵的堂號。

106. 佚名《古今姓纂》

林：殷太丁之子王比干之後。比干爲紂所戮，其子堅逃難長林之山，遂姓林氏。魯有林放，仲尼弟子。《左傳》林雍、林不狃、林楚，代仕季氏。《左傳》曰：林楚之先，皆季氏之良也。齊有林阮，見《説苑》；林類，見《列子》；林回，見《莊子》。濟南鄒縣，《風俗通》云：林放之後至林玉爲趙相，有九子，號"十德之門"，又居九門，見《戚苑》。子孫秦末居齊郡鄒縣，漢分濟郡，置濟南，遂爲郡人。（從《古今合璧事類備要續集》卷十九《類姓門》引）

107. 宋劉夔《宋南康郡開國公林公（濰）墓銘并序》

林氏出比干後，食采于周。至皇祖爲順昌令，始家于閩。皇考章聖朝久主邦計，功載史册。生三子。公即長子也。

【題解】

此銘全題《宋朝散大夫、太子賓客致仕、上柱國、南康郡開國公、食邑二千四百户、賜紫金魚袋林公墓銘并序》，宋嘉祐八年（1063）刻石。1949年出土於河南省新鄭縣，志石現藏新鄭文物保管所。拓片收入《新中國出土墓誌·河南卷》（1994年文物出版社出版）。

108. 明梁潛《林氏族譜序》

林氏之先，系出殷王子比干之後。比干諫而死，夫人方娠，懼而遁於長林石室之間，已而生子。及武王之克殷也，求比干後，得所生子封之。以其誕於林中石上也，賜之姓林氏，名之曰堅。此林氏得姓之始也。……至唐，林氏在晉安者尤盛，高士廉等承詔定正天下氏族，凡〔三百〕九十八家①，林氏首稱於晉安，所謂林黄陳鄭是也。（《泊菴集》卷五）

【題解】

梁潛（1366—1418），江西泰和人，明初學者。曾任《永樂大典》代總裁。

此爲比干夫人的最早記載。

【注釋】

① "承詔定正天下氏族"事：唐太宗貞觀六年（632），詔高士廉等編纂《氏族志》，名爲《大唐氏族志》，又稱《貞觀氏族志》。此書久已失傳，據記載祗收録二百九十三姓。而天寶八載（749）頒行的李林甫《天下郡望姓氏族譜》，則有三百九十八姓。此書也已失傳，宋陳騤

《中興館閣書目》載："《天下郡望姓氏族譜》一卷，李林甫等撰，記郡望出處，凡三百九十八姓。天寶中頒下，非譜裔相承者不許昏姻。"（宋王應麟《玉海》卷五十引）國家圖書館藏敦煌卷子BD08679氏族譜殘件，末有高士廉奏抄："以前太史因堯置九州，今爲八千〔十〕五郡，合三百九十八姓。今貞觀八年五月十日壬辰，自今已後，明加禁限，前件郡姓出處，許其通婚媾。結婚之始，非舊委忿必須精加研究，知其囊譜相承不虚，然可爲定。"學者認爲它有可能是天寶年間《天下郡望姓氏族譜》頒行以後的僞造件。

109. 附：（題）唐温彦博《林氏源流總序》

林氏之先，出自黄帝高辛氏之後。……帝乙而生帝辛，爲商紂，暴虐無道，殺害生民。比干，紂諸父，帝乙庶弟也，有賢行，佐紂爲孤卿。見紂無道，微子去，箕子囚，累諫不聽，乃嘆曰："主過不諫，非忠也；畏死不言，非勇也；即諫而不從且死，忠之至也。"乃奉面而進，諫不去者三日。紂問："何以自持？"比干曰："善行仁義，所自以持。"紂怒曰："聞聖人心有七竅，信有諸？"遂殺比干，刳視其心，焚其面，下令曰："宗少師説妖言惑衆，故誅之。"又剖比干次妃胎而觀之。時正妃夫人陳氏甫孕三月，恐禍及，即將侍婢四人，奔于牧之野，避紂之難於長林石室中，而生男名堅，字長恩。至周武王伐紂，夫人乃將男堅歸周朝。周武王以其居長林而生，遂因林而命氏，賜姓爲林氏。以其殷湯之後，先王之胄，且能遠害避紂之難以不絕其世，其智足以任政，拜堅爲大夫，食邑博陵，受封爵焉。……

唐貞觀六年四月朔，中書令、西河公、并州温彦博撰。（從道光福建上杭《西河林氏族譜》卷首引）

【題解】

溫彥博（575—637），并州祁縣（今山西祁縣）人，初唐名臣。此文見於多種《林氏宗譜》卷前，尤其以福建的林氏族譜爲常見。但其來歷不明，不見於明以前的文獻；文句又淺陋，並非唐代風格；溫彥博也未曾受封西河公。所以，它很可能是後人假托溫氏之名撰寫的，這是舊時編纂族譜常見的現象。清嘉慶以來的唐文全集，包括《欽定全唐文》《唐文拾遺》《唐文續拾》，以及近現代的《全唐文新編》《全唐文補遺》，都未收錄這篇序文。林氏家族中也有研究者認爲此序是僞作（參見林樂志《比干後裔：林氏家族三千年統譜（續集）》，2000年光明日報出版社出版）。

關於此文的流傳，《林氏宗譜》中還有一篇署宋紹聖四年（1097）林諭的《重廣續慶圖序》，說到中唐一位林氏名人林蘊，在秘閣（朝廷藏書之處）得到了一個副本，由此流傳下來。這篇序同樣是不可靠的。最早的可信線索，是明中葉名士祝允明的一篇文章《莆陽林氏世德圖序》，其中提到，林氏文獻中有溫彥博碑。但碑文究竟如何，已經不可知了。

現查到的這篇文章，最早見於道光十二年（1832）纂修的《西河林氏族譜》。這部族譜是福建上杭白水鄉林氏初修族譜，編纂比較規範，刊刻也較佳，封面鐫“白水祠藏版”。卷首除《林氏源流總序》外，還依次收錄了宋乾道五年（1169）程大昌《林氏宗譜序》、唐林寶《元和姓纂錄》、唐貞元十六年（800）林蘊《族譜序》、宋元祐三年（1088）林英《林氏宗譜序》、宋紹聖四年（1097）林諭《重廣續慶圖序》、宋紹興十六年（1146）林大鼐《林氏續慶圖序》、明永樂十八年（1420）林誌《校正林氏世譜序》等，這些都不是爲此譜而作，真僞也有待甄別。後世林氏族譜也多載有這些序文，文字、內容差異相當大。其中大都提到了比干的事情，但沒有超出

《林氏源流總序》。

此後，清同治五年（1866）湖南瀏陽《林氏重修族譜》、光緒三年（1877）新加坡《西河林氏族譜》等，都收録了《林氏源流總序》。後來出現的這些版本，文字往往有錯訛改易，標題也常不同。

由於《林氏源流總序》影響較大，所以附收在這裏，以備查考。

【附録】

（1）（題）宋林諭《重廣續慶圖序》："唐定天下，氏族〔三〕百九十有八家，許通婚姻。而林爲晉安郡之首，所謂林黄陳鄭是也。自比干而下，名字爵世乃貞觀六年中書令温彦博所定，藏在秘閣。邵州在史館，得其副本，更自爲《續慶圖》。……紹聖四年丁丑孟秋，從政郎、永明縣令、裔孫諭謹撰。"（道光福建上杭《西河林氏族譜》）邵州，即林藴，曾任邵州刺史。

（2）明祝允明《祝氏集略》卷二十五《莆陽林氏世德圖序》："海内林氏皆出黄帝而祖比干，上下數百年，今無盛於閩之莆矣。允明嘗從今南臺中丞公待用，翻察世録，本柢條枚，乘載甚詳密。蓋自《銅盤銘》《丘汗竹》演派，《景龍氏族表》《元和姓纂》《名士傳》《人物志》，温彦博、李習之等碑，述三仁建德、九牧流慶，煌熾昌蔓。噫，其盛矣！"南臺中丞公待用即林俊，字待用，福建莆田人，弘治十三年至十五年（1500—1502）任南京都察院右僉都御史（即南臺中丞），見《南京都察院志》卷三十八。《銅盤銘》見本書卷七。李習之即唐李翱，字習之。明林誌《校正林氏世譜序》曾説"唐李翱作《比干廟碑》"，有可能是唐李翰之誤，其《殷太師比干碑》見本書卷八。

五、比氏

110. 宋邵思《姓解》

比，殷少師比干。（卷三）

【題解】

《姓解》是一部解讀姓氏來源的書，作者邵思，山西人，生平已不詳。書前有宋景祐二年（1035）自序。

這是比干姓"比"的唯一記載。但殷商的姓是"子"，所以後人不太同意他的説法。另外，《路史》説有一個比干國，也屬於以"比"爲姓氏的説法，並不可信。已見本書卷三引。

【附録】

（1）《古今姓氏書辯證》卷二十一："比，《姓解》曰'商有少師比干'，誤矣。謹按：商姓子氏，比干者，王子之名。按此則世無比氏。合駁去。"

六、比干氏

比干氏，其字爲毕，音仍讀爲比干。南宋始有記載，居於均州。元代，另有一支居於澧州路安鄉縣，後改姓爲殷。迄今仍有未改爲殷的複姓比干。

111. 宋魏了翁《殷少師祠堂記》

廣安楊侯伯洪守均州之歲，爲殷少師立祠，屬記于某。閱書未竟而罔然，曰：紂居河內，北邶南鄘，東衛而西薄山。少師，紂之諸父也，與國爲存亡，則其卒其葬，當不出紂都之內。今均之四境，則金房光化，商鄧襄陽，與紂都不相及也。少師之祠，於此乎何居？伯洪又自叙其事，曰："恢之始至，訪問古今人物，長老皆言，殷少師之裔，實居此土。以比干爲氏，既文合二字爲一，而音切不改。吾謂少師引義盡分，不惟示萬世爲臣之法，亦以爲有國家者不用賢則亡之戒，况其子孫是州爲蕃，而可以無祠？"某讀之竟，而重有感焉。（《鶴山先生大全文集》卷四十九）

【題解】

魏了翁（1178—1237）是南宋知名學者。這篇文章是他應楊恢之請而作。楊恢，字伯洪，廣安人，紹定三年（1230）前後任均州知州。任上，他爲當地比干後裔修建了殷少師祠堂，因此請友人魏了翁作文記之。魏了翁在紹定三年十二月爲楊恢寫的《均州尹公亭記》中也提過到這件事："廣安楊侯伯洪，夙有懷賢尚德之志……今守均陽，搜輯廢墜，興校官，創殷少師祠……"

均州在今湖北省丹江口市，州治古城已淹没於丹江口水庫。文章説，這裏的比干後裔，姓"比干"，文字合而爲一，即"毕"字，讀音則不變。

112. 元趙純翁《黃山賦》

混沌判極，品物流形。安邑有山，以黃得名。……下有隱君子，非比干之子孫，則留侯之末裔；非潘河陽之宗派，則車武子之雲仍。（《嘉靖湖廣圖經志書》卷七《岳州詩·安鄉縣》，收入《歷代賦彙》補遺卷二）

【題解】

趙純翁生平不詳，元代人。《黃山賦》是一篇描寫安鄉縣名勝的文學作品。文中説該縣的黃山下有很多名人的後裔居住，其中包括了比干的子孫。安鄉縣，元代屬澧州路，明代屬岳州府澧州，今屬湖南省常德市。

113. 明李賢《大明一統志》

比干祠，在均州。比干，殷少師。宋楊恢知州日，以其裔居此土，因爲立祠。（卷六十《襄陽府·祠廟》）

114. 明《嘉靖湖廣圖經志書》

比干祠，在州西五里。比干，殷少師。宋楊恢知州日，以其裔居此土，因爲立祠祀之。（卷八《祠廟·均州》）

【題解】

《嘉靖湖廣圖經志書》成書於明嘉靖元年（1522）。這裏記載了均州殷少師祠的具體位置，因此，在明代，這個祠堂應該仍然存在。

115. 清《乾隆直隸澧州志林》

廿七學士墓：在東高村，有碑爲元比干德成字海溪之墓。"廿七"或其行也。舊志所不載，行誼亦無考。明初，其後裔合比干二字姓畢，後知縣命改姓殷。（卷二《陵墓·安鄉縣》）

【題解】

《乾隆直隸澧州志林》成書於乾隆十五年（1750）。所記錄的元代比干德成的墓碑，現已不存。雷明《"畢"姓氏考》："湖南安鄉縣有罕見的'畢'姓，當地音貫，祠堂在黃山頭南麓的安鄉槐樹村畢家墙西。……畢姓居安鄉約300多人，外地不到40人。其族中故老稱：族人爲殷比干的後代，姓以'比干'相切音'貫'。"（《民族論壇》1995年第2期）但該文誤記方志中的"字海溪"爲"字海涯"，從而誤得出二十七學士是元代的維吾爾族學者貫雲石（本名小雲石海涯）的結論。

116. 清《乾隆安鄉縣志》

廿七學士碑：東高村。比干德成，字梅溪。至明改姓爲畢。今殷姓即其裔也。（卷八《陵墓》）

【題解】

《乾隆安鄉縣志》序刻於乾隆十三年（1748），但書中記有乾隆十七年（1752）的事，大概最終刻成於乾隆十七年以後不久。這裏記載比干德成的字爲"梅溪"，與州志的"字海溪"有異，不知道哪一個對。

《比干墓銅盤銘》是一篇青銅器銅盤上的銘文。盤，是洗手用的水器，在秦代以前的墓葬中，不時可以見到。

比干墓銅盤的發現和流傳非常曲折，衆說紛紜，至今學術界也沒有完全搞清楚。在此，綜合可信的文獻，梳理一下故事的來龍去脈：

唐開元四年（716），有位名叫游子武的人，在偃師縣蓋房子（一說是耕田），挖出了一個銅盤，上邊有蝌蚪文字（篆書）銘文，共十六字，當時人們的辨認（釋文）是：

右林左泉，後岡前道；萬世之銘，茲焉是寶。

發現銅盤的地點，地形也的確如銘文所述，祇是樹林已經沒有了。在查考了地方志書《圖經》之後，發現此地的方位與《圖經》上記載的比干墓一致，於是認定這是比干墓的銅盤，銘文也因此被稱爲"比干墓銅盤銘"。唐人把銘文摹刻了石碑，並在碑上記錄了得到銅盤的經過（《事物紀原》《東皋雜錄》《籀史》《歷代鐘鼎彝器款識法帖》）。

唐代以後，銅盤就完全消失了，但銘文却流傳下來。北宋書法家楊察還在唐碑上題了字（《籀史》）。另一位學者夏竦，選取了銘文中的兩個字，編入字典《新集古文四聲韻》。

自從宋太宗淳化三年（992）頒刻《淳化閣帖》後，書法愛好者往往效仿，將自己搜羅的前代書法作品，彙集刻於石上，以便人們拓印流傳，稱之爲"法帖"。現在知道，宋代至少有四種法帖收録了《比干墓銘》，即《賜書堂帖》《汝帖》《蘭亭續帖》和《歷代鐘鼎彝器款識法帖》。其中第二、四兩種尚有拓本存世。此外，一部木刻本的圖書《嘯堂集古録》，也收録了《比干墓銘》。但是，各傳本的字形，並不完全一樣。

南宋以後，還出現了一些不可靠的傳説。一是説銅盤是北宋政和間（1111—1118）在陝西鳳翔挖出來的（《墨莊漫録》），一是説銅盤銘是孔子書寫的（《書小史》）。

由於比干墓更早和更廣泛的記載是在衛輝，而衛輝卻沒有發現銅盤，非常失落。於是，元延祐五年（1318），當地官員便從《汝帖》摹寫，刻了一通碑，立在衛輝比干廟。因爲當地的地形與以前的釋文不相符合，立碑者便將"右林左泉"改爲"左林右泉"。延祐碑至少在明天順年間就已經斷裂了，萬曆年間，當地政府又重新刻立了一塊。

明清兩代，關於銅盤銘的爭議很多，許多知名學者都參與了辯論，但大都是推理，沒有更多的文獻依據。

其中主要的問題有兩點：

第一，銅盤與比干的關係，是不是屬於比干墓。相對而言，衛輝比干墓是更可靠的。因此，偃師比干墓可能祇是一個傳説。同時，斷定銅盤出土地點爲比干墓的依據是《圖經》，而《圖經》大都僅僅標注大致的方位、里程，所以，這個依據是不充分的。

第二，銘文的釋文。唐宋以至明清，學者見到的先秦器物、文字都很少，現在我們已經能查到上萬件青銅器，以及大量的竹簡文字，能夠更好地加以判斷、釋讀。現代學者認爲，銘文的字形是戰國時期的風格，與"封比干墓"的西周初期文字完全不同，這件銅盤應該是戰國的。有學者重新釋文爲：

死封左沈，復寧前道；萬世之容，於呼是寶。

參見獻羽《〈封比干墓銅盤〉考辨》（載《比干文化研究》，2012年河南人民出版社出版）。

無論如何，銅盤銘的流傳，體現了一代又一代的學者追求真相的執着，也表達了對先賢的尊敬和紀念。

　　以下，宋代文獻儘可能全録，元代以後文獻擇要而録。

117. 宋夏竦《新集古文四聲韻》

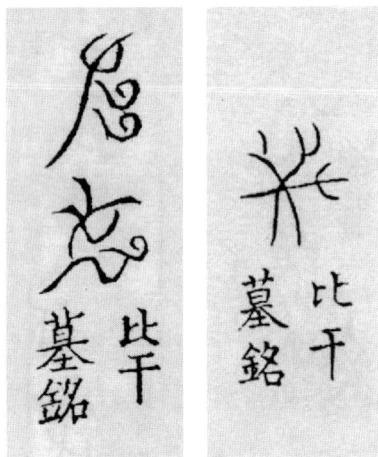

【題解】

夏竦（985—1051），北宋政治家和學者。《新集古文四聲韻》是一部古文字字典，成書於宋慶曆四年（1044）。書中的字按韻部編排，各字先以楷書標出正字，下邊列出古文字的各種不同寫法，並注明來源。上圖右邊爲“之”字，左邊爲“左”字。“左”列出了兩個古文字，從後來的法帖看，上邊一個出自《比干墓銘》。

以上圖片從宋刻本《新集古文四聲韻》複製。

118. 宋宋綬《賜書堂帖》

（佚）

【題解】

宋綬（991—1041）是北宋名臣，也是學者、書法家和藏書家。他所刻的《賜書堂帖》，記載説是在"山陽金鄉"，可能是現在山東省金鄉縣，那裏有古山陽城；但江蘇淮安也有一個金鄉鎮。《賜書堂帖》的石刻及拓本都已失傳，稍後朱長文《墨池編》説這部法帖"有古鐘鼎，識文絕妙"。

據胡仔《苕溪漁隱叢話後集》，《賜書堂帖》收録有《比干墓銘》。

119. 宋朱長文《墨池編》

周封比干銅槃銘：古篆，十六字："右林左泉，後岡前道；萬世之寧，兹焉是寶。"在汲縣。（卷十七《碑刻》一《周碑》四）

【題解】

朱長文（1039—1098），北宋學者、書學家，嘉祐四年（1059）進士。《墨池編》是一部輯録歷代書法理論、品評歷代書法、記録石刻等作品的著作，成書於宋治平三年（1066）。

他將《比干墓銘》列入石刻一類，並説是在汲縣。這與宋代其他人的記載都不同，後來汲縣比干墓、廟的記載，也從未提到過宋代有這塊碑。有可能是因爲汲縣有比干墓，作者就把《比干墓銘》誤記爲在汲縣了。

120. 宋高承《事物紀原》

承謂[1]：……唐開元時，人有耕地得《比干墓誌》，刻其文以銅盤，曰："右林左泉，後岡前道；萬世之寧[2]，茲焉是保[3]。"（二十卷本卷十八、十卷本卷九《墓誌》條）

【題解】

高承，北宋開封人，生平不詳。《事物紀原》是考證各種社會事物起源的著作，約成書於宋元豐年間（1078—1085）。原書流傳有二十卷本、十卷本，內容有些差異，可能原書曾經後人增補。十卷本此條有"承謂"二字，應是高承自稱，所以這段文字當是原文，而非後人增加的。

【校記】

〔1〕"承謂"二字，二十卷本無。

〔2〕"萬"，十卷本作"方"，當是"萬"字異體"万"之訛。

〔3〕"焉"，二十卷本作"爲"。

121. 宋王寀《汝帖·封比干墓銅盤》

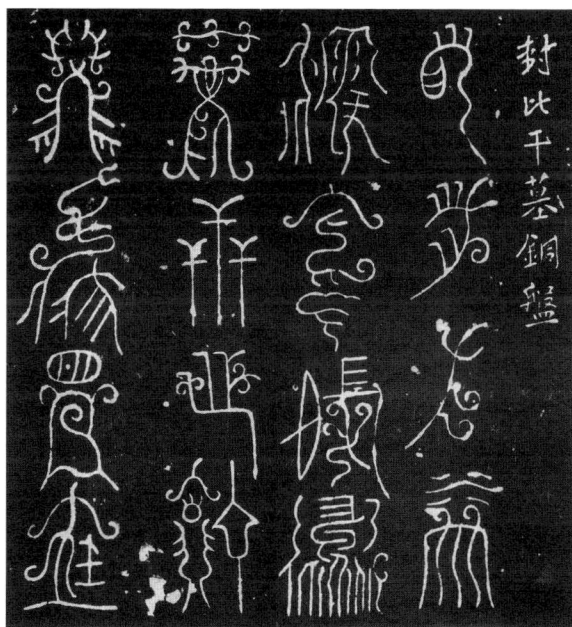

【題解】

　　王寀(1078—約1118)，北宋官員，曾任汝州(治今汝州市)知州。《汝帖》是大觀三年(1109)他在汝州知州任上所刻的法帖。原石尚存，但大都已漫漶不可辨識，而且多半爲後代重刻。北京故宮博物院和上海博物館各藏有一部宋代拓本。當時以至現代學者，許多人對《汝帖》評價不高，認爲其中失真之處不少，不僅收錄了一些僞帖，還存在割裂、節略原作，臆加標題等情況。

　　以上圖片從《中國法帖全集》所收上海博物館藏宋拓本複製。可以看出，其中的"之"字與《新集古文四聲韻》大不相同。

122. 宋孫宗鑑《東皋雜録》

　　唐開元四年，偃師人耕地得古銅盤，篆文云："右林左泉，後岡前道；萬世之寧，兹焉是寶。"考《圖經》，比干墓也。（從《苕溪漁隱叢話後集》卷九引）

【題解】

　　孫宗鑑，生平不詳，建中靖國元年（1101）進士。《東皋雜録》是一部筆記雜著，已經失傳，但後人書中多有引用。

　　文中"考《圖經》，比干墓也"一句非常重要。它應是唐代碑刻上的記録，被孫宗鑑引用。參見後文的翟耆年《籀史》條。

　　《圖經》是一種記録地方山川地理概況的地方志書，有圖有文，由個人或地方政府編纂。早在東漢就有了，隋朝已經相當普遍。偃師縣的上一級政府河南郡，就有《河南郡圖經》，唐代李善注釋《文選》時曾多次引用，如其中一條說"《河南郡圖經》曰：潘岳父冢，鞏縣西南三十五里"，可知《河南郡圖經》是記載有名人冢墓的。彙集成全國者，有《諸州圖經集》一百卷。唐代各地《圖經》編纂更爲廣泛，並規定五年修訂一次，呈報中央。可惜絕大多數隋唐的《圖經》都已經失傳，"考《圖經》"，已經無法知道依據的是哪一種《圖經》了。

　　因此，"考《圖經》，比干墓也"一句，可以作這樣的解釋：銅盤出土的地點，原本不知道是比干墓，查閱了《圖經》以後，看到這裏與比干墓的位置相符，故而推斷銅盤是比干墓的隨葬品。但《圖經》記載地理，一般祇有方位、里程，如：縣城某某方向多少里。所以，憑《圖經》推斷出土之地爲比干墓，仍然是不確鑿的。

123.宋張邦基《墨莊漫録》

　　政和間，朝廷求詢三代鼎彝器。程唐爲陝西提點茶馬，李朝
孺爲陝西轉運，遣人於鳳翔府破商比干墓，得銅盤，徑二尺餘，
中有款識一十六字。又得玉片四十三枚，其長三寸許，上圓而鋭，
下闊而方，厚半指，玉色明瑩。以盤獻之於朝，玉乃留秦州軍資
庫。道君皇帝曰：“前代忠賢之墓，安得發掘？”乃罷朝孺，退出
其盤。聖德高明有如此者，不然丘冢之厄，不止此矣。其玉久在
秦帑，近年王庶知秦州日取之而去。祁寬居之嘗見之，爲予言之。
然予又見劉袤延仲，言比干墓在衛州西山，去城數十里，有漢唐
以來碑刻其多。墓周回數里生異木，樛結不可入。而居之言墓在
關中，未知何也。（卷七）

【題解】

　　張邦基，生平不詳，生活在兩宋之交。《墨莊漫録》也是一部
筆記雜著，記事最晚至南宋紹興十八年（1148）。

　　文中説，北宋政和年間（1111—1118）朝廷徵求上古青銅器，
在陝西做官的程唐、李朝孺派人到鳳翔（在今陝西寶雞）挖開了比
干墓，得到一個有十六字銘文的銅盤，獻給皇上。徽宗很生氣，覺
得忠賢之墓不能挖，就退回了銅盤，並罷免了李朝孺。作者又聽人
説比干墓在衛州（今衛輝市），於是有些疑惑。

　　這是比干墓銘的另一個傳説。這個銅盤與其他人記載的那個不
同，一是直徑有差異，二是出土地點不一樣。也許當時的鳳翔也有
一處比干墓，也許這是一個偽造的銅盤。前邊那個十六字銘文的銅
盤，早在政和前就有記載了。這個銅盤也有十六個字的銘文，偽造
的可能性更大一些。

124. 宋佚名《蘭亭續帖》

（佚）

【題解】

《蘭亭續帖》是另一部法帖，刻石情況已經不太清楚了。一般認爲，它刻於北宋政和年間（1111—1118），也有人認爲刻於南宋初，但學者大都認爲，其主要部分是翻刻《汝帖》的。原石久已不存，拓本也僅存殘卷。

據胡仔《苕溪漁隱叢話後集》，《蘭亭續帖》收錄有《比干墓銘》，它有可能也是從《汝帖》翻刻的，但沒有倖存於世。

125. 宋翟耆年《籀史》

開元四年，游子武於偃師卜築，撅地獲比干墓銅槃一，廣四尺六寸，有科斗十有六字，每字長八寸許，文曰："右林左泉，後崗前道；萬世之銘，兹焉是寶。"唐人摹字刊石，載所得之因云："地左右前後，崗、道與泉並存，惟林夷矣。"楊隱甫斲石以識其末①，書學虞監②，字極勁媚，殊可喜也。（卷上《比干墓銅槃記》）

【題解】

翟耆年，開封人，居丹陽，生於1100年前後，是南宋初的古文字學者。《籀史》是一部記錄古文字相關圖書的著作。

這是一篇記錄《比干墓銘》來源最完整翔實的文字。由此可見，唐代已有刻石，上邊記載了出土的因由，並說，出土的地方，銘文中所謂前後左右的山崗、道路和泉都在，祇是樹林成平地了。

【注釋】

　　① 楊隱甫，即楊察（1011—1056），字隱甫，合肥人。北宋官員，書法家。

　　② 虞監，即唐代書法家虞世南。

126. 宋王俅《嘯堂集古録·比干墓銅盤銘》

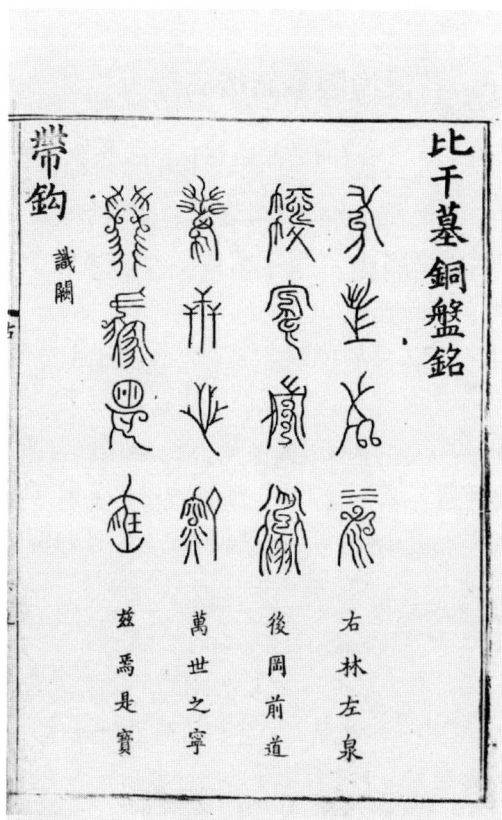

　　右林左泉，後岡前道；萬世之寧，兹焉是寶。

【題解】

王俅，濟州任城人，生平不詳，生活於北宋末南宋初。《嘯堂集古録》是一部記録上古器物文字的書，各頁上方摹寫器物銘文，下邊附楷書釋文，成書約在南宋初。

以上圖片從宋刻本《嘯堂集古録》複製。

這個版本與《汝帖》本有很大差異，與《新集古文四聲韻》也不相同。

127. 宋胡仔《苕溪漁隱叢話後集》

《東皋雜録》云："唐開元四年，偃師人耕地得古銅盤，篆文云：'右林左泉，後岡前道，萬世之寧，兹焉是寶。'考《圖經》，比干墓也。"苕溪漁隱曰：《蘭亭續帖》《賜書堂帖》皆有此篆文。余深愛其奇古，諦玩無斁。（卷九）

【題解】

胡仔（1110—1170），號苕溪漁隱，南宋學者。《苕溪漁隱叢話》是一部筆記雜著，分爲前後兩集。後集成書於宋乾道三年（1167）。

由此可知，《蘭亭續帖》《賜書堂帖》兩部法帖都收録有《比干墓銅盤銘》。

128. 宋薛尚功《歷代鐘鼎彝器款識法帖·封比干墓銅槃》

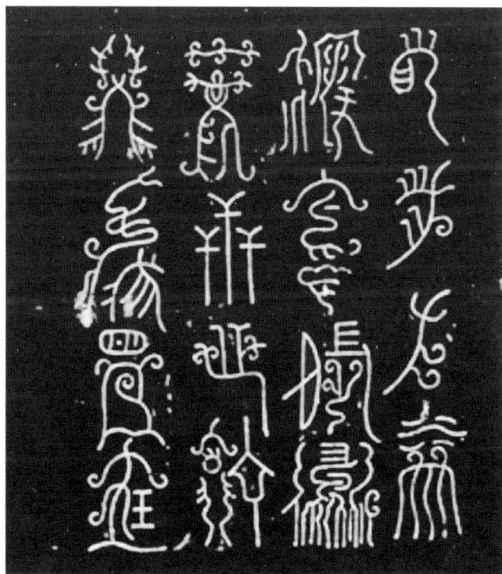

右林左泉，後岡前道（或云"前岡後道"）；

萬世之寧（或云"英"字），茲焉是寶。

右開元四年，游子武之奇於偃師耕耘，獲一銅片，盤形，四尺六寸，上鏤文深二分。其左右前後，岡、道與泉並存，唯林無矣。考諸圖籍，即比干之墓。

【題解】

薛尚功，南宋金石家，錢塘人，生卒年不詳。《歷代鐘鼎彝器款識法帖》紹興十四年（1144）刻於江州，原石久佚，但存有宋拓殘本。明代萬曆以後，許多人曾依據摹寫的抄本，以木版刻印成書，但大都有些失真。

以上圖片從中華書局《宋刻宋拓〈歷代鐘鼎彝器款識法帖〉輯

存》影印宋拓本複製。其字形與《汝帖》大致相同，標題也一樣，大概是翻刻自《汝帖》或《蘭亭續帖》。

薛尚功的跋語表達不清，如果没有《籀史》的記載，就很難明其原委。所述游子武的名字後多"之奇"二字，也許是游子武的字。

129. 宋鄭樵《通志》

……比干銅盤銘，十六字（西京）。……

右上代文字見於模刻。

（卷七十三《金石略》）

【題解】

鄭樵（1104—1162），莆田（今屬福建）人，是南宋的一位知名學者。《通志》是一部紀傳體通史，共二百卷，成書於紹興三十一年（1161）。

《金石略》記載各地的石刻，並注明來源。《比干銅盤銘》後所注"西京"，指洛陽。那麽，這通石刻應該是洛陽下屬的偃師縣那裏的。

130. 宋洪邁《夷堅志》

政和間，朝廷訪求三代彝器。陝西轉運使李朝孺、提點茶馬程唐，使人於鳳翔發商比干墓，得大銅盤，鏡［徑］二尺，及白玉四十三片，其長三寸，厚一半指，上圓而銳，下方而闊，玉色明瑩。程、李留玉於秦州軍資庫，而以其盤獻。徽宗曰："前代忠賢之墓，安得發掘？"罷朝孺而反其盤。（《新編分類夷堅志》壬

集卷五《比干墓玉》）

【題解】

洪邁（1123—1202），樂平（今屬江西）人，南宋學者。《夷堅志》是一部志怪小說。這段話抄自《墨莊漫録》，且抄出不少錯誤。

131. 宋高似孫《緯略》

唐開元中，偃師人耕地得古銅盤，篆奇古。其文曰：“右林左泉，後岡前道；萬世之寧，於焉是寶。”考之《圖經》，乃比干墓銘。（《東皋雜記》)《蘭亭續帖》《賜書堂帖》皆有此篆。（卷十《比干墓銘》）

【題解】

高似孫（1158—1231），南宋官員、學者。《緯略》是一部雜抄前代書籍的筆記雜著，成書於嘉定五年（1212）。本條顯然抄自《苕溪漁隱叢話》。

132. 宋王象之《輿地碑記目》

唐人開元間于偃師縣掘地所得商比干銅盤銘，有十六字，字畫奇壯而古甚。其釋云：“右林左泉，後岡前道；萬世之銘，茲焉是寶。”得銘之地後五步乃比干墓。今碑銘復列于平都山。（卷四《忠州碑記·商比干銅盤銘》）

【題解】

王象之（1163—1230），南宋學者。所著《輿地紀勝》二百卷，是一部記録全國各地名勝的著作，成書於嘉定十四年（1221），現在已經沒有足本流傳了。明代有人將其中所記各地碑刻摘抄出來，取名爲《輿地碑記目》。

這裏所記，是忠州酆都縣平都山的一塊翻刻的《比干墓銅盤銘》石刻，可見《比干墓銅盤銘》流傳很廣。

133. 宋陳思《書小史》

孔子，名丘。……今傳於世者，惟比干墓銅盤、吳延陵季子墓碑存焉。（卷三）

【題解】

陳思，錢塘人，南宋後期學者、出版家。《書小史》是一部歷代書法家的傳記。前有咸淳三年（1267）謝愈修序，成書在此前。

這裏説《比干墓銘》是孔子所撰，應該是誤記。孔子的年代，距周武王封比干墓已經過去至少五百年了，如果是孔子寫的，怎麼可能出現在比干墓裏？陳思在其《寶刻叢編》裏還曾提到，衛州比干墓的“殷比干墓”四字石刻，傳説是孔子的筆跡，但他並不相信。

134. 元潘昂霄《蒼崖先生金石例》

唐開元時，人有耕地得比干墓誌，刻其文以銅盤，曰：“右林左泉，後岡前道；萬世之寧，兹焉是悼。”（卷一《墓誌之始》）

【題解】

　　潘昂霄，生卒年不詳，濟南歷城人，元代官員、學者。《蒼崖先生金石例》是研究金石凡例的著作，至正五年（1345）由其子潘敏中初刻。這段話源自高承的《事物紀源》。

135. 元張淑《周武王封比干墓銅盤銘碑》

周武王封比干墓銅盤銘

衛輝路府學正王公悦臨摹

　　周武王封比干墓銅盤銘，其釋文云：“左林右泉，前岡後道；萬世之靈，於焉是保。”辭旨簡遠，筆法端嚴，信乎三代之文也。惟太師公忠精義烈之誠，洞貫古今，粵自吾夫子表墓之後，暨元

魏、李唐[1]，褒崇弔祭，紀述具在。迨我皇元降德音，追懿行，
特敕所司，爰新廟貌，更爲肖像[2]，加嚴祀事。今衛輝路總管密
邇公欽副明旨，克成厥功，其見於豐碑者亦昭昭矣。較夫權輿，
獨闕斯文，遂模《汝州法帖》所鐫三代金石遺刻[3]，勒諸麗石，
用著四朝之盛典，俾乾端坤倪[4]，軒豁承露於殿庭間，豈特珠還
合浦、劍復平津者哉！

　　時延祐五年歲在戊午春正月癸亥朔越十四日丙子[5]，承直
郎、衛輝路總管府推官張淑記并書。

　　承事郎汲縣尹王元恕同立石。

　　石工牛庭傑刊。

【題解】

　　元延祐三年（1316），仁宗皇帝下詔修繕汲縣比干廟，衛輝路
總管府總管密邇阿散受命主持，汲縣縣尹王元恕承辦。延祐五年
（1318）竣工後，刻了這塊《周武王封比干墓銅盤銘》碑，立於廟中。
碑上方爲《比干墓銘》摹本，下方爲這篇碑文。文由衛輝路總管府
推官張淑撰。原碑現存於廟中，中部已斷裂。

　　根據碑文，碑刻上的《比干墓銘》，是衛輝路府學正王公悅根
據《汝帖》臨摹刻石的。銘文的前四字，張淑碑文釋爲“左林右泉”，
與以前的“右林左泉”完全相反，或許是爲了解釋當時衛輝比干墓
的地形。

　　以上圖片據舊拓本複製，碑文據舊拓本録，但拓本已有殘闕。
《太師比干録》卷中、《殷太師忠烈録》卷三俱收録。

【校記】

　　〔1〕“元”字損闕，據《比干録》補。

〔2〕"爲"字損闕，據《比干録》補。

〔3〕"鐫"字損闕，據《比干録》補。

〔4〕"端"字損闕，據《比干録》補。

〔5〕"時"字殘存上半，可辨爲異體"旹"字上部，下半"日"已損。《比干録》脱。

136. 元陶宗儀《書史會要》

先聖孔子，采摭舊作，緣飾篆文，天授其靈，創物垂則。今傳於世者，比干墓在衛州汲縣，唐開元中，游武之奇耕地得銅盤，有文曰："左林右泉，後崗前道；萬世之寧，兹焉是寶。"乃比干墓銘也。（卷一）

【題解】

陶宗儀（約1312—1403後），元末明初的著名學者。《書史會要》也是一部關於書法歷史人物的著作，成書於明洪武九年（1376）。

他的説法繼承了陳思的《書小史》，而"左林右泉"又與張淑的釋文相同。《書史會要》曾多次刊刻，流傳廣泛。因此，孔子作《比干墓銘》一説影響很大。大概由於比干墓在衛輝，前代記載銅盤出土於偃師，有些矛盾，所以他講出土之事，省略了出土地點。

137. 明曹安《太師比干録》

光［先］聖孔子書比干墓銅盤銘，唐開元中已爲耕地者所得，至元延祐戊午，衛輝路府學正王公悦臨摹《汝帖》，推官張淑記之，汲尹王元怒［恕］勒石。今此碑雖斷，其銘尚全。因復摹鋟，以與四方君子共鑒……

大明天順五年春三月初吉曹安謹識。（卷首《比干墓銘跋》）

【題解】

《比干墓銅盤銘》爲孔子書寫的説法，曹安是積極的推廣者。除了在跋語中説"孔子書"之外，《太師比干録》卷中還收録了元張淑的碑文，徑直改標題爲"比干墓孔子銅盤銘記"，並將碑文首句"周武王封比干墓銅盤銘"篡改爲"周武王封比干墓孔子銅盤銘"。

從跋可知，延祐碑此時已經斷裂開了。

138. 明《嘉靖河南通志》

衛輝府。商比干墓。在府城北十五里，即武王所封者，有石題曰："殷太師比干之墓"。偃師縣西北亦有墓，蓋唐開元中土人耕地得銅盤銘，因以立之。其銘篆文，甚奇古，云："左林右泉，後岡前道；萬世之藏，兹焉是寶。"後魏文帝南巡，親幸弔祭，刻文墓上。（卷十九）

【題解】

《嘉靖河南通志》刊刻於明嘉靖三十五年（1556），是河南省現存的第二部省志。此前河南省有《成化河南總志》，洛陽有《弘治河南郡志》，兩書都没有記載偃師縣有比干墓。

文中關於偃師比干墓的記載，應該源自《大明一統志》（參見卷四《墓葬》四《偃師墓》）。但改"右林左泉"爲"左林右泉"，是

受到元張淑《周武王封比干墓銅盤銘碑》和明曹安《太師比干録》
的影響。在《嘉靖河南通志》的卷首，也載有《比干墓銘》的圖，
釋文即爲"左林右泉"。《嘉靖河南通志》的作者推測，有可能是因
爲偃師發現了銅盤，纔在那裏立了墓。實際情况應該恰恰相反：早
在發現銅盤之前，《圖經》已經記載當地有比干墓了，根據《圖經》
纔推測銅盤是比干墓的物品。

139. 明暴孟奇《銅盤銘跋》

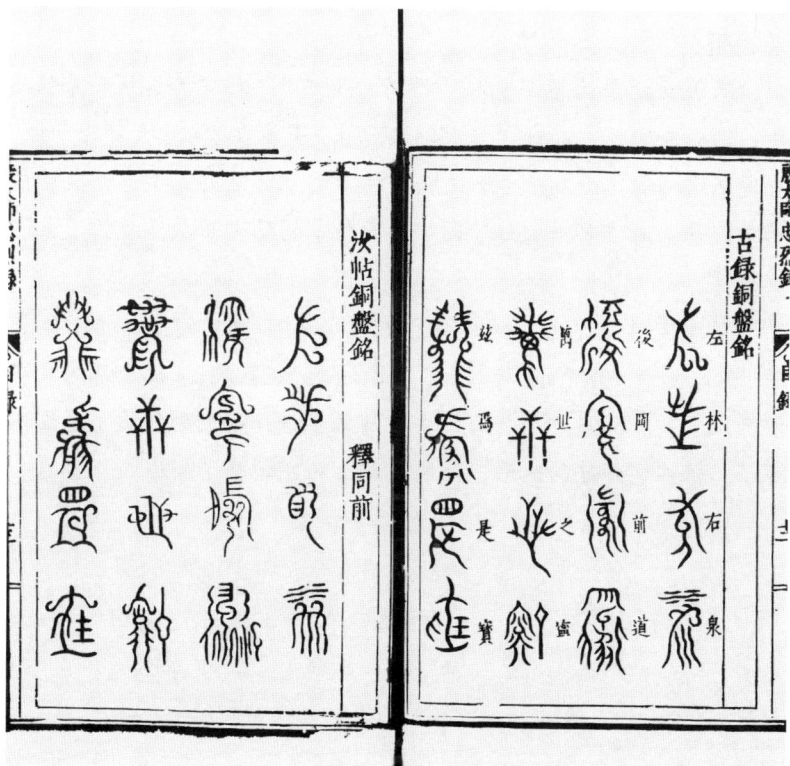

　　先聖孔子書銅盤銘，唐開元中爲耕者所得，至元延祐戊午，學正王〔公〕悦臨摹《汝帖》勒石。今考《嘯堂集古録》，與《汝帖》迥異。證以三代款識、秦漢碑刻，則《嘯堂》尚似，而舊體亦未可必也。惜"左""右"字訛，謹按地形改正，併摹二篆，以獻博古君子。……閲《通志》，兹墓乃載于偃師縣，移文核焉，止云因耕者得銘，而竟亡其墓所。噫！銘，一也，何兩地而俱得與？此有廟墓而《志》不載，彼無實而虚載焉。書之不可盡信如此夫！

　　萬曆六年秋杪吉，玉溪暴孟奇識。(《殷太師忠烈録》卷首)

【題解】

　　暴孟奇，山西潞安府人，嘉靖四十四年（1565）進士，萬曆三年(1575)任衛輝府知府。《殷太師忠烈録》是他在曹安《太師比干録》基礎上增補的比干及比干廟文獻彙編，成書於萬曆五年，稍後增補刊刻。暴孟奇在書前收録了兩種不同版本的銘文摹本，並作了上述跋語。

　　從跋文可見，暴孟奇是個很認真的人。他見到了《嘯堂集古録》，又見到《通志》(即《嘉靖河南通志》)裏説，《比干墓銘》在偃師比干墓，於是專門發公函去偃師縣求證，得到的答復是墓已不存了。根據衛輝墓的地形，他將墓銘上的字調整了順序。

140. 明周思宸《殷太師比干墓銅盤銘辯》

　　《書》曰：武王克殷，封比干之墓。若《銅盤銘》，則傳自《汝刻》，久矣。元延祐間，衛輝路學正王公悅曾臨摹石上，推官張淑記之，其釋文云："左林右泉，前岡後道；萬世之靈，於焉是寶。"此墓傍之舊刻也。按《一統志》云，墓在衛城北十五里，即武王所封，有石題曰"殷太師比干之墓"，後魏孝文帝南巡，親幸弔祭，刻文墓上。又云：一在偃師，唐開元中縣人耕地得銅盤，篆文奇古，云："左林右泉，後岡前道；萬世之藏，茲焉是寶。"則是墓有二而文不同，然亦未嘗無辨也。

　　大抵衛爲殷墟，本商王所都，比干葬此，地里不遠。無論漢魏以來，歷代追崇。而夫子亦嘗表而識之，曰"殷比干墓"，今石刻尚存，則此墓爲無疑矣。而況開元之前，偃師未聞有比干之墓耶？設若有墓，則魏孝文之祭弔，何于此而不于彼？夫執銅盤以立疑似之墓，豈若求古來之墓爲真耶？即《中州通志》亦云：

偃師之墓因銅盤以立。信然哉！

今觀斯墓，前有土岡，右有泉源。則延祐石刻之釋文，地形得之，特字畫與《汝刻》稍異，而剝落失真，斷碣已臥荒草間矣。若"藏""兹"二字，據字形當從《志》釋，此不必強爲之説。今並載之，而重摹石上。

適修葺工畢，而廟貌聿新。蓋興工役，以妥忠靈，而歲當大祲，因以全活饑衆，孰非殷太師之餘澤也？俯仰古今，有感斯文，書之以識歲月云。

時萬曆十五年歲在丁亥夏五月穀旦，衛輝府知府周思宸撰并書。

【題解】

周思宸，浙江余姚人，萬曆十二年（1584）任衛輝知府。他在萬曆十五年（1587）重摹了《比干墓銘》，並寫下這篇辯文，刻石立在衛輝比干廟。後來重印暴孟奇《殷太師忠烈録》時，也將這篇文章補了進去。此從舊拓本録。

周知府認同《中州通志》（即《嘉靖河南通志》）的推測，也根據衛輝比干墓的地形，認可元延祐碑的釋文。當年的三月，衛輝發生了大地震、大饑荒和大瘟疫，四月和五月，又發生了大旱和大風災，而飢民得以存活下來，周知府感慨地説：這豈不是比干留給我們的蔭澤麼？對他來説，重刻石碑，銘記先人，已經不是單純的學問考究，包含了對平安生活的祈求。

141. 清《乾隆偃師縣志》

太師比干墓。《一統志》：在治西北，唐開元中鄉人耕地得銅

盤，篆法甚古，其文云：左林右泉，後岡前道；萬世之寧，茲焉
是寶。今汲縣亦有墓。

按比干諫死在朝歌，時殷遷河北已四世矣，墓當在汲。或云
銅盤爲何比干墓中物，存參。（何比干，汝陰人，漢武帝時廷尉。）
（卷三《陵墓》）

【題解】

這部《偃師縣志》編成於乾隆十一年（1746）。文中提到一個
看法，説這個比干墓不是殷商的比干，而是漢代的何比干。何比干
是西漢一位知名人物，汝陰（今安徽阜陽）人，與偃師沒有關係。
這是爲了解釋比干墓在汲縣而銅盤出土於偃師的矛盾，派生出來的
牽強附會的説法，作者加了“或云”（有人説）兩個字，表示這不是
他自己提出的，並且也不大相信，所以末了又加了“存參”（記下來
以備參考）兩個字。後人也大多不同意這個看法。

142. 清《乾隆河南府志》

漢何比干銅盤銘（佚）。《明一統志》：銘在偃師，唐開元中，
縣人耕地得銅盤，篆文奇古，曰：“右林左泉，後岡前道；萬世之
藏，茲焉是寶。”楊升菴《金石古文》：“比干墓銅盤銘：右林左泉，
後岡前道；萬世之靈，茲焉是寶。”郭胤伯《金石史》：“銅盤銘，
似非三代語，第銘字頗類淮南王故宮所出古戈銘，而輒謂武王封
比干墓，抑有據耶？他如衡岳、壇山、比干、季札墓題語，書皆
妄自附會。”于奕正《天下金石志》：“比干墓銅盤銘：唐開元中偃
師農人得之地中，文甚奇古，計十六字。”

按《一統志》及《金石志》，以爲偃師有比干墓銅盤銘，所

謂比干墓者，非殷比干，乃漢何比干也。《偃師志》："何比干，汝陰人，漢武帝時廷尉。"墓中以銅盤爲誌，出于唐開元中，後傳自《汝刻》，延祐間衛輝路學正王公悦摹石，推官張淑記之。明萬曆十五年周思宸又重摹上石，皆在汲縣。是誤以何比干爲殷比干。故李濂《通志》以爲孔子手書，梅鼎祚以爲武王所作，皆非事實。且《嘯堂集古録》《金石古文》皆作"右林左泉"，而汲縣石刻作"左林右泉"，以爲按地形改正，不知"右林左泉"本偃師之地形，不得妄改"左林右泉"，從汲之地形也。釋文《集古録》作"萬世之寧"，《一統志》作"藏"，《金石古文》作"靈"；《集古録》作"于焉是保"，餘俱作"兹焉是寶"。今並附《集古録》《汝帖》二篆，以俟博古者論訂焉。（卷一百零九《金石志》）

【題解】

　　《乾隆河南府志》成書於乾隆四十四年（1779）。河南府是河南省下屬的府，清代領一州十三縣（包括偃師縣），府治在洛陽。

　　這段文字的末尾附録了兩種銅盤銘的摹本。作者支持《乾隆河南府志》的"或曰"，徑直把銅盤銘改名爲"漢何比干銅盤銘"。文中引用的幾種圖書，除《嘯堂集古録》等之外，都是明代的著作。"李濂《通志》"即《嘉靖河南通志》。

143. 清羅振玉《俑廬日札》

　　十餘年前，山東估人以河南新出土銅器二求售。其一器兩耳三足而底平，其口直徑約建初尺三尺①，器内底上有大字四行。兩器相同。驗之，乃《比干銅盤銘》也。以校宋人石刻本及前人所著録，文字並同。其器無花紋，銅青，厚數分。後爲日本人購去，今藏東京博物館中。

【題解】

羅振玉（1866—1940），浙江上虞人，知名學者，文字學家。《俑廬日札》是一部關於青銅器的雜記，作於光緒三十四年（1908）。

自唐開元四年（716）以來，事情過去1000多年了，忽然又新出土了比干銅盤，而且是兩件。這大概率是"估人"（文物販子）僞造的。現在，東京博物館也沒有這件青銅器的收藏。不過，目前見到的青銅器銅盤，確有兩耳三足的器型。

【注釋】

①建初尺，東漢建初年間的量尺，一尺合現制23.68厘米。

卷之八
祭文、詩歌

　　歷代紀念比干的文章和詩歌非常多，這些作品寫作的目的也不盡相同。比如帝王祭奠比干，是表達求賢若渴，並寄意臣屬忠心耿耿；在仕途上遇到挫折的文人，則往往借此發洩懷才不遇的悲憤。大體屬於即景生情，借題寫意，沒有涉及更多關於比干的歷史事實或傳說。這裏僅選擇其中最重要的早期文章和詩歌。

一、祭文

144. 北魏孝文帝《皇帝弔殷比干文》

　　唯皇構遷中之元載，歲御次乎閹茂，望舒會於星紀，十有四日，日唯甲申，予揚和淇右，蹀駟廊西，指崧原而搖步，順京途以啓征。路歷商區，輗屆衛壤。泛目睇川，縱覽觀陸。遂傍睨古跡，游瞰曩風。睹殷比干之墓，悵然悼懷焉。乃命馭駐輪，笑驥躬矚。荊蕀荒朽，工爲繇薨。而遺猷明密，事若對德。慨狂后之猖穢，傷貞臣之婞節。聊興其韻，貽弔云爾。

　　曰三才之肇元兮，敷五靈以扶德。含剛柔於金木兮，資明闇於南北。重離耀其炎暉兮，曾坎司玄以秉黑。伊稟常之懷生兮，昏睿遞其啓則。晝皎皎其何朗兮，夜幽幽而致蔽。哲人昭昭而澄光兮，狂夫默默其若翳。咨堯舜之耿介兮，何桀紂之猖敗。沉湎而不知甲兮，終或己以貽戾。謇謇兮比干，藉胄兮殷宗。含精兮誕粹，冥樹兮英風。稟蘭露以滌神，餐落英而儆容。茹薜荔以蕩識，佩江蘺而麗躬。履霜以結冰兮，卒窘忠而彌濃。千金豈其吾珍兮，皇釐實余所鍾。奮誠諫而燷軀兮，導危言以釁鋒。嗚呼哀哉！嗚呼哀哉！

惟子在殷，實爲樑棟。外贊九功，内徽辰共。匡率袞職，德音遐洞。周師還斾，非子誰貢？否哉悖運，遘此不辰，三綱道没，七曜輝泯。負乘竊器，怠棄天倫。懷誠齎怒，讒言焉陳。鬼侯已醢，子不見歟？邢侯已脯，子不聞歟？微子去矣，子不知歟？箕子奴矣，子不覺歟？何其輕生，一致斯歟？何其愛義，勇若歸歟？遺體既灰，不其惜歟？永矣無返，不其痛歟？嗚呼哀哉！嗚呼哀哉！

夫天地之長遠兮，嗟人生旋多殃。往者子弗及兮，來者子不厥當。胡契闊之屯邅兮，值昏化而永良。曷不相時以卷舒兮，徒委質而巓亡。雖虚名空傳於千載，詎何勳之可揚。奚若騰魂以遠逝，飛足而歸昌。得比肩於尚父，卒同協於周王。建鴻績於盛辰，啓胥宇於齊方。闡穆音乎萬祀，傳冤業以脩長。而乃自受兹斃，視窮殷親。剖心無補，迷機喪身。脱非武發，封墓誰因？嗚呼介士，胡不我臣！

重曰：世惛惛而溷濁兮，日藹藹其無光。時坎廩而險隘兮，氣憭飂以飛霜。子奚其不遠逝兮，佇傺而阯故鄉。可乘桴以浮滄兮，求蓬萊而爲糧。銜芝條以昇虚兮，與赤松而翺翔。被芰荷之輕衣兮，曳扶容之蕝裳。循海波而漂飈兮，望會稽以歸禹。紉蕙芷以爲紳兮，扈荃佩而容與。寫鬱結於聖人兮，暢中心之祕語。執垂益而談弄兮，交良朋而憶苦。言既而東騰兮，吸朝霞而長舉。登岧嶢而悵望兮，眺扶桑以停佇。謁靈威以問路兮，乘谷風而扳宇。遂假載於羲和兮，憑六螭以南處。翥衡嶽而顧步兮，濯沅湘以自潔。嚼炎州之八桂兮，踐九疑而遥裔。即蒼梧而宗舜兮，拂埃霧以就列。採輕越而蕭帶兮，切寶犀以貫介。訴淳風之淪覆兮，話《蕭韶》之湮滅。召熊狸而叙釋兮，問重華之風桀。尒乃飲正陽之精氣兮，遊丹丘而明視。揖祝融而求鳥兮，御朱鸞以脩指。
因景風而淩天兮，迴靈雛以西履。降黃渚而造稷兮，慰稼穡之艱
難。訪有邰之詵詵兮，遇何主而獲安。然後陟崐崘之翠嶺兮，攬
瓊枝而槃桓。步懸圃以溜澆兮，咀玉英而折蘭。歷崦嵫而一顧兮，
府沐髮於洧盤。仰徙倚於閶闔兮，請帝閽而啓關。天沈寥而廓落
兮，地寂漻而遼闃。餐淪陰以椑氣兮，佩瑤玕而鳴鏘。拜招矩而
脩節兮，少躊躇以相羊。祈騄驥而總縉兮，隨泰風以颺揚。瞰不
周而左旋兮，縱神駒以北望。尋流沙而騁彎兮，暨陽周以緤駕。
靡芸芳以馥體兮，索夷杜而祗銜。奉軒轅而陳辭兮，申時俗之不
暇。適岐伯而脩命兮，展力牧以問霸。歙沅澧之純粹兮，窺寒門
之層冰。聆廣莫之颹瑟兮，覿黔嬴而迴凝。擁玄武以涉虛兮，亢
神冥而威陵。象曖曃而晻鬱兮，途曼曼其難勝。笑飛廉而前驅兮，
使燭龍以輝澄。歸中樞而睇睨兮，想玄漠之已周。慨飛魂之無寄
兮，颯翩袂而上浮。引雄虹而登峻兮，揚雲旗以軒遊。躍八龍之
蜿蜿兮，振玉鸞之啾啾。搴彗星以朗導兮，委升軔乎大儀。敖重
暘之帝宮兮，凝精魄於旋曦。扈陽曜而靈脩兮，豈傅説之足奇。
但至概之不悛兮，寧溘死而不移。

【題解】

　　魏孝文帝拓跋宏（467—499）是北魏王朝第七位皇帝，在位期
間，大力推行漢化政策，將都城從平城（今山西大同）遷至洛陽。
他對比干非常重視，曾兩次到比干墓祭祀，一次派官員前往祭祀。
這是他在太和十八年十一月十四日甲申（494年12月26日）祭比干
墓的弔文。這年是北魏遷都洛陽的第一年，所以篇首稱"皇構遷中
之元載"。

　　祭文當時就刻成碑，立在汲縣比干墓前。碑陰還刻有82位隨

祭官員的職位姓名。歷經戰亂，原碑在宋代已經損毀了。元祐五年
（1090），衛州官府從民間找到摹本，照原樣重新摹刻立碑。知州吳
處厚撰寫了《碑陰記》，刻在新碑的背面，記錄了重刻立碑的經過。

在此前後，趙明誠《金石錄》卷二十一記錄他見到的拓本說：
"其首已殘缺，惟'元載'可識。"大觀三年（1109），汝州知州王寀
編刊《汝帖》時，收錄了三行二十四字，與後來的碑文對比，字畫
略有差異，應該源自原碑。王寀標注是北魏大學者崔浩所書。但後
人並不同意他的說法，因為孝文帝作祭文時，崔浩已經不在世了。

明曹安編《太師比干錄》收錄了碑文。此後《成化河南總志》
等地方志也都根據《太師比干錄》收錄碑文。現在，重刻的碑尚存
於衛輝比干廟，民間也流傳了許多不同時代的拓本，大都是清代以
後所拓。此從日本京都大學人文科學研究所藏舊拓本錄。

文中雖未涉及比干墓的地點，但從《魏書》的記載，可以斷定
即現在衛輝的比干墓所在。

這篇祭文，使用了大量騷賦文體的句子，比較難懂。當時北魏
的大臣劉芳，也是文學家，就作了注釋，呈給孝文帝，得到表揚。
可惜注釋已經失傳。刻石的時代，正是中國文字字形的轉變期，即
由漢隸向唐楷轉變。碑中使用了大量的別字、異體，加上存碑又是
宋代翻刻，難免會有失真。所以，清代以來的金石學家，都說此碑
最難辨識，多有討論，對碑中一些文字的認定，也各有見解。

雖然這篇弔文刻意模仿屈原，寫得不是特別精彩，但南朝的
人，還是很佩服這位鮮卑皇帝的胸懷和文采。《南齊書·魏虜傳》專
門說道："宏知談義，解屬文，輕果有遠略。遊河北，至比干墓，
作《弔比干文》云：'脫非武發，封墓誰因？嗚呼介士，胡不我臣！'"

【附録】

（1）宋吳處厚《碑陰記》："汲郡比干墓，舊有元魏高祖吊文一篇，模鏤在石，其體類騷，其字類隸，久已爲鄉人毀去，賴民間偶存其遺刻。首云：'惟皇構遷中之元載，歲御次乎閹茂，望舒會於星紀，十有四日，日惟甲申。'今以史譜考之，是歲實太和十八年，都洛之始年也，故云元載，而歲在甲戌，故云閹茂，月旅仲冬，故云星紀，朔次辛未，故十有四日，日惟甲申。距今元祐之庚午，幾十周甲子，合五百九十七年。歷西魏、後周、隋、唐、五代，喪亂多矣。幸遇聖辰，再獲刊勒。固知興廢自有數也。噫！已摧而復崇，已泯而復彰，使萬世忠精之魄，當與天地齊久，不亦美歟！按高氏《小史》亦載其文，以'嗚呼介士'爲'嗚呼分土'，字之誤也。今宜從此碑'介士'爲正。元祐五年秋九月十五日，左朝請郎、知衛州吳處厚記，右承議郎、通判宋适立，承事郎致仕林舍書，助教劉士亨模刊。"（從舊拓本録）

（2）宋黃伯思《東觀餘論》卷上《汝州新刻諸帖辨》："頃在洛中，聞汝州新鐫諸帖，謂之《汝刻》。其名已弗典矣，意謂其彙擇必佳。及見之，乃大不然。……其集古帖及碑中字萃爲僞帖，并以一帖省其文別爲帖語，及強名者甚多。稍識書者便可別之。如……取衛州魏孝文《弔比干文》中數行，強名爲崔浩書。……且如《弔比干文》魏孝文作，而崔浩之死在太武時，乃目爲浩書，其不稽古如此。"

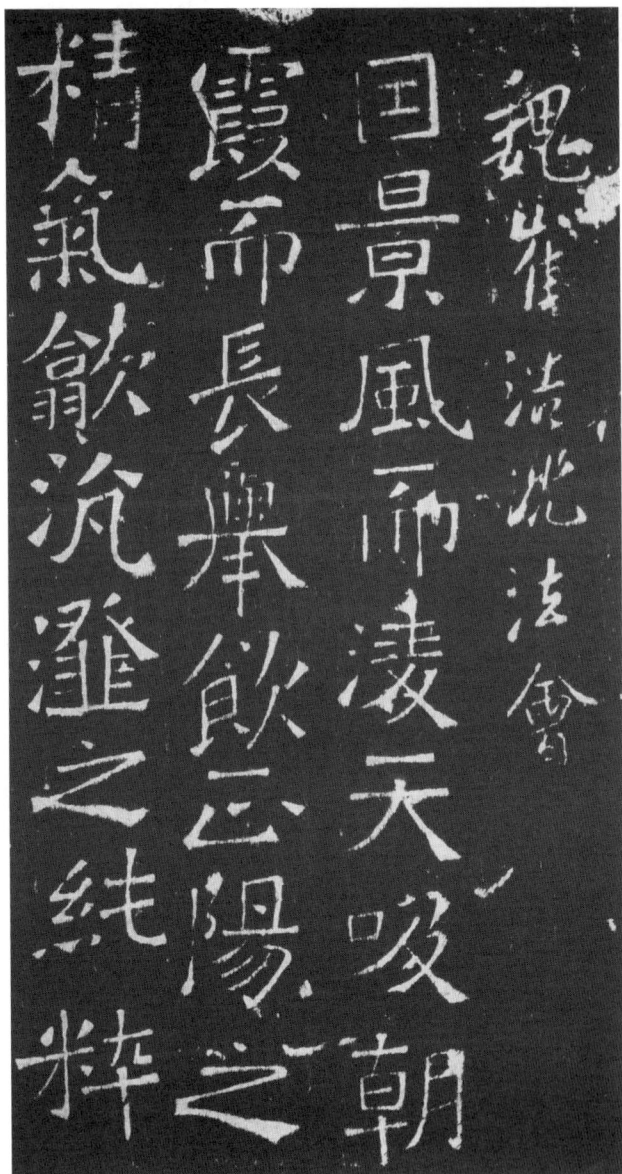

宋拓《汝帖》

《皇帝弔殷比干文》碑拓片

145. 唐太宗《贈比干詔并祭文》

門下：昔望諸列國之相，漢主尚求其後；夷吾霸者之臣，魏君猶禮其墓。況乎正直之道，邁青松而孤絕；忠勇之操，掩白玉而振彩者哉！

殷故少師比干，貞一表德，鄰幾成性。以明允之量，屬無妄之辰。玉馬遽馳，愍其邦之殄悴；寶衣將燎，惜其君之覆亡。見義不回，懷忠蹈節。讜言纔發，輕其百齡之命；淫刑既逞，碎其七尺之軀。雖復周王封墓，莫救焚圍之禍[1]；孔聖稱仁，寧追剖心之痛。固以冤深終古，悼結彼蒼。

朕觀風趙魏，問罪遼碣，經途麥秀之墟，緬懷梓林之地。駐蹕而瞻荒隴，願以為臣；撫躬而想幽泉，思聞其諫。豈可使慎終之義[2]，久闕於往冊；易名之典，無聞於後代？宜錫寵命，以展宿心。可追贈“太師”，謚曰“忠烈公”。仍遣三品持節祭告，四品為副□□。所司封崇其墓[3]，脩葺祠堂。州縣春秋二時，祠以少牢[4]。給隨近五户，以供祭享及灑掃。主者施行。

貞觀十九年二月十九日[5]。

中書令江陵縣開國子岑文本　宣[6]。

維大唐貞觀十九年歲次乙巳二月己亥朔廿日戊午，皇帝敬遣太府卿蕭欽宗、正少卿駙馬都尉長孫沖等，持節以少牢之奠，祭殷故少師比干之靈。

朕聞龍躍鳳翔，必資鱗羽[7]；□□御下，必藉忠良。元首股肱，其道尚矣。惟君誕靈山岳，降德星辰。苞金石以為心，蘊松桂而為質。不以夷險易操，不以利害變節[8]。□孟津之師[9]，挹高風而莫進；朝歌之滅，資至德而延期。且道喪時昏，奸邪並用；暴君虐主，正直難居。是以江漢神龜，殘形由於蘊□，荊山和璞[10]，碎質以其懷珍。丹耀彩而磨肌，翠含色而解羽。驚風拂野，迴樹先彫；零雨被枝，高花早墜。良由佩奇衒美，獨秀孤貞。雖□□存亡[11]，詎能遣凶殘之累；智周萬物，不能離顛沛之艱。然則大夏將崩，非一木之能止；天道去矣，豈一賢之可全。且夫舉過顯□[12]，□□□惡，忠臣之義也；三諫不入，奉身而退，聖人之道也。何必殉形於國，以速商殷之亡；剖心於朝，以深獨夫之罪？每懷此□，□□□□。□者睹朕斯言，以爲飾非拒諫；智者明於此意，當知惜善愛仁。嘆往哲之不追，嗟後賢之未及。然則犯顏色、逆龍鱗，奮不辰□□□□貳[13]，蹈斯節者，罕有其人。非知之難，行之不易。所以永懷千古，駐駕九原，悽愴風烟，靡尋餘跡，荒涼丘隴，空有其名[14]。昔周武封墓[15]，□□表德；姬文葬骨，異世司臣。雖今古殊途，年代冥漠，式遵故實，爰贈太師。清酌少牢，以陳薄禮，遊魂□□□□□嘉誠[16]
〔下闕〕

　　司徒、太子太師、趙國公無忌
　　開府儀同三司、申國公士廉
　　光禄大夫、民部尚書、莒國公唐儉
　　吏部尚書、駙馬都尉、柱國、安德郡開國公楊師道
　　中書令、江陵縣開國子岑文本
　　正議大夫、守中書令兼太子左庶子馬周
　　中大夫、守黃門侍郎褚遂良
　　右貞觀十九年二月卅日，無忌等奏請以贈比干詔并祭文刻石樹碑。奉敕依奏。
　　前左宗衛鎧曹參軍事宜、弘文館臣薛純陁書。

【題解】

唐貞觀十九年二月十九日丁巳（645年3月21日），唐太宗李世民下詔贈比干太師，謐忠烈公。當日啟程北征高麗。二十日在軍旅途中親自寫了這篇祭文，派長孫無忌等前往比干墓祭祀。三十日，長孫無忌等聯名上奏，請將詔書及祭文刻碑立於墓前。

大概是在安史之亂以後，由於戰亂，太宗碑嚴重損壞，斷成數節。此後，在唐代的某年，衛州防禦使符公悅（也許就叫"符悅"），重新修建。汲縣尉姚伯倫為此撰寫了《重修太宗皇帝贈殷比干制文碑記》，刻碑立在廟裏。

宋代，金石家趙明誠曾在他的《金石錄》卷三著錄了此碑。遺憾的是宋敏求所編的《唐大詔令集》未收此文。

到了元代，唐碑再次折斷，碑文也磨損漫漶了。至元十九年（1282），汲縣尹武直卿出資，重新摹刻了一塊，立在原碑右側，並請衛輝路儒學教授陶師淵寫了一篇《碑陰記》，刻在新碑的背面。這時，碑的一些文字已無法辨識了。

至元新碑在元大德七年（1303）的汲縣大地震中又損壞了。延祐五年（1318），衛輝路總管府兩位行政長官，達魯花赤（官名，由蒙古人擔任）和總管，非常重視，決定重立。於是由汲縣縣尹王元恕負責，摹刻了新碑，並由黃州路總管府總管韓沖撰寫了《碑陰記》。

明天順五年（1461），曹安編刻的《太師比干錄》收錄了碑文。成化十八年（1482）編成的《成化河南總志》也收錄了碑文，從殘缺的文字看，明顯是從《太師比干錄》抄錄的。萬曆五年（1577）暴孟奇編刻的《殷太師忠烈錄》也收錄了碑文。

清嘉慶間敕修《欽定全唐文》，卷七收錄了詔書，題《追贈殷太師比干謐詔》，缺字處作了刪減；卷十節錄了祭文，題《祭比干文》，缺字之句大都删除，個别臆補了文字。此外，晚清及民國一些家譜類圖書也收有此文，處理方式與《全唐文》相似，已不足爲據。

延祐碑現存於衛輝比干廟内，因風雨剥蝕，磨滅缺失的文字更多了。清代以來的金石學家多有記載和拓印，現今流傳有不少拓片，大都是清代中期以後拓製的。

【校記】

碑文以臺北"國家圖書館"藏舊拓本爲底本，以《册府元龜》卷一百三十八引文、《太師比干録》引文爲校本。後者從延祐碑抄録，當時碑文缺字較今爲少，但個别文字，也有可能是編者臆補。另外，《欽定全唐文》所補的文字，列入校記中。原碑隸書，凡常見異體字，如"玉"寫作"王"，"太"寫作"大"等，徑改不出校。

〔1〕圍，原作"圄"，不見於字書，從《册府元龜》。"焚圍"，蓋謂殷紂王困於周師而自焚。

〔2〕"可使慎"三字損闕，從《册府元龜》補。

〔3〕"所"字損闕，從《册府元龜》補。

〔4〕"祠"，《册府元龜》作"祀"。

〔5〕"十九日"三字損闕。《新唐書》《册府元龜》俱謂丁巳下詔，即十九日，據補。

〔6〕"子岑文本 宣"損闕。岑文本結銜、姓名見於《祭文》末，據補。唐詔，署期後有"宣""奉""行"者銜名三行，拓片及存碑已脱去"奉""行"者銜名。參見陝西省文管會《唐臨川公主墓出土的墓誌和詔書》(《文物》1997年第10期)、張沛《唐臨川長公主墓出土的兩通詔書刻石》(《文博》1994年第5期)。

〔7〕"羽"字損闕，從《比干録》補。

〔8〕"節"字損闕，從《比干録》補。

〔9〕"孟"字損闕，從《比干録》補。《比干録》"孟"前不空字，但依行款位置，此處仍損闕一字，或是"唯""夫"之類發語詞。

〔10〕"荊"字損闕，從《比干録》補。

〔11〕"存"字僅剩下半，從《比干録》補。所缺二字，《全唐文》補"識鑒"。

〔12〕"舉"字損闕，從《比干録》補。

〔13〕"奮不辰□□□貳"，《全唐文》改補爲"奮不顧身有死無二"。

〔14〕"其"字損闕，從《比干録》補。《全唐文》同。

〔15〕"墓"字損闕，從《比干録》補。

〔16〕所缺五字，《全唐文》補"髣髴昭此"四字。

【附録】

（1）唐姚伯倫《重修太宗皇帝贈殷比干制文碑記》："□□歲，王師有事於河朔。鄘衛之地，久爲戎場，古廟仁祠，多有焚坼。而太師廟碑零落數段，湮淪草間。我銀青光禄大夫、檢校殿中監兼衛州刺史、充本州防禦使符公悦，觀風淇澳，覽古殷墟，式先帝之豐碑，欽□□之遺烈。於是命工庀具，重爲修建。庶明我后旌善之風，爰表貞臣忠諫之道。時□□八年十一月，汲縣尉姚伯倫述。"（明曹安《太師比干録》卷中引）文稱"太宗皇帝""先帝"，明顯是唐朝人的口氣；符公悦的官職"檢校殿中監"，也衹有唐代文獻中有記載。因此可以斷定，《碑記》是唐人所立。安史之亂中，至德二載至乾元二年（757—759），唐軍與安成緒、史思明在這一帶一直大戰，文中"久爲戎場"，可能説的就是這場戰爭。《碑記》所謂"重爲修建"，應是重刻了唐太宗碑。

（2）元陶師淵《碑陰記》："大元中統建元之初，詔以歷代聖帝明王、忠臣烈士所在致祭。殷太師比干墓自周武王克商之所封，在汲西北十里餘。總管陳公蒞衛之日，敬請于朝，歲賜公帑以供粢獻，著之祀典，府察屬史，歲致禮敬。縣令武公直卿治汲之暇，嘗葳時祭，顧瞻唐太宗征島夷，道過千衛贈祭。豐碑旌于墓隧者，貞觀乙巳至至元壬午，幾七百餘祀。世代屢更，風雨剥食，崑火焚爍，漫澾中折。咨嘆良久，恐致湮没，以貽邦人憂。即出貲命工，模而新之。制度高廣，一遵其故。磨滅不明者則闕其文，以俟更考。字畫體制，殆不失真。置于故碑之右。逾月功既具，求文以記其陰。……勉以蕪陋之辭，謹具興起歲月云。至元十九年衛輝路儒學教授嘉平陶師淵記。”（明曹安《太師比干録》卷中引）

（3）元韓冲《碑陰記》：“維延祐三年歲在丙辰夏五月，奉旨重修殷比干廟像，仍敕本處長吏嚴敬祭祀。越明年春，厥功告成，廢興本末，内翰王公孺記之詳矣，不待愚言。昔唐太宗東征高麗，駐駕商之故郊，顧瞻荒壟，悼懷久之，追贈太師，謚曰忠烈，封詔祭文，刻石樹碑。歷年之多，誕耀震烈。至元十九年，陳侯祐來尹是邦，命工復爲刊模，一如舊制。大德癸卯，重以坤靈失寧，再致顛仆。爾後不聞有續興之者。延祐戊午，令衛輝路監尹二公，相與協謀，遂即遺刻臨摹上石，樹立廟庭。嗚呼，繫太師之忠，炳如日星，碑之存亡成毁，奚足以爲其重輕哉！蓋以前代盛事，廢而復之爲是，循而習之爲非爾。而今而後將見此碑爲神物守護，與天地同其長久而不朽也。其斷文缺字，孝［考］正無據，不敢以意補，姑闕之以俟後之識者云。中大夫黄州路總管韓冲記，承事郎汲縣尹王元恕立石。”（明曹安《太師比干録》卷中引）

（4）明曹安《太師比干録・旁證》：“右詔并祭文共一碑，其字隸體，實一代非常之典。若薛純陁，嘗書《砥柱銘》，亦多隸體。惜自貞觀迄元碑，凡四易，若膺本耳。”

《贈比干詔并祭文》碑拓片

146. 唐李翰《殷太師比干碑》

太宗文皇帝既一海內，明君臣之義，貞觀十九年，東征島夷，師次殷墟，乃下詔追贈殷少師比干爲太師，諡曰忠烈公，遣大臣持節弔贈，申命郡縣，封墓葺祠，置守冢五家，以少牢時享，著于甲令，刻于金石。故比干之忠益彰，臣子得以述其志也。

昔商王受毒痛于四海，德悖于三正，肆厥淫虐，下罔敢諫。於是微子去之，箕子囚之，而公獨死之。非捐生之難，處死之難；非處死之難，得死之難。故不可死而死之，是輕其生，非孝也；得其死而不死，是重其死，非忠也。王之叔父，親莫至焉；國之元臣，位莫崇焉。崇高不可以觀其危，親昵不可以忘其祖。則我成湯之業，將墜於泉；商王之命，將絕于天。整扶其顛，遂諫而死。剖心非痛，殷亡是痛。公之忠烈也，其若是乎！故能獨立危邦，橫抗興運。周武以三分之業，有諸侯之師，資十亂之謀，總一心之衆。當公之存也，則戢彼西土；及公之喪也，乃觀于盟津。公存而殷存，公喪而殷喪。興亡所繫，豈不重歟！

且聖人立教，懲惡勸善而已矣；人倫大統，父子君臣而已矣。太師存則正其統，歿則垂其教。奮乎千古之上，行乎百王之末。俾夫淫者懼，佞者慚，睿者思，忠者勸。其爲式也，不亦大哉！

而夫子稱"殷有三仁"，豈無微旨？嘗敢賾之曰：存其身，存其祀，亦仁也；亡其身，存其國，亦仁也。若進死者，退生者，狂狷之士將奔走焉；褒生者，貶死者，宴安之人將實力焉。故同歸諸仁，各順其志，殊途而一揆，異行而齊致，俾後之人優柔而自得焉。蓋《春秋》微婉之義也，必將建皇極，叙彝倫，弘在三之規，垂不二之訓，以昭於世。則夫人臣者，既移孝于親而致之於君，焉有聞親失而不爭，睹親危而不救？從容安地，而稱得禮，甚不然矣。

夫孝於其親者，人之親皆願其爲子；忠于其君者，人之君皆欲其爲臣。故歷代帝王莫不旌顯。周武下車而封其墓，魏氏南遷而創其祠。我太宗有天下，禋百神而盛其禮，追贈太師，謚曰忠烈。申命郡縣，封墓葺祠，致守冢五家，以少牢時享，著于甲令，刻于金石。

於戲！哀傷列辟，主食舊封，德爲神明，秩視群望。身滅而名益大，世絕而祀愈長。然後知忠烈之道，其感激天人深矣。

天寶十祀，余尉于衛，拜乎祠堂，魄感精動。而廟在鄰邑，官非軼閭。刊石銘表，以志丕烈。詞曰：

靡軀非仁，蹈難非智。死于其死，然後爲義。忠無二體，烈有餘氣。正直聰明，至今猶視。咨爾來代，爲臣不易。

【題解】

李翰是唐代文學家，天寶年間進士，他知名的著作是一部識字課本《蒙求》。中進士後，他被任命爲衛縣尉。縣尉是輔佐縣長的官員，負責治安。衛縣現在已經没有了，縣城在今濬縣的衛賢鎮，當時也是衛州州治所在地。

天寶十載（751），李翰在衛縣時，到汲縣比干廟拜祭，寫下這篇文章，並刻石立碑。汲縣與衛縣相臨，也是衛州的屬縣。所以文中説“天寶十祀，余尉于衛”，“廟在鄰邑，官非軼閭”。這年，他纔二十多歲。

或許是他的名氣不太大，也或許是石碑很早就損毁了，早先一直没人提到過這通石碑。但文章被認爲很精彩，到了宋代，大中祥符四年（1011），學者姚鉉編了一部唐代文選，叫《文粹》（也被稱爲《唐文粹》），收録了這篇文章。寶元二年（1039），《文粹》刊刻出版，文章從此流傳開來。

北宋建中靖國元年（1101），汲縣縣令朱子才將這篇文章刻碑立於比干廟，額題"商少師碑"，末尾附了三行文字："右唐李翰文／宋建中靖國元年春正月，汲令聊城朱子才立石，主簿東里張琪書丹，監衛州酒稅、宛丘孫絢題額。／刊者柳士衍。"

碑文的文字與《文粹》幾乎完全相同，祇是遇到避諱字，《文粹》缺省末筆，碑文則改用其他字。如，避宋宣祖諱改"殷"爲"商"、改"弘"爲"擴"，避宋仁宗諱改"貞"爲"正"。所以，可以推斷碑文是從《文粹》抄來，而不是依據唐碑重刻，可能當時唐碑已經不存在了。

宋碑見於明曹安《殷太師比干錄》記載。現在仍存於衛輝比干廟中。清代不少金石學家都有記錄，説碑文字細，多有磨損。現在還流傳有少量拓本。

此外，早在北宋就有傳説此文的作者是大詩人李白。宋敏求於熙寧元年（1068）以後不久編成的《李太白文集》，收錄了這篇文章，題爲《比干碑》，文句略有差異。後來的人大都否定了宋的觀點。因爲李白沒有做過衛縣尉，而《新唐書》明確記載李翰"擢進士第，調衛尉"；同時，《李太白文集》確實誤收了一些其他人的作品。李白又稱"李翰林"，人們推測，有可能因此本文的李翰被誤傳爲李白。

以上碑文據宋紹興九年（1139）臨安府刻本《文粹》錄，另附《文粹》、國家圖書館藏碑刻舊拓本及商少師碑碑額於後。

死者退生者狂狷之士將奮志於壞生者賊死者有宴安之人將貪力

焉故同歸諸仁各順其志殊途而一揆異行而齊致蓋弛義

而自得焉蓋春秋微婉之義也必將移孝于親而致之於君焉有聞親

不二之訓以昭於世則夫人臣者既將移孝于親而致之於君焉有聞親

失而不爭親親危而不救從容安地而稱得禮甚不然矣夫孝於其

親者人之親皆願其為子忠干其君者人之君皆欲其為臣故歷代

帝王莫不旌周武下車而封其墓魏氏南遷而創其祠郡縣封墓葺祠舊

守塚五家以少牢時其享著于甲令列辟圭食舊

封德為神明秩視臺望身滅而名益大世絕而祀愈長然後知忠烈

之道其感激天人深矣天寶十祀余尉干衛拜乎祠堂睠感精動而

廟在隣邑官非軾閣刊石銘表以志丕列詞曰

麻軀非仁蹈難非智死干其死然後為義忠無二體烈有餘氣正直

殷太師比干碑　李翰

太宗文皇帝，既一海內，明君臣之義。貞觀十九年，東征島夷，師次殷墟，
乃下詔追贈殷少師比干為太師，謚曰忠烈。災遣大臣持節弔贈，申命
郡縣封墓葺祠，置守塚五家，以少牢時享，著于甲令，刻于三金石。故比
干之忠益彰，臣子得以述其志也。昔商王受，毒痛于四海，德悖于三正，
肆厥淫虐，下罔敢諫。於是微子去之，箕子囚之，而公獨死之。是輕其生非
難處死之難，非處死之難，得死之難。故不可死而死之，是輕其生非孝，
此得其死而不死，是重其死非忠也。王之叔父，親莫至焉；國之元臣，位
莫宗正焉。宗高不可以觀其危，親昵不可以忘其祖。則我成湯之業亡
墜于泉，商王之命將絕于是。故能獨立危邦，橫抗興運，周武以三分之
痛公之忠烈也，其若是乎。故能翼扶其顛，遂諫而死，剖心非病殞之將。
業有諸侯之師，貧十亂之謀，撫一心之衆。當公之存也，則戮彼西土及公

《商少師碑》碑拓片

《商少師碑》碑額

【附録】《李太白文集》卷三十《比干碑》

太宗文皇帝既一海内，明君臣之義，貞觀十九年征島夷，師次殷墟，乃詔贈少師比干爲太師，諡曰忠烈公，遣大臣持節弔祭，申命郡縣，封墓葺祠，置守冢，以少牢時享，著於甲令，刻於金石。故比干之忠益彰，臣子得述其志。

昔商王受毒痛於四海，悖于三正，肆厥淫虐，下罔敢諍。於是微子去之，箕子囚之，而公獨死之。非夫捐生之難，處死之難。故不可死而死，是輕其生，非孝也；可死而不死，是重其死，非忠也。王曰叔父，親其至焉；國之元臣，位莫崇焉。親不可以觀其危，昵不可以忘其祖。則我臣之業，將墜于泉；商王之命，將絕于天。整扶其顛，遂諫而死。剖心非痛，止〔亡〕殷爲痛。公之忠烈，其若是焉。故能獨立危邦，橫抗興運。周武以三分之業，有諸侯之師，實其十亂之謀，總其一心之衆。當公之存也，乃戢彼西土；及公之喪也，乃觀乎孟津。公存而殷存，公喪而殷喪。興亡兩繫，豈不重歟！

且聖人立教，懲惡勸善而已矣；人倫大統，父子君臣而已矣。少師存則垂其統，歿則垂其教。奮乎千古之上，行乎百王之末。俾夫淫者懼，佞者慚，義者思，忠者勸。其爲戒也，不亦大哉！

而夫子稱“殷有三仁”，是豈無微旨？嘗敢頤之曰：存其身，存其宗，亦仁矣；存其名，存其祀，亦仁矣；亡其身，圖其國，亦仁矣。若進死者，退生者，狂狷之士將奔走之；褒生者，貶死者，宴安之人將實力焉。故同歸諸仁，各順其志，殊塗而一揆，異行而齊致，俾後人優柔而自得焉。蓋《春秋》微婉之義，必將建皇極，立彝倫，闢在三之門，垂不二之訓，以明知于世。則夫人臣者，既移孝於親而致之於君，焉有聞親失而不諍，親危而不救？從容安地而自得，甚哉不然矣。

夫孝於其親，人之親皆欲其子；忠於其主，人之主皆欲其臣。故歷代帝主皆欲精顯。周武下車而封其墓，魏武南遷而創其祠。我太宗有天下，禋百神，盛其禮，追贈大［太］師，謚曰忠烈。申命郡縣，封墳葺祠，置守冢五家，以少牢時享，著于甲令，刻于金石。

於戲！哀傷列辟，主君封德，正與神明，祑視郡王。身滅而榮益大，世絶而祀愈長。然後知忠烈之道，激天感人深矣。

天寶十祀，余尉于衛，拜首祠堂，魄感精動。而廟在鄰邑，官非式閭。斫石銘表，以誌丕烈。銘曰：

糜軀非仁，蹈難非智。死於其死，然後爲義。忠無二軀，烈有餘氣。正直聰明，至今猛視。咨爾來代，爲臣不易。

二、詩歌

147. 唐徐彦伯《比干墓》

大位天下寶，維賢國之鎮。
殷道微而在，受辛纂頽胤。
山鳴鬼又哭，地裂川亦震。
媟黷皆佞諛，虔劉盡英雋。
孤卿帝叔父，特進貞而順。
玉床逾皜潔，銅柱方歊焮[1]。
奉國歷三朝，觀竅明一瞬。
季代猖狂主，蓄怒提白刃。
之子彌忠讜，憤然更勇進。
撫膺逝隕越，知死故不吝。
已矣竟剖心，哲婦亦同殉。

驪龍暴雙骨，太岳摧孤刃。

周發次商郊，冤骸悲莫殣。

劍鋒剿遺孽，報復一何迅。

駐罕歌淑靈，命徒封旅櫬[2]。

自爾銜幽酷，于嗟流景駿。

丘墳被宿莽，壇所緣飛燐。

貞觀戒卜征，維皇念忠信。

荒墳護草木，刻桷吹煟燼。

代遠思更崇，身頹名益振。

帝詞書樂石[3]，國饌羅芳蕆。

偉哉列士圖，奇英千古徇。

（宋李昉等《文苑英華》卷三百六，又見明胡震亨《唐音統籤》卷六十四）

【題解】

徐彥伯（？—714），唐代文學家。名洪，以字行，兗州瑕丘（今屬濟寧市兗州區）人。時人謂之河中三絕。

從詩中"已矣竟剖心，哲婦亦同殉"句可見，唐代曾有比干的妻子同時殉難的傳説。

【校記】

〔1〕"歆"，原誤作"歆"，據明抄本及《唐音統籤》改。

〔2〕"櫬"，原誤作"襯"，據《唐音統籤》改。

〔3〕"樂石"，原誤作"藥石"，據明抄本及《唐音統籤》改。"樂石"，典出李斯《嶧山刻石》"刻此樂石"。

148. 唐孟郊《弔比干墓》

殷辛帝天下，厭爲天下尊。
乾綱既一斷，賢愚無二門。
佞是福身本，忠是喪己源。
餓虎不食子，人無骨肉恩。
日影不入地，下埋冤死魂。
有骨不爲土，應作直木根。
今來過此鄉，下馬弔此墳。
静念君臣間，有道誰敢論。

（《孟東野詩集》卷十）

【題解】

孟郊（751—814），字東野，洛陽人，唐代著名大詩人。宋李昉等編《文苑英華》卷三百六收此詩，字句稍異，題《過比干墓》，署聶夷中作。聶夷中，晚唐詩人，河南（今洛陽）人，咸通十二年（871）進士。

149. 唐汪遵《覽古·比干墓》

國亂時危道不行，忠賢諫死勝謀生。
一沉冤骨千年後，壠水雖平恨未平。

（宋洪邁《萬首唐人絶句》卷七十四）

【題解】

汪遵，晚唐詩人。據説"幼爲小吏"。咸通七年（866）進士。

以咏史詩知名。

150. 宋邵雍《過比干墓》

精誠皦於日，發出爲忠辭。
方寸已盡破，獨夫猶不知。
高墳臨大道，老木無柔枝；
千古存遺像，翻爲謟子嗤[1]。

（《伊川擊壤集》卷二十）

【題解】

邵雍（1011—1077），字堯夫，出生於林縣（今林州市）。北宋著名理學家，宋代理學的開創者之一。

【校記】

〔1〕"謟"，原作"謟"。"謟"本爲正字，意爲"疑惑"；又兼"謟"之異體。今以詩意斷爲"謟"。其典出《後漢書》卷二《明帝紀》："自今若有過稱虛譽，尚書皆宜抑而不省，示不爲謟子蟲也。"

151. 宋王十朋《咏史詩·比干》

諫君不聽盡亡身，豈忍求生却害仁。
不向天庭剖心死，安知心異世間人。

（《梅溪先生文集》卷十）

【題解】

　　王十朋（1112—1171），字龜齡，號梅溪，溫州樂清人。南宋著名官員、詩人。紹興二十七年（1157）被宋高宗親自擢爲進士第一。

152. 元王惲《比干廟》

　　玉骨琅琅盡古丘，凛然英氣尚橫秋。
　　朱游訕訐何爲者，敢辱先生地下遊。
　　（《秋澗先生大全文集》卷二十四）

【題解】

　　王惲（1227—1304），字仲謀，號秋澗。汲縣人。元代著名學者。曾任翰林學士嘉議大夫、通議大夫、知制誥同修國史。

卷之九
平話小說

　　宋元時代，類似於現在"說書"的民間藝術興盛起來，有的是單純講說故事，也有的是講述之間夾帶一些唱詞。"平話"，就是被記錄下來的說書人的故事底本，也稱爲"話本"。到了明代，一些故事經過有文化的人改編，加工潤色，刊刻出版，即現在統稱的"小說"。著名的小說如《三國》《水滸》，都爲大衆熟知。

　　早在宋代，"說書"中就出現了專門說歷史故事的"講史"一類。說書人根據歷史人物和事件，想象發揮，編成故事。舊時，在教育沒有普及的時代，老百姓的歷史知識大都是靠聽書、看戲獲得的。與此同時，也在"書"中潛移默化地接受了"忠""孝"等主流觀念。

　　涉及比干的商周故事，也是說書人的熱門話題。現存最早的是元代的《武王伐紂平話》，明代的小說也有好幾部。從這些書中可以看到，比干的故事，在一代代傳承的說書人手裏，情節逐漸曲折多彩，人物形象也越來越豐滿生動。

153. 元佚名《全相武王伐紂平話》

【題解】

　　《武王伐紂平話》是一部元代的作品，沒有署名，作者大概是民間藝人，分爲上中下三卷。現在幸運地有一部元代的刻本保存於世。它是講述整個武王伐紂故事的。在平話中，妲己是一隻狐狸變成的。比干則是正義化身，保護太子，射九尾狐狸，掘狐窟，冒死進諫。最後妲己建議紂王剖殺比干，並吃掉了他的心肝。這些情節還是比較原始的。

　　現存的元刻本是民間書坊刊刻的，比較粗糙，有不少錯別字，但可貴的是配有插圖。今據原本，節選有關比干的部分，加以校訂。其中的插圖，另見卷十一。

　　紂王有感，招得忠臣烈士，文武百官。比干爲相、直諫大夫，微子爲都堂統政，費仲爲大將軍，飛廉爲佐將大都督。帥首皇帝稱小耗。紂王有八伯諸侯，殿前宰相宏夭。

　　……

　　時有紂王二庶兄，一個是箕子，一個是微子。二人來諫紂王，詣於殿下，躬身諫曰：“臣啓我王，且免太子之罪如何？”紂王不聽，令左右推奔法場。

纔然便斬，忽有一人，身長七尺，仗劍驟走如飛，至法場揮劍殺之，無人可當，揭了法場，救了太子，往西而去。救了太子的是誰？詩曰：

法場建起試龍泉，爲帶環刀有罪愆。

不是胡嵩來救却，儲君一命掩黃泉。

當日救了太子的是胡嵩。□□引太子，二人相從，至夜到皇伯比干宅内。太子、胡嵩二人見比干具禮畢，比干將二人邀入衙内，置酒管待二人。比干問太子曰：“有何事意到來？”太子大泣，告曰：“如今俺父王信妲己之言，待斬愚子，被胡嵩劫了法場，以此到來，待訴與皇伯。”比干聞言，大哭久之，言曰：“君王不明，自亂天下。棄妻斬子，不修國政，乃信婦人之言，不信忠臣之諫！”言畢，管待二人於宅中。

住了三日，太子告皇伯曰：“俺王無父子之恩，亦有斬兒之恨，寵信妲己。”言訖泪下，又告曰：“吾欲要將招兵，滅無道之君，斬妲己，誅費仲，報親母之仇，如何？”比干勸曰：“君父之間，豈行如此歹事？”太子曰：“父無愛子之心，子有孝父之意。叵耐妲己賤人，教我娘苦死！”

言話中間，却説紂王：胡嵩劫了法場，令費仲、費孟，不越一家，搜捉二人。來到比干宅，見比干。二人相見，各施禮畢，比干邀費孟入衙。茶湯罷，費孟曰：“如今敕令吾不越一家，搜捉太子并胡嵩。上啓皇伯，此二人曾來麽？”比干曰：“怎敢來？我若見，必捉將來見天子去。”

二人言語中間，有太子知費孟來搜捉。太子大怒，欲待前來廳上殺費孟去。胡嵩諫曰：“太子殺費孟，不連累皇伯乎？假令便殺了此人，何濟？”太子聽諫，不去。費孟離宅去了。

至夜，比干共太子議論此事。太子曰：“我往求兵將，必殺無道之君，不顧其父，難舍妲己并費仲！”比干聞太子之言：“大丈夫之志也！”至明日，太子共胡嵩二人去辭皇伯比干。辭了，二人便出西門。

（卷上）

有一日，紂王宣文武於後宮梧桐園裏，置御酒，賞百官飲宴。盛飲之次，見群花深處，聞一聲響亮。文武皆驚。見一隻九尾金毛野狐在於花樹底下。坐有紂王伯父比干奏曰：“此爲妖怪，臣用弓箭射之。”比干拈弓取箭，射中狐一箭，火光迸散，帶箭入窟竅中去了。比干又奏曰：“令壯士掘之。”紂王依奏，令壯士掘開窟穴，見華身白面，可有百狐。比干又奏曰：“除此妖怪。”紂王大喜，文武皆退。

紂王來後宮，見妲己，具說比干之事。妲己見言，一聲仆然倒地。令左右扶起。王怪問曰：“卿何如此？”妲己口也不語，心內思惟，欲言比干壞了我祖上，盡是我枝葉，來氣倒我，恐大王知是妖怪。半晌無言，眉頭一縱，計上心來。妲己奏曰：“臣妾從幼小時心疼，多年不發，今發。”妲己又奏曰：“休交殺害狐狸，殺生害命。”紂王依奏，令出榜於朝門外，並不得殺害狐狸。有妲己心中思惟，乃恨比干，須交死在我手。

有一日，比干打酒池肉林、炮烙蠆盆邊過，忽有旋風鬧起，睹是枉死生靈。比干見如此之事，言曰：“此是都因紂王信妲己之言，苦害宮妃，枉死之魂，未蒙出離。”比干自言曰：“我是皇伯，可諫於王。”比干心懷此事，至殿下，見紂王與妲己對坐。比干諫王曰：“臣啓陛下，大王寵信妲己之言，置下酒池肉林，炮烙蠆盆；積粟成塵，修建臺閣；刳腹斲脛之過，除斬忠臣，往醬獻色；損姜皇后，貶殷交；囚姬昌，反了黃飛虎。皆是我王之過也，皆是妲己壅蔽聖聰。大王試可深思，豈不痛哉！除斬了妲己，全門賜死，此是大王仁道復行也。願大王依小臣之言，黎民仰之。"紂王不言。

比干又奏曰："昔日祖父湯王下車，抱尸而哭，有一大臣問曰：'何故哭之傷情？'湯王曰：'朕聞三皇五帝堯舜禹之時，至餓殍死者並無。今到寡人之時，殍亡者無限，豈不是寡人無德！'言罷，湯王遂開倉庫，救濟貧民。飢者得食，寒者得衣，天下盡稱聖治之王。此是湯王之德也。陛下思之，依小臣之言，斬了妲己是也。"紂王不悦，不听比干之言。詩曰：

唐虞揖遜底和平，及紂如何播惡聲。

若听比干忠諫論，江山不被外人爭。

比干又奏曰："昔日夏禹王之後，生桀王無道，建都在蒲城州安邑縣，不修國政；出敕令，不交百姓種田養蠶，遞相保守，天下大亂。湯是桀王之臣，見此無道，共伊尹伐之。大王不信小臣之言，亦如桀王之過也。"紂王亦過一言。

比干又奏曰："陛下豈不聞祖父湯王爲君乎？天下大旱七年，終日祈雨，雨不降。乃禱社稷之神，雨亦不降。湯王曰：'社稷之神，是堯王之臣也，姓姬名棄，是古堯王之神也；禱之無靈，可宜除之。'太史奏曰：'若要雨降，陛下可燒一人祭天，雨乃降矣。'湯王曰：'罪在朕躬。朕躬有德，上合天心。若下燒一人祭天，何可燒他人乎？罪皆在朕，若天降雨，朕當親登柴籠燒朕。'湯王遂積柴于市中，湯王自登柴籠。四方居民咸皆仰嘆。有太子并皇后，見帝惻隱不忍之心，奏王曰：'俺二人亦登柴籠。'三人在於上，合目而端坐，四面火起，烟焰迷空。民人哀嗟言：'王命須臾而休！'忽睹濃雲密布，甘澤如傾，萬民稱言慚愧頂禮。湯王命乃不妨，復得存安。民間豐稔，稱湯王聖治大德。然後湯王敕令天下萬民，於二月祭社，於八月祭社。陛下豈不聞之湯王如此聖治？大王依臣之言，久後大便。若不信小臣之言，後死在萬夫之手也。"紂王大怒，令左右捽下皇伯比干，推在一壁。

王問妲己曰："此人如何？"妲己心中思惟道：比干坐碩州時，參廟殿神靈，須用三牲肉祭之；有比干來廟，見一穴，令人探之，見床上有一妖狐中坐，探之卻出，說與比干相公。相公交用柴點火，撞穴熏之，或去穴中鎖之，見妖狐上湧出去，自後生泉水，今在寒泉村北是也。妖狐西走，前到故恩州，至驛中見蘇護女子，吸了三魂七魄，變爲妲己。言比干絕我之祖，今日卻交比干死在我手下，用心與紂王言之。妲己奏曰："臣聞比干是大賢人也，心有七竅，爲人所以聰明智惠。"紂王問："卿如何知？"妲己奏曰："恐大王不信，可以剖腹看之。"紂王："依卿所奏。"令左右剖開比干腹看之，果然如此。紂王大喜："卿煞知好事！"妲己至夜，遂把比干心肝食之。妲己喜而言曰："今報了我恨也！"

紂王又宣文武筵。宣有紂王兄箕子來諫紂王。紂王不從。妲己教把箕子剪髮爲奴。又有紂王庶兄微子來諫紂王。紂王亦不從。微子去之。有大將軍崇侯虎，偏得紂王之貴意，乃讒臣也。費孟、費仲信妲己之言，故亂天下。有詩爲證。詩曰：

　　紂隨妲己信崇侯，費仲讒言國不修。

　　剖孕虿盆人受苦，囚賢斫脛事堪羞。

　　比干剖腹觀毛竅，箕子佯狂免禍愁。

　　飛虎子牙西去後，四方黎庶總歸周。

　　（卷中）

154. 明余邵魚《列國志傳》

【題解】

《列國志傳》，又名《春秋五霸七雄列國志傳》，是明代的一部長篇小說。編者余邵魚，建陽（今福建建陽）人，生卒年不詳，大約明嘉靖年間前後在世。他是一位出版商，也可能這本小說是他本人根據舊有的小說加以潤色而成。書的編寫，應該也在明嘉靖年間。

小說描述了殷紂王即位到秦國統一天下這一段歷史故事。這裏節選其中與比干相關的章節。從明萬曆三十四年（1606）余象斗三台館重刻本錄，余象斗是余邵魚的族侄。

紂立酒池肉林

一日，紂王與妲己宴於鹿臺，調六宮嬪妃赴於臺下，令其盡去裙襴，裸身歌舞，互相歡謔。紂與妲己望見，撫掌大笑。獨有姜后一宮中嬪御七十二人，揮涕掩泪，不肯裸體歌舞。紂王召問其故，衆宮女但悲而不答。妲己曰："此姜后之宮女，每怨大王殺其主母，欲謀作亂，以弑大王。妾始不信，今違王命，誠有此意。"紂王大怒，喝令斬之。妲己奏曰："宮女謀亂，當要重責，以戒將來。"王曰："斬刑極矣，又何更重？"妲己曰："依小妾之見，可在摘星樓前挖地，方數百步，深高五丈餘，令取百般蛇蝎蜂蠆之類，群聚穴中，將此宮女投落坑穴，與百蟲囕咬，號作蠆盆之刑，方可警衆。"紂王大悅，即令費仲開成蠆盆，收聚百蟲，將此七十二名宮女，一齊投落坑中。悲哀號哭，不忍見聞。紂王大笑曰："非皇后之計，則不能滅此叛妾！"

殷郊（太子名）聞知，忙入鹿臺進諫曰："天子者，民之父母也；

刑法者，國之治具也。民不可虐，法不可變。今衆妾無謀逆之罪，而加以極慘之刑，此皆妲己誤惑聖聰，使天下談父王爲無道。請斬妲己，以正朝綱。"妲己忙奏："太子與衆妾同謀，故敢强辭妄毀小妾。"紂王喝令槌死殷郊。王子比干聞知，慌忙入諫曰："太子國之根本，大王何忍加刑？"紂王俯思半晌，令謫太子，與姜文煥共守潼關。太子悲號，甘死不願遠出。比干又諫曰："太子乃社稷之主，不可遠謫邊潼關。"紂王大怒，喝令："如不速退，必推出斬首！"比干見諫不從，挽殷郊出朝，撫諭之曰："君父之命不可違忤，殿下暫出潼關，不日父王回意，吾當保奏還朝。"太子泣辭比干而出。

孟津河白魚入舟

紂曰："西伯侯姬發興兵五十萬，打出潼關，殷郊、姜文煥盡皆拜降。海内百姓，三分而得其二。所以寡人深憂不樂也。"妲己曰："何不出兵發敵？"紂曰："姬發之兵已退，但百姓逃亡者至今不息。"妲己曰："百姓既叛大王而西投者，皆由刑罰薄故也！大王宜遣衆使，查考各方百姓，西投者收其宗族而滅之，則民畏懼而不逃矣！"紂然之。遂遣蜚廉、惡來、彭矯、方相四臣，循行四方，查考逃民。比干、膠鬲皆諫不可，紂王叱退二臣，遂與妲己並車出獵。

……

箕子……入奏……紂王覽罷諫章，本欲加刑，奈是伯父，喝令囚箕子於南牢，戒再諫者斬。群臣諫曰："箕子乃皇伯，至親有罪，不宜囚辱。"紂赦箕子。箕子出離宮，即佯臥於地，披頭散髮，自笑自悲。妲己曰："箕子妄毀大王，何不斬之以示衆？"紂

令費仲捉箕子，而箕子蓬頭跣足，嘔血不止。費仲押見紂王。紂
見箕子或啼或笑，語話顛狂。紂曰："此廢棄，殺之何益？"遂放
之。箕子即佯狂爲奴，隱而不出。

王子比干嘆曰："君王有過，爲人臣不盡死而諫，與其陷害生
民，則百姓何辜！"乃直具紂王殺后、謫太子、嬖妲己、陷百姓
數十件以進之。紂王大怒，喝令斬之。妲己曰："妾聞聖人之心有
七竅，試剖比干以試［視］其心，何如？"紂然之，即殺比干，剖
視其心。百姓聞之，無不哀痛。微子嘆曰："父子有骨肉之親，君
臣有合義之宜。故父有過，子三諫不聽，則號泣而遁。君有過，
人臣三諫不聽，則其義可去。今商王殺親戮戚，拒塞諫諍，吾不
早去，則成湯之祀絕矣！"遂密投宗廟中，抱祭器出奔外國。

155. 明鍾惺《有商誌傳》

【題解】

《有商誌傳》也是一部專門寫商代故事的長篇歷史小說。鍾惺
（1574—1625），明代文學家，字伯敬，湖廣竟陵（今湖北天門市）人，
萬曆三十八年（1610）進士，經常爲出版商策劃一些暢銷書選題。
從内容來看，《有商誌傳》是在《列國志傳》的基礎上，增刪潤色
而成。

以下選録關於比干剖心的一段。其中，比干剖心後未死，路遇
民婦賣無心菜，問答之後身亡的故事，是第一次出現在本書中。

孟津河白魚入舟　太公遺計收五將

王子比干嘆曰："主暴不諫，非忠也。畏死不言，非勇也。見

過即諫，不用即死，臣之職也。君有過而不以死事，則百姓何辜！"乃直詳陳國家將亡事，明徵以進之，請王洗心易慮。因自伏于象魏之闕，死諍不肯去。紂王大怒，曰："比干自謂聖人。吾聞聖人之心有七竅，試剖以視其心！"即喝武士，將比干推出。比干解帶現軀，武士將劍往臍中刺入，將腹剖開。其血不流。武士將手入腹中摘心而出。比干掩袍不語，面似淡金。百官皆失色。

比干低首速行，徑出午門去了，常隨見比干出朝，將馬俟候比干上馬，往北門而去。馬走如飛，祇听的風響之聲。約走三五里之遙，祇聞得路傍有一婦人，手提筐籃，口叫賣無心菜。比干忽聽得，勒馬問曰："怎麼是無心菜？"婦人曰："民婦賣的是無心菜。"比干曰："人若是無心如何？"婦人曰："人若無心必死。"比干大叫一聲，撞下馬來。那賣菜婦人見比干落馬，不知何故，慌忙躲了。祇見比干死馬下，一地鮮血，濺染衣袍，仰面朝天，瞑目無語。世子、微子德具棺貯葬，痛哭不已。百姓聞之，無不悲哀。

156. 明許仲琳《封神演義》

【題解】

《封神演義》是一部著名的長篇歷史神話小說。它大約是在前代說書藝人脚本的基礎上加工再創作而成。作者許仲琳，生平不詳。現在流傳的最早的版本，是明代晚期出版的，其中有鍾惺的評點，也許還經過了鍾惺的整理。

與前代的長篇歷史小說相比，《封神演義》的故事更爲生動，情節更爲豐富，語言也更富於文學色彩。所以受到民眾的歡迎，流傳非常廣泛。清代封神戲曲，大都根據這部小說的情節改編。

在這部小説中，比干最後被姜子牙封爲文曲星。

以下根據明刻本，選録比干剖心前後的章節。

第二十六回　妲己設計害比干

詩曰：

朔風一夜碎瓊瑶，丞相乘機進錦貂。

吕望回心除惡孽，孰知觸忌作君妖。

剖心已定千秋案，寵姬難羞萬載謡。

可惜成湯賢聖業，化爲流水逐春潮！

且説比干將狐狸皮硝熟，造成一件袍襖，衹候嚴冬進袍。此是九月，瞬息光陰，一如撚指，不覺時近仲冬。紂王同妲己宴樂於鹿臺之上。那日衹見彤雲密布，凛烈朔風，亂舞梨花，乾坤銀砌，紛紛瑞雪，遍滿朝歌。怎見得好雪？

空中銀珠亂灑，半天柳絮交加。行人拂袖舞梨花，滿樹千枝銀壓。公子圍爐酌酒，仙翁掃雪烹茶。夜來朔風透窗紗，也不知是雪是梅花。颸颸冷氣侵人，片片六花蓋地。瓦楞鴛鴦輕拂粉，爐焚蘭麝可添綿。雲迷四野摧妝晚，煖客紅爐玉影偏。此雪似梨花，似楊花，似梅花，似瓊花。似梨花白，似楊花容，似梅花無香，似瓊花貴。此雪有聲，有色，有氣，有味。有聲者如蠶食葉，有氣者冷浸心骨，有色者比美玉無瑕，有味者能識來年禾稼。團團如滚珠，碎剪如玉屑。一片似鳳耳，兩片似鵝毛，三片攢三，四片攢四，五片似梅花，六片如六萼。此雪下到稠密處，衹見江河一道青。此雪有富，有貴，有貧，有賤。富貴者，紅爐添獸炭，煖閣飲羊羔；貧賤者，厨中無米，竈下無柴，非是老天傳敕旨，分明降下殺人刀。

凜凜寒威霧氣梦，國家祥瑞落紛紜。

須臾四野難分變，頃刻千山盡是雲。

銀世界□玉乾坤，空中隱躍自爲群。

此雪若到三更後，盡道豐年已十分。

紂王與妲己正飲宴賞雪，當駕官啓奏："比干候旨。"王曰："宣比干上臺。"比干行禮畢，王曰："六花雜出，舞雪紛紜，皇叔不在府第酌酒禦寒，有何奏章冒雪至此？"比干奏曰："鹿臺高接霄漢，風雪嚴冬，臣憂陛下龍體生寒，特獻袍襖與陛下禦冷驅寒，少盡臣微悃。"王曰："皇叔年高，當留自用。今進與孤，足徵忠愛。"命取來。比干下臺，將朱盤高捧，面是大紅，裏是毛色。比干親手抖開，與紂王穿上。帝大悦："朕爲天子，福有四海，實缺此袍禦寒。今皇叔之功，世莫大焉。"紂王傳旨，賜酒共樂鹿臺。

話説妲己在繡簾內，觀見都是他子孫的皮，不覺一時間刀剜肺腑，火燎肝腸。此苦可對誰言？暗罵："比干老賊！吾子孫就享了當今酒席，與老賊何干？你明明欺我，把皮毛感吾之心。我不把你這老賊，剜出你的心來，也不算中宮之后。"淚如雨下。

不表妲己深恨比干，且説紂王與比干把盞，比干辭酒，謝恩下臺。紂王着袍進內，妲己接住。王曰："鹿臺寒冷，比干進袍，甚稱朕懷。"妲己奏曰："妾有愚言，不識陛下可容納否？陛下乃龍體，怎披此狐狸皮毛？不當穩便，甚爲褻尊。"王曰："御妻之言是也。"遂脱將下來貯庫。

此乃是妲己見物傷情，其心不忍，故爲此語。因自沉思曰："昔日欲造鹿臺，爲報琵琶妹子之讎，豈知惹出這場是非，連子孫俱剿滅殆盡。"心中甚是痛恨，一心要害比干，無計可施。

話説時光易度。一日，妲己在鹿臺陪宴，陡生一計，將面上妖容徹去，比平常嬌媚不過十分中一二。大抵往日如牡丹初綻，芍藥迎風，梨花帶雨，海棠醉日，豔冶非常。紂王正飲酒間，諦視良久，見妲己容貌大不相同，不住盼睞。妲己曰："陛下頻顧賤妾殘妝何也？"紂王笑而不言。妲己強之，紂王曰："朕看愛卿，容貌真如嬌花美玉，令人把玩，不忍釋手。"妲己曰："妾有何容色？不過蒙聖恩寵愛，故如此耳。妾有一結識義妹，姓胡，名曰喜媚，如今在紫霄宮出家。妾之顏色，百不及一。"紂王原是愛酒色的，聽得如此容貌，其心不覺欣悅，乃笑而問曰："愛卿既有令妹，可能令朕一見否？"妲己曰："喜媚乃是閨女，自幼出家，拜師學道，在洞府名山，紫霄宮內修行，一刻焉能得至？"王曰："托愛卿福庇，如何委曲使朕一見，亦不負卿所舉。"妲己曰："當時同妾在冀州時，同房針線，喜媚出家，與妾作別，妾灑淚泣曰：'今別妹妹，永不能相見矣！'喜媚曰：'但拜師之後，若得五行之術，我送信香與你。姐姐欲要相見，焚此信香，吾當即至。'後來去了一年，果送信香一塊，未及二月，蒙聖恩取上朝歌，侍陛下左右，一向忘却。方纔陛下不言，妾亦不敢奏聞。"紂王大喜曰："愛卿何不速取信香焚之！"妲己曰："尚早。喜媚乃是仙家，非同凡俗。待明日月下，陳設茶果，妾身沐浴焚香，相迎方可。"王曰："卿言甚是，不可褻瀆。"紂王與妲己宴樂安寢。

却說妲己至三更時分，現出元形，覓到軒轅墳中。祇見雉雞精接着，泣訴曰："姐姐，因爲你一席酒，斷送了你的子孫盡滅，將皮都剝了去，你可知道？"妲己亦悲泣道："妹妹，因我子孫受此沉冤，無處申報，尋思一計，須如此如此，可將老賊取心，方遂吾願。今仗妹妹扶持，彼此各相護衛。我想你獨自守此巢穴，也是寂寥，何不乘此機會，享皇宮血食？朝暮如常，何不爲美？"雉雞精深謝妲己，曰："既蒙姐姐擡舉，敢不如命！明日即來。"

……

　　且説紂王自得喜媚，朝朝雲雨，夜夜酣歌，那裏把社稷爲重。那日，二妖正在臺上用早膳，忽見妲己大叫一聲，跌倒在地，把紂王驚駭汗出，嚇的面如土色。見妲己口中噴出血水來，閉目不言，面皮俱紫。紂王曰：“御妻自隨朕數年，未有此疾，今日如何得這等凶症？”喜媚故意點頭嘆曰：“姐姐舊疾發了。”帝問：“媚美人爲何知御妻有此舊疾？”喜媚奏曰：“昔在冀州時，彼此俱是閨女，姐姐常有心痛之疾，一發即死。冀州有一醫士，姓張名元，他用藥最妙。有玲瓏心一片，煎湯吃下，此疾即愈。”紂王曰：“傳旨宣冀州醫士張元。”喜媚奏曰：“陛下之言差矣！朝歌到冀州有多少路？一去一來，至少月餘，耽誤日期，焉能救得？除非朝歌之地，若人有玲瓏心，取他一片，登時可救。如無，須臾即死。”紂王曰：“玲瓏心誰人知道？”喜媚曰：“妾身曾拜師，善能推算。”紂王大喜，命喜媚速算。這妖精故意掐指算來算去，奏曰：“朝中止有一大臣，官居顯爵，位極人臣，祇怕此人捨不得，不肯救拔娘娘。”紂王曰：“是誰快説。”喜媚曰：“惟亞相比干，乃是玲瓏七竅之心。”紂王曰：“比干乃是皇叔，一宗嫡派，難道不肯借一片玲瓏心，爲御妻起沉疴之疾？速發御札，宣比干。”差官飛往相府。

　　比干閑居無事，正爲國家顛倒，朝政失宜，心中籌畫。忽堂候官敲雲板傳御札，立宣見駕。比干接札禮畢，曰：“天使先回，午門會齊。”比干自思：“朝中無事，御札爲何甚速？”話未了，又報御札又至。比干又接過。不一時，速到五次御札。比干疑惑：“有甚緊急，連發五札？”正沉思間，又報御札又至，持札者乃奉御官陳青。比干接畢，問青曰：“何事要緊，用札六次？”青曰：“丞相在上，方今國事漸衰，鹿臺又新納道姑，名曰胡喜媚。今日早膳，娘娘偶然心疼疾發，看看氣絶。胡喜媚陳説，要得玲瓏心一片，煎羹湯吃下即愈。皇上言：'玲瓏心如何曉得？'胡喜媚會算，算丞相是玲瓏心。因此發札六道，要借老千歲的心一片，急救娘娘。故此緊急。"比干聽説，驚得魂膽俱落。自思事已如此，乃曰："陳青你在午門等候，我即至也。"

比干進內，見夫人孟氏曰："夫人！你好生看顧孩兒微子德，我死之後，你母子好生守我家訓，不可造次。朝中併無一人矣！"言罷淚如雨下。夫人大驚，問曰："大王何故出此不吉之言？"比干曰："昏君聽信妲己有疾，欲取吾心作羹湯，豈有生還之理？"夫人垂淚曰："官居相位，又無欺詐，上不犯法於天子，下不貪酷於軍民。大王忠臣節孝，素表著於人耳目，有何罪惡，豈至犯取心慘刑？"有子在傍泣曰："父王勿憂，方纔孩兒想起昔日姜子牙，與父王看氣色，曾説不利，留一簡帖，見在書房，説至危急兩難之際，進退無路，方可看簡，亦可解救。"比干方悟，曰："呀！幾乎一時忘了。"忙開書房門，見硯臺下壓著一帖，取出觀之，上書明白。比干曰："速取火來！"取水一碗，將子牙符燒在水裏。比干飲于腹中，忙穿朝服上馬，往午門來不表。

且説六札宣比干，陳青泄了內事，驚得一城軍民官宰，盡知取比干心作羹湯。話説武成王黃元帥，同諸大臣，俱在午門。祇見比干乘馬飛至，午門下馬。百官忙問其故，比干曰："據陳青説取心一節，吾總不知。"百官隨比干至大殿，比干逕往鹿臺下候旨。紂王立候，聽得比干至，命宣上臺來。比干行禮畢，王曰："御妻偶發沉痾心痛之疾，惟玲瓏心可愈。皇叔有玲瓏心，乞借一片，作湯治疾。若愈，此功莫大焉。"比干曰："心是何物？"紂王曰："乃皇叔腹內之心。"比干怒奏曰："心者一身之主，隱于肺內，坐六葉兩耳之中，百惡無侵，一侵即死。心正手足正，心不正則手足不正。心乃萬物之靈苗，四象變化之根本。吾心有傷，豈有生路？老臣雖死不惜，祇是社稷丘墟，賢能盡絕。今昏君聽新納妖婦之言，賜吾摘心之禍。祇怕比干在，江山在；比干存，社稷存。”紂王曰：“皇叔之言差矣。總祇借心一片，無傷於事，何必多言。”比干屬聲大叫曰：“昏君！你是酒色昏迷，糊塗狗彘！心去一片，吾即死矣。比干不犯剜心之罪，如何無辜遭此非殃！”紂王怒曰：“君叫臣死，不死不忠。臺上毀君，有虧臣節。如不從朕，命武士拿下去，取了心來！”比干大罵：“妲己賤人！我死冥下，見先帝無愧矣！”喝左右：“取劍來與我！”奉御將劍遞與比干。比干接劍在手，望太廟大拜八拜，泣曰：“成湯先王！豈知殷受斷送成湯二十八世天下，非臣之不忠耳！”遂解帶現軀，將劍往臍中刺入，將腹剖開，其血不流。比干將手入腹內，摘心而出，望下一擲，掩袍不語，面似淡金，逕下臺去了。

　　且說諸大臣在殿前打聽比干之事，衆臣紛紛議論朝廷失政，祇聽的殿後，有脚跡之聲。黃元帥望後一觀，見比干出來，心中大喜。飛虎曰：“老殿下，事體如何？”比干不語。百官迎上前來。比干低首速行，面如金紙，逕過九龍橋去。出午門，常隨見比干出朝，將馬伺候。比干上馬，往北門去了。不知凶吉如何？且聽下回分解。

第二十七回　太師回兵陳十策

　　詩曰：
　　天運循環有替隆，任他勝算總無功。
　　方纔少進和平策，又道提兵欲破戎。
　　數定豈容人力轉，期逢自與鬼神同。
　　從來逆孽終歸盡，縱是回天手亦窮。
　　話說黃元帥，見比干如此不言，逕出午門，命黃明、周紀，隨看老殿下往何處去。二將領命去訖。

　　且說比干馬走如飛，祇聞的風響之聲。約走五七里之遙，祇聽的路傍有一婦人，手提筐籃，叫賣無心菜。比干忽聽得，勒馬問曰："怎麼是無心菜？"婦人曰："民婦賣的是無心菜。"比干曰："人若是無心如何？"婦人曰："人若無心即死。"比干大叫一聲，撞下馬來，一腔熱血濺塵埃。有詩爲證，詩曰：

　　御札飛來實可傷，妲己設計害忠良。

　　比干倚仗崑崙術，卜兆焉知在路傍。

　　話說賣菜婦人，見比干落馬，不知何故，慌的躲了。黃明、周紀，二騎馬趕出北門，看見比干死於馬下，一地鮮血，濺染衣袍，仰面朝天，瞑目無語。二將不知所以然。當時子牙留下簡帖，上書符印，將符燒灰入水，服於腹中，護其五臟，故能乘馬出北門耳。見賣無心菜的，比干問其因由。婦人言"人無心即死"。若是回道"人無心還活"，比干亦可不死。比干取心下臺，上馬血不出者，乃子牙符水玄妙之功。

　　話說黃明、周紀，飛馬趕出北門，見如此行迤，回至九間殿來，回黃元帥話。見比干如此而死，說了一遍。微子等百官無不傷悼。

卷之十
傳統戲曲

　　戲曲是民間的藝術形式。早在元代，比干的故事就被編成戲曲上演。杭州作家鮑天祐專門寫過《諫紂惡比干剖腹》雜劇，可惜已經失傳了。明清以後，許多戲曲家和民間藝人以商末周初這段歷史故事爲原型編寫過劇本，其中以比干爲主角的也不少。清代，皇宮裏的人也喜歡看戲，就編寫了一部連臺大戲《封神天榜》，裏邊涉及比干的有好幾齣。在民間，各地方劇中幾乎都有比干故事的作品，其中京劇以1930年代周信芳改編的《鹿臺恨》最爲知名。這些故事大都是以《封神演義》的人物、情節爲主加工而成，人物、劇情大同小異，唱詞各有千秋。

　　這裏選録兩齣早期的單齣劇本和全本豫劇《比干挖心》，作爲代表和樣例。豫劇的劇本，比宮廷劇寫得更精彩，也不亞於周信芳的劇本。

　　此外，其他的民間藝術形式，如傀儡戲、大鼓書、彈詞、木魚書等，也都有比干故事，不再收録。

157. 高腔《賣菜》

【題解】

　　高腔是一種地方戲曲聲腔，原叫弋陽腔，明代起源於江西弋陽，清代前期非常興盛，流傳到全國各地，與各地的地方戲曲融合。《賣菜》是封神戲裏的一齣。這齣戲的高腔劇本，現存有三個早期抄本，一個是清代車王府舊藏的抄本；另外兩個，是1920年代中央研究院歷史語言研究所爲研究俗文學收集到的舊抄本（現藏臺灣傅斯年圖書館）。三個抄本的内容基本相同，都來源於梨園戲班演出的脚本。原本正文旁有少量句詞提示，如“遇了”旁有“偏遇也可”，今略去。清代内府大戲《封神天榜》中也有這一齣。

〔旦上唱〕【索南枝】隨機變，出竅來。隨機變，出竅來。祇見郊原花正開。遇了老奸才，把奴同羞害。〔白〕我乃妲姬是也。可恨比干這廝，無故將我姊妹傷害，是我心中不忿，在紂王駕前假妝染病，服藥引用比干之心苗。不想姜子牙這老兒，暗中與他救解。我今不免變作民間之女，前去賣菜，破他道法。〔唱〕行毒計又遇人救解，行毒計又遇人救解。破他行，心方快。破他行，心方快。〔旦下。外上，唱〕
【前腔】如痴醉，已似獸。如痴醉，已似獸。此身半似赴泉臺。猶如風急捲黄埃。勉强加鞭快。〔白〕我比干奉姜子牙之命，令我策馬出東門而來，祇得前去。〔唱〕遵師語，曠野來。遵師語，曠野來。但逢人，訊成敗。但逢人，訊成敗。〔旦上，鼓中白〕相逢狹路難迴避，眼見仇人分外紅。〔外白〕那邊有一小娘子，待俺下馬問來啊。小娘子一人在此荒郊作甚？〔旦白〕尊官容稟，〔唱〕

【前腔】听奴訴，休亂猜。听奴訴，休亂猜。野菜拾挑苦自挨。尊官何必問裙釵，一騎紅塵快。無心菜，雨露栽。無心菜，雨露栽。採其心，根還在。採其心，根還在。〔外唱〕

【前腔】听他語，事異哉。听他語，事異哉。草木天生地養材。自從夏末到秋來，難免無傷害。無心菜，尚可栽。無心菜，尚可栽。人無心，可長在？人無心，可長在？〔旦白〕尊官，你好不達理。自古心爲一身之主宰。心在則手足皆靈，心去則血脉難活。〔唱〕

【前腔】豈不聞，心爲主，總百骸。心爲主，總百骸。血脉流通，諸竅開。全虧一點是靈胎，四體無妨礙。人間物，都有根與荄，人間物，都有根與荄，人無心身自坏，人無心身自坏。〔刺心介，白〕救！〔外栽倒介。旦白〕比干哪比干，〔唱〕方纔語，倒在埃。方纔語，倒在埃。枉自匆匆策馬來，見他血濺滿襟懷。舉步難耽待。〔內亂白介。旦唱〕忙迴避，莫暫捱。忙迴避，莫暫捱。怕相逢，難佈擺。怕相逢，難佈擺。〔旦下。衆引小生同上，唱〕

【金錢花】急忙急忙，出城出城，加鞭催馬不停，不停。兒見父，雙淚傾，遭不幸，喪殘生。見爹行，心酸痛。見爹行，心酸痛。〔生白〕哎呀，爹爹呀！〔抬外同下〕〔全完〕

158.《封神天榜》第三本第十三齣《逼剖心冤埋忠士》

【題解】

《封神天榜》是清代內府戲曲演出的連臺大戲，共有十本二百四十齣，由內府御用文人編撰，大約編寫於乾隆、嘉慶年間。
使用的唱腔主要是崑腔和弋陽腔，現存有清代內府的抄本。其中比
干的故事，主要在第三本的第八齣《鹿臺上妲己宴妖》，第九齣《絕
狐踪將軍掘墓》，第十齣《啓君惑比干獻裘》，第十二齣《問病體毒
計迷君》，第十三齣《逼剖心冤埋忠士》和第十四齣《遇賣菜苦死
孤臣》。這裏選錄一齣。

〔外扮比干，戴紗帽穿蟒，束帶，內繫玲瓏心切末，從上場門上，唱〕
【黃鐘宮集曲・滴溜神仗】〖滴溜子首至五〗玉宣的，玉宣的，奚容緩
留。飛騎的，飛騎的，三回馳驟。〔白〕下官比干，正在家中靜坐，忽
有三次玉札來宣，不知有何要事，祇得更了朝衣，疾忙前去。〔內白〕聖旨
到了！〔比干白〕怎麼又來了？哦，是了，〔唱〕此番，因由須叩。〔雜扮
陳青戴大太監帽、穿蟒束帶、帶束珠、執拂塵，從上場門急上，白〕聖上
有旨：朕躬已御便殿，即刻前來議事。如遲未便。〔比干白〕領旨！〔陳青
虛白，仍從上場門下〕〔比干白〕手下！〔雜扮二手下各戴大夏巾、穿蟒箭
袖、繫鸞帶，一人執笏，一人執綵鞭，同從上場門上〕〔比干白〕帶馬！〔作
上馬繞場科，唱〕〖神仗兒六至末〗不須俟駕，急趨朝右，〔合〕不用去
問因由，不用去問因由。〔從下場門下〕

　　〔雜扮四太監各戴太監帽、穿貼裏衣，雜扮二內侍各戴大太監帽、穿
　　蟒束帶、帶數珠、執拂塵，引淨扮紂王戴王帽、穿蟒束帶，從上場門
　　上，唱〕
【中呂宮引・菊花新】數宣玉札已相催，何事相牽來恁遲。〔中場設
桌椅，轉場坐科，白〕孤家為因治御妻心疼病症，特宣比干，問他要借玲
瓏心使用。數次傳宣，怎麼不見到來？好教寡人等得心煩。少再遲延，祇怕
御妻性命休矣。如何是好？〔雜扮一內侍戴大太監帽、穿蟒束帶、帶數珠、
執拂塵從上場門上，白〕啓聖上，比干外廂候旨。〔紂王白〕好了，問他一借，

再無不依之理。内侍速速宣他上殿見駕。〔内侍應科。起，作向内宣科，仍從上場門下〕〔比干執笏從上場門上，唱〕獻此赤心知，何用許多籌議。

〔作見科，白〕臣比干見駕，願吾皇萬歲。〔紂王白〕快攙扶起來。〔内侍應，作扶起科。比干白〕陛下數次皇宣召臣，有何要政？〔紂王白〕皇叔，寡人相召，別無他事，祇爲皇后忽患心疼，命在呼吸，特宣皇叔到此商議。〔比干白〕娘娘有病，正當命御醫調治，微臣素不知醫，何勞聖上下問？〔紂王白〕不是這等説。皇后之病，御醫調治不來，必要玲瓏心一片，方能痊可。爲此與皇叔奉借。〔比干白〕臣觀《素問》《本草》等書，並無“玲瓏心”這味藥名。微臣家中如何得有？〔紂王白〕皇叔不知，那玲瓏心原非藥品，就是皇叔腹内一片丹心，務必借來一用。〔比干作怒，將笏丢桌上科，白〕聖上差矣！臣聞心乃一身之主宰。心正則五官效靈，心邪則四肢不舉。人若無心，豈能復活？〔紂王白〕朕豈不知？但御妻病重，暫借片時，以應急需。況且救人一命，勝造七級浮屠。皇叔不必推脱。〔比干白〕咳，聖上，這是何言！老臣忝列宗室，上無得罪於先王，下無見怪於陛下，爲何無故急宣，索取老臣性命？〔紂王白〕唔，朕這裏低聲下氣，借重一二，爲何倒發起惱來？〔比干白〕咳！〔唱〕

【中吕宫正曲·漁家傲】怎不效古聖垂裳統萬幾，却緣何背理相加，殺害我任意施爲。念我宗臣無他過，三朝匡濟。〔紂王白〕皇叔在朝原是個正人君子，故此奉借。〔比干滚白〕我身關係……〔紂王白〕關係甚麽來？〔比干悲科，滚白〕哎呀，先王嘎，曾記得昔年治國之時，念老臣身列天潢，秉心忠直，付我股肱之任，托爲佐命之臣。誰知今日這般相待，這般相待！我那先王！〔唱〕身關係佐命元勳，也曾將綱紀維持。〔合〕忍教我剖腹屠腸受慘悽。

〔紂王白〕不必多言，快剖出心來，在那裏等着煎湯哩，我的老皇叔！

〔比干怒科，白〕哎呀！昏君嘎！你如此作爲，眼見得祖宗天下斷送於

汝也！〔紂王白〕老匹夫！你敢挺撞我麼？〔比干白〕咳，昏君！〔唱〕

【中呂宮正曲·剔銀燈】朝綱亂怎爲主儀，忘宗誼難保江山圖治，傷邦本早將政紀全傾廢。〔紂王白〕你這老匹夫，心先不剖，祇管這般嘮嘮叨叨！〔比干滾白〕一霎時……〔紂王白〕甚麼一霎時？〔比干滾白〕哎呀，昏君嗄！你身爲天子之重，我乃是宗派之臣。自古嚴刑不加勛戚，何況忠良今日並無罪犯，令我刮心自裁，於理有礙，於心何忍？於心何忍了！昏君！〔唱〕一霎時賜我自裁何意，〔合〕昏迷。〔紂王白〕朕有甚麼昏迷？〔比干唱〕全無大體，心蒙昧暗藏嶮巇。

〔紂王白〕噫！一派妄談！待我令武士拿去剖了，倒覺得你有些不忠了。〔比干白〕哎呀，昏君！你無故逼死宗臣，實乃亡國之君也！〔紂王白〕朕的國亡不亡，不要你管。祇要你一片心借用。內侍，取朕的龍鳳劍來！

〔一內侍應科，從下場門下。比干〕呀呸！昏君！〔唱〕

【中呂宮正曲·攤破地錦花】恣狂爲，怎把那臣民治？不辨是非，諫臣的一網誅夷。〔紂王白〕也不與你相干。〔比干怒科，白〕呀呸！妲己賤妖婦嗄！〔唱〕你致使宮幃，讒陷相欺。〔合〕病因依，無非是害人計。

〔內侍持劍仍從下場門上，紂王白〕噫！老匹夫！你的性命祇在頃刻，還敢毀謗中宮麼？內侍，即刻押了比干回家，剮他妻子，取心回奏。〔二內侍應科。比干虛白科。紂王起，隨撤桌椅科，白〕不管將心比心，祇要按方治病。〔從下場門下，四太監隨下。比干白〕哎呀，昏君嗄君，你好忍心也！〔二內侍白〕老先，事已如此，快些回家剖心罷。〔各虛白科，同從下場門下〕

〔老旦扮比干夫人戴鳳冠、穿氅，小生扮公子戴紫金冠額，穿氅，同從上場門上。分唱〕

【中呂宮引·菊花新】三宣何事恁匆忙，使我心中驚又慌，嚴父在朝綱，自有忠謀獻讜。

〔場上設椅各坐科。夫人白〕我兒，你爹爹忽奉數次皇宣，急遽而去，不知何事。〔公子白〕母親，想是有要政相商，故爾如此。〔夫人白〕我兒話雖如此，好教我放心不下。〔各虛白科。二內侍持劍，二家將引比干同從上場門上。比干白〕一場禍事從天至，生死驚看頃刻間。〔一內侍白〕丞相，快些進去，與夫人、公子話別，剖了心罷。〔各虛白科，二內侍二家將同從上場門下。比干作進門科，夫人公子各起，隨撤椅科，各作虛白相見科。比干白〕夫人，我兒！〔作相看、悲科。夫人白〕呀，老爺入朝，有何政事，這般光景？〔比干白〕咳，夫人，方纔呵〔唱〕

【越調正曲·下山虎】君王所限，時刻難延。追吾家一命捐。言之慘然。我這裏泪眼愁眉，羞與妻兒厮見。〔夫人白〕聖上宣召，想是有甚要政？〔比干白〕咳，夫人！〔滾白〕適纔三宣玉札，好似追命之符，並非國政，那有朝綱？言之可悲，思之可傷了，夫人！〔唱〕可奈那，暴昏君出妄言，全不把宗支念，果然是禍到臨頭夙世愆。〔夫人、公子同白〕老爺，甚麼禍事？〔比干合唱〕說起洶奇變，教人泪漣，難保身軀更瓦全。〔場上設椅，比干作怒坐科。夫人公子同唱〕

【越調正曲·山麻稭】聽言詞渾難辨，有甚麼蕭墻禍起，自可周全。〔比干搖首科，白〕哎，還說甚麼周全。〔夫人白〕呀！〔唱〕何緣長吁不語，怒髮衝冠難斂？〔比干白〕哎，夫人、我兒！〔唱〕〔合〕好則待因依說起，祇愁母子，腸斷泪波漣。

〔起科，白〕罷！事到其間，不得不說了。〔夫人、公子白〕正要說個明白。〔比干白〕方纔昏君召我，我問因由。那昏君說皇后病患心疼，必要玲瓏心一片醫治，道我心是玲瓏，即刻候用。我想我以天潢宗派，遇此昏君，遭此慘禍，死得好不明白！〔作跌坐椅科，夫子公子同白〕老爺甦醒！老爺醒來！〔比干作醒科，白〕哎呀，夫人，我兒！我聞君命臣死，臣不死是爲不忠。我既遇了這事，難道脫過不成？少不得棄了餘生，剖出心來，死作忠魂便了。〔公子白〕哎呀，爹爹！父作忠臣，兒亦當爲孝子。待孩兒取一片心，來代了爹爹罷。〔比干白〕那也無用。
我兒，我死之後，你與你的母親恪守家訓，就是孝子了。〔公子白〕爹爹，
孩兒想起一件事來。那日姜子牙臨行之時，説爹爹將來必有大難，留下
柬帖一張，何不取來看看？〔比干白〕哎呀，我倒忘記了。快去取來。
〔公子應科，仍從下場門下，隨取柬帖上。比干看科，白〕原來子牙公
寫得明明白白，説我今日今時，有此剖心之難，留下靈符一張，令我用
火焚化，净水吞之，剖出心來，依然無恙，上馬出東門，以聽吉凶讖語，
到了東門外，自然有救。天機不可洩漏，但切不可與婦人答話。我兒，
拿火焚了，再將净水取來。〔公子應科，仍從下場門下，取火、水、碗，
隨上。比干燒符飲科，唱〕

【越調正曲·亭前柳】符水有靈詮，料得保生全。赤心應不改，義
膽可回天。〔合〕此番，得遂餘生願。田野歸來，永不上金鑾。

〔各虛白科。二内侍仍從上場門上，白〕丞相，快些剖心罷。聖上久等，
恐連累我們受罪。〔各虛白科。雜扮一内侍戴大太監帽、穿蟒束帶、帶
數珠、執拂塵，從上場門急上，白〕聖上有旨，中宮病勢難延時刻，
即刻取心回奏。少再遲延，定將監催太監斬首。〔二内侍白〕領旨！〔一
内侍仍從上場門下。二内侍虛白，發諢，作催科。比干白〕哎呀，昏
君嘎昏君，你好忍心也！唔，罷！取劍來！〔作接劍剖心倒坐椅科。二
内侍虛白，作取心切末科，從上場門下。夫人、公子作哭科。比干作
醒起科，白〕手下！〔二家將仍從上場門暗上。比干白〕帶馬！〔作
騎馬科，從下場門下。夫人白〕兒嘎！你爹爹此去，未知吉凶如何。你
同手下人等趕出東門，看個下落，回來報我知道。〔公子白〕是！〔同唱〕

【慶餘】黄泉路遠可生還，掙扎上花驄去遠。但願化吉除凶答謝天。
〔同從下場門下〕

159. 豫劇《比干挖心》

【題解】

　　豫劇《比干挖心》是一部以比干爲主角的封神戲，已經不知道它的作者了。1950年代，河南省成立了河南省劇目工作委員會（後來改名爲河南省戲劇研究所），從老藝人那裏收集河南傳統劇目，整理出版。此項工作一直持續到1990年代。《比干挖心》就是他們收集、整理的劇目之一，收錄在1989年河南省戲劇研究所排印的《河南傳統劇目彙編》豫劇第二十集裏。這齣戲可能源自老藝人的口述，或者老藝人保存的抄本。原署"李長進抄録"。這裏據以收録，格式上作了規範，並改正了個別錯別字。

【人物表】

比干〔比〕　箕子胥〔箕〕　微子啓〔微〕　紂王〔紂〕
妲己〔妲〕　胡喜媚〔胡〕　崇侯虎〔崇〕　雷開〔雷〕
陳青〔陳〕　黃飛虎〔黃〕　夏超〔夏〕　　昆連武〔昆〕
官偉〔官〕　赫胥襄〔赫〕　費仲〔費〕　　尤渾〔尤〕

第一場

〔四龍套、二旗牌、家院、比上〕〔比〕（引）終古圖，耆老諫，費昌徙族馮夷知[1]。（詩）紂王無道寵妲己，酒色荒政亂華夷；龍逢諫桀遭斧鉞，慨嘆忠良萬古悽。老夫比干，在朝官居丞相。可嘆先王不立微子爲君，錯立紂王。如今他寵信妲己，逢凶敗德，不可復濟，真令人憂驚傷感。我也命人去請父師箕子胥，其議挽救之策，尚未到來。〔家院〕父師到。〔比〕有請！〔家院〕有請。〔箕上〕哎呀，少師！紂王無道，災譴頻仍，幾欲毀邦，誰知紂王不知驚懼，這便如何是好？〔比〕哎呀，父師，請你來欲謀個救國之良策，反倒問我，叫我如何稟告！〔箕〕哦，少師也無有救國之良策麼？〔比〕正是。〔箕〕哎，一旦顛陷，又將如何？〔院子〕啓相爺，殿下，微子啓要見相爺。〔比〕微子啓來了！他來得好呀，或許他有救亂之良策！快快相傳，裏面有請，有請！〔院子〕有請。〔微上〕參見皇叔！〔看箕〕父師也在此處，小侄拜見。〔比、箕〕少禮，殿下爲何愁容滿面，你到這裏所爲何事？〔微〕微子心有一事，不能解決，特來請問父師、少師。〔比、箕〕何事請講！〔微〕先王千辛萬苦，奠定江山，先王成功陳列於上，紂王沉酒，敗德於下，一旦喪亡，如何是好？〔比〕我二人商議，亦無善策，唯有一死諫而已。〔箕〕昔日箕子，因爲微子賢而居長，曾勸先王立微子爲君，先帝不從，故立紂王。微子雖無爭位之意，而紂王却常有猜疑微子之心。我二人可諫，微子決不可諫也！〔微〕以微子啓看來，紂王爲人狂悖不可諫，微子有心逃避於荒野，又難決定，故來請教父師、少師，兩位叔皇也無指告，真令我心煩意亂，不知所從，深可悲也。〔哭〕也罷！決定逃避荒野，不忍見殷滅亡。就此長別了！〔箕〕且慢，微子差矣。紂王視民如仇，君臣上下，同惡相濟，民飢多殍，豈知家變。爲臣者，當盡忠諫主，力挽危局，決無適異國爲臣之理。我等與國存亡，也無可取。箕子明日舍死諫奏。〔微〕父師雖有忠心，可是紂王曾疑叔父黨於微子，父師雖諫，紂王亦必見疑。二老若有好歹，恐怕連家隨之亡矣。〔哭〕〔比〕依老夫看來，諫之不入，必疑其徵。去所疑，或可以諫，免有顛陷之禍。〔箕〕如此説來，待明日箕子諫奏一本，看是如何。〔比〕正合我意。父師作本頭，我作本尾，挽回天心，也未可知。〔箕〕明日朝房相會。告辭了！〔箕、比〕正是：諫君本忠直之心，〔微〕逃野知危殆之機。請！〔箕、比〕請！〔三人同下〕

第二場

〔微上唱〕紂天子不聽諫如何上本，到如今却叫人逃於荒村。〔箕上唱〕這昏王自矜德强暴成性，恨先帝棄微子錯立紂辛。

〔微〕父師上本如何？〔箕〕哎呀！微子呀！是我進宮諫奏，誰知薄言往訴，逢彼之怒。那昏王不但不聽，反而雷霆大發，駁本不准。哎！微子，事到如今，子當以火行爲是，以免惹禍招災！〔微〕微子早知紂王不可諫，待我收拾妥當，就此拜別而行。〔箕〕唉！但是以微子之賢，現逃避荒野，恐遭物議。〔微〕不然。爲人各行其義禮，自通於先王，無通於神。微子不忍看其滅亡，故而逃避荒野，無愧於神明足矣。紂王强暴不仁，常疑於我，我若不去，必被所殺，此去是不教紂王有殺兄之惡。萬一有事，日後有誰保宗社之計？叔父何不隨我同去？〔箕〕微子既知道爲各行其禮義，可知我不願行避。〔微〕咳！〔唱〕

坐視着商紂亡心中不忍，學一個古君子明哲保身。拜別了！〔下〕〔箕唱〕滿朝堂列群小王綱不振，祇恐怕社稷崩玉石俱焚。哎呀！且住！賢良盡去，宗室寒心，我箕子胥欲諫不能，欲去不忍，這這這，這便如何是好？我不免披髮佯狂，不問政事便了。〔唱〕去衣冠假瘋癲國事不問，〔換衣、笑〕哈哈哈！〔比上，老僕隨上〕〔比〕呀！〔唱〕見箕子瘋魔裝是假是真？

〔箕〕君王如此無道，臣子也不得不瘋。〔比〕上本如何？〔箕〕不但不聽，反生疑忌。〔比〕那微子呢？〔箕〕他他他去了。〔比〕他他他當真去了？〔箕〕他言道：人各行其義禮，自通於先王，無愧通於神明。況且紂王常要殺他，他不忍紂王有殺兄之惡，理所必去。賢哉微子！〔比試目〕箕子，你如何披髮佯狂，自苦如此？〔箕〕唉！我箕子欲諫不能，欲去不忍，披髮佯狂者，真可謂，爲人各行其義禮耳！〔唱〕

我不學微子啓逃亡隱避，甘受辱任自然不爲屍臣。請了，請了！〔笑下〕〔比〕哎呀！〔唱〕微子遁箕子狂難住方寸，嘆賢民皆隱退怎拯乾坤？哎！我不忍衆百姓身遭蹂躏，帶路，金殿去。撞鐘鼓請聖駕比干見君。

　　〔纏大太監，楊任、趙啓、赫、昆兩邊上〕〔衆人〕老丞相撞鼓，難道朝中又有什麼大事？〔比〕微子去，箕子狂，這不是大事嗎？〔大太監〕果然是大事，如今本章堆積如山，萬歲不理，老丞相你撞鐘擊鼓，也是枉然。〔比〕老夫今日定要見駕，請速速撞鐘擊鼓去吧！〔二旗牌撞鐘，宮衞上〕〔宮衞〕老丞相，聞太師差官催糧，至此一月不得見駕。邊庭緊急，丞相定奪。〔比〕哎呀！〔唱〕

恨昏王貪酒色不理朝政，〔夏上，唱〕聽說是九侯反又起烟塵。老丞相，九侯反，十分猖獗，如何是好？〔比〕朝閣多事，昏王還在那裏取樂，速速撞鐘擊鼓，請聖駕登殿。〔大太監〕聖上久不臨殿，鐘鼓撞破，也是枉費心呀！〔比〕昏王今在何處？〔大太監〕宴樂鹿臺。〔比〕待老夫到鹿臺諫奏。〔夏〕昏王暴虐，不去也罷！〔比〕我一定要去！〔夏〕還是不去的好！〔比〕我比干呵！〔唱〕鑑殷亡箕子狂微子逃奔，我比干爲國家捨身成仁。〔同下〕

第三場

　　〔御林軍、侍衛、宮女、胡、太監、小太監、紂、妲、輦夫、雷同上〕

　　〔紂、妲同唱〕

前呼後擁擺御駕，龍鳳輦一路香風飄萬家。霓裳舞方纔罷，簇捧着姣滴滴的海棠花。咸池樂又移到鹿臺下，誰不知湯宮殿好奢華。金碧輝煌工程大，直上雲霄映彩霞。〔紂唱〕

鹿臺高聳透雲漢，明月皎皎照珠欄，奇花香馥管弦樂，歌舞昇平孤心歡。

　　哈哈！若非妃子，孤王焉有此樂？你看此臺，慢說是瑤池紫府，玉闕珠

樓，就是那蓬壺方丈，也不過如此。此乃梓童之功也！内侍！〔大太監〕
有！〔紂〕看酒來，待孤王把盞，與娘娘千歲賀功！〔妲〕折煞妾妃了。
〔紂、妲同唱〕

鹿臺仙境美如畫，高可摘星采雲霞。飲一杯神仙酒甚是瀟灑，登蓬
萊也難比帝王家。

〔紂〕孤倒想起一椿心事來了！〔妲〕什麼心事？〔紂〕愛卿亦曾言過，
鹿臺造齊，自有神仙仙子俱來行樂。如今鹿臺已成，不知神仙仙子可能
下界？〔妲〕我主洪福齊天，神仙仙子自然下界，想他們乃是清虛有道
之士，必須虔誠焚香祝告，方能下界。〔紂〕什麼時候焚香祝告？〔妲〕
今日十五，你看月色圓滿。〔紂〕孤王知道了。〔妲〕光華皎潔，趁此碧
天無翳，正是會神仙之時也。〔紂〕如此愛卿焚香求告，速請神仙下降。
〔妲〕倘若神仙下界，萬歲不可聲張，不可出面，洩露天機，下次神仙
都不肯下降了。〔紂〕孤王知道了。〔妲〕宮娥焚香伺候。〔唱〕

焚香奉迎仙鶴駕，羽衣輕輕飄雲霞，虔覷神仙凌空下。〔紂〕哈哈哈！
〔妲接唱〕禁止笑聲莫喧嘩。〔眾狐狸扮仙女上，唱〕覷着那鹿臺大廈，
座座都巍巍高大，令人羨誇。笑吟吟把君王詐，誰識得是假仙翁仙
姑所變化。朝王見駕喜氣揚，須仔細莫漏出狐尾巴。

〔首狐〕列位請了，今蒙紂王設宴相請，誠爲厚賜，我們無以爲報，但
願他國祚千年勝。〔群狐〕皇基萬千秋。〔笑〕〔妲〕列位請坐。〔紂見群
仙神氣〕愛妃，今日神仙都會下降，可見孤王治國有道。〔妲〕我主本
是有道明君，神仙們纔會下降朝拜。〔紂〕快快傳旨賜宴。〔妲〕是，内
侍傳旨賜宴。〔大太監〕領旨。〔群狐〕謝萬歲！〔唱〕

紫薇華蓋降蓬萊，五色彩雲生鹿臺。聖天子有道江山坐，眾仙女纔
能來朝拜。

〔首狐〕列位大仙，今日有緣，至此討擾天子，我們何不取些天子之物，
與紂王上壽？〔群狐〕大仙言之有理，我們也歌舞助興，飲他一個通宵，

再回天界。〔首狐〕有理呀，有理！〔唱〕

中和聖德定三才，渙汗洪恩開九垓。〔群狐接唱〕願我皇聽歌謠稱頌美，榮華富貴長流水。

　　〔妲〕衆神雅奏，仙樂悠揚，趁此豪興，妾妃也以俗音勸君一杯。〔紂〕

　　有勞梓童了！〔妲〕萬歲！〔唱〕

天上金關門開奏一派，素娥仙女兩邊排。妾妃我將舞袖輕輕擡，束一束百寶衣緊緊腰帶。趁節奏和一曲若君王愛，君王呀！你要默默記心懷。〔紂唱〕見精神有情無奈，叫一聲宮女看酒來。待孤王親自把盞遞，〔此處有脫文〕

　　〔比上〕怪道哇，怪道！〔唱〕

聽歌聲忍不住珠淚灑，分明是亡國音傾我邦家。

　　哎呀！且住！如今九侯造反，二子逃亡，正是内憂外患之時，我主終日荒淫，侍臣奏章，不得見君。聞得駕幸鹿臺，作長夜之樂，祇得來此鹿臺啓奏。〔看〕好高的鹿臺，祇爲他一人快樂，不知死了多少百姓，破了多少家産！待我上臺。〔雷〕吒！什麽人敢上鹿臺？〔比〕少師比干在此。〔雷〕原是丞相到了！有何事呀？〔比〕萬歲連日不臨大殿，奏章堆積如山，群臣請陛下駕臨金殿，觀決國事。〔雷〕丞相，萬歲如今在鹿臺之上，正在大會神仙，恐怕不能理事，我勸你知趣一些，有什麽本章，明日再奏不遲，你還是回去吧！〔比〕哎呀！我有國事啓奏，什麽叫知趣？〔雷〕丞相不要動怒，陛下正在那裏會神仙，哪能見你？下官若是轉奏，萬歲必然動怒。〔比〕唉！社稷這等狼狽，國事日危，他還癡心要會神仙。這分明又是妲己妖言，豈是吉兆也！〔唱〕

這真是妖氣從天降，要鬧得社稷傾來國家亡。痛恨那昏王還癡心妄想，在這裏會神仙作樂非常。

　　煩勞大夫轉奏陛下，比干有本啓奏。若是見怪，比干領罪。〔雷〕當真要見駕？〔比〕正是。〔雷〕哼！待我轉奏。〔上臺〕啓奏陛下，今有

少師比干，要見陛下，有本啓奏君王。〔紂〕寡人大會神仙，正到高興
之處，這位老兒又來多話。〔妲〕傳旨下去，夜静更深，亦非奏本之時，
有什麽本章，明日金殿啓奏。〔比〕哈哈！妲己竟敢代傳聖旨，牝雞司晨，
國之不祥，煩勞大夫再去轉奏，就説我比干有緊急大事，等不到明天，
今晚一定要奏。〔雷〕丞相，你可記得梅伯受炮烙之刑，難道你就不怕
死嗎？〔比〕我呵！〔唱〕

爲家邦我情願捨身命喪，保社稷盡臣職啓奏君王。

〔雷〕如此候着！〔背白〕好一個不知趣的老兒。〔上臺〕啓奏陛下，丞
相比干，有緊急大事，定要今夜啓奏。〔紂〕討厭得很，如此宣他上臺。
〔妲〕且慢，比干是凡夫，他若上來，恐怕褻瀆神仙。〔紂〕如此傳旨下去，
無論何事，明日再奏。若不遵旨，就爲不忠。〔雷〕陛下傳旨，無論何事，
明日再奏，若不遵旨，就是不忠。〔比唱〕

宮闈中酒色荒蕩，衆百姓怨聲遠揚。妖妃們在深宮迷亂皇上，有何
計謀見君王？

咳！真是無可奈何，祇好回去了。〔崇、費、尤上〕〔崇、費〕請大夫轉
奏，我等要見萬歲。〔雷〕待我轉奏。〔慢慢上臺〕〔侯、尤見比干〕原
來是丞相，也在此處。我等有禮了。〔比〕原來是崇侯虎，你監造鹿臺，
太辛苦了！〔崇〕爲國盡忠，何言辛苦？〔比〕你監造鹿臺，功勞不小，
照你這樣盡忠，少不得青史名標，萬古流芳。〔費〕我們也不圖什麽萬
古流芳，祇要博得萬歲一笑，也就是了。〔比〕哈哈！你們祇圖萬歲一
笑，就不顧百姓們啼哭嗎？〔尤〕咳！丞相你不見君，到此這裏所爲何
事？〔比〕萬歲在那裏會什麽神仙，不容見駕，故而在此。〔尤〕怎麽
不見？〔費〕我們總要見的。〔比〕自然。如今是你們這些人的世界。〔雷
走上鹿臺稟〕崇侯虎和費、尤二大夫求見陛下。〔紂〕他們是有功之臣，
理應賜宴，宣他們上臺見駕。〔雷〕領旨！〔下臺〕萬歲有旨，崇侯虎，
費、尤二大夫上臺見駕！〔崇、費、尤〕領旨。〔比〕哎呀，氣煞我也！

〔崇〕氣死也不中用呀！〔比〕你們是三個大大的奸臣。〔費〕奸臣，奸臣上臺見駕去了，你這忠臣還在臺下站着吧！〔三人同上臺〕〔比〕哈哈！說好話人人愛聽，可惜老夫老了，不能學時興了。〔崇、費、尤〕臣等見駕，我主萬歲，娘娘千歲！〔紂〕功臣到了，賜宴奏樂。〔比〕氣也無用，回去了吧！〔唱〕

聽樂聲悠揚嘹亮，好叫人怒滿胸膛。奸臣上臺賜御宴，叫我比干真淒涼。

且住，想如今百姓盼望，諸侯背叛，水旱不時，民窮軍乏之時，聞太師遠征北海，梅伯死節，微子逃亡，箕子佯狂，眼睜睜國破家亡，這昏王還在那裏飲酒作樂。想我比干，乃是官居丞相，又是皇親國戚，難道說坐視淪喪、爲人臣僕不成？也罷，我拼着性命，闖上鹿臺，舍死諫奏，倘若萬歲見聽，挽回末運，就在今日。萬歲不聽，我比干嘗一嘗炮烙刑法，也在今日。死則死矣，何所畏也！〔唱〕

聚財鹿臺民怨望，鉅橋之内盈粟糧。爲丞相久欲致君堯舜上，奈我主寵妲己流連荒亡，恐難久長。

〔闖鹿臺，雷拔劍砍殺，比伸頭，雷退〕〔比〕量你也不敢！〔雷〕比干闖上鹿臺。〔紂〕呔！你違抗聖旨，闖上鹿臺，難道你不怕死？〔比〕本來不要命，怕死也不來。〔紂〕哈哈哈！好好的又拼的什麼命哪？〔比〕費仲，尤渾，崇侯虎一般群小，無事到此見駕。爲臣有國家大事，倒不能見君。想我這樣丞相，真正差死了！常言道，爲大臣者寧死不辱，故而大膽敢冒聖顏，寧死於萬歲刀下，不願被群小恥笑。〔紂〕哎，孤王不過說一個明日啓奏，你是孤的皇叔，他們哪一個敢來笑你？〔比〕國事緊急，爲臣等不到明天。〔紂〕怎麼等不到明朝？〔比〕等不到了！〔紂〕真正要奏？〔比〕要奏。〔紂〕要奏，就奏來。〔比〕啓奏陛下，聞太師遠征北海，如今差官前來運糧，陛下定本。〔紂〕這些小事，何必大驚小怪，費、尤二卿，預備糧草，差人送往北海。〔費、尤〕領旨。〔費、尤二人下〕〔紂〕叔父無事了吧?〔比〕爲臣還有本奏。〔紂〕還有本奏?
〔比〕正是。〔紂〕奏來,奏來!〔比〕前者陛下冤殺九侯之女,如今九
侯叛反,我主定奪。〔紂〕呔!這賊可惡,待孤親自會他。〔崇〕且慢,
何勞聖躬御駕,待爲臣剿滅。〔紂〕好!命卿帶領人馬,剿滅九侯,另
有升賞。〔崇〕領旨。〔下〕〔紂〕哈哈!孤有這樣的忠良,何愁不太平!
〔比〕哈哈!國家有了這樣的奸臣,那怕不滅亡?〔紂〕噫,净説喪邦
之話,叔父你無事,請回吧!〔比〕爲臣還有本奏。〔紂〕還有?奏來,
奏來!〔比〕微子出亡去了。〔紂〕哎呀,皇兄如何逃走?〔比〕他見
陛下荒淫酒色,朝事日非,不忍目睹商湯滅亡,故而逃亡去了。〔紂〕呸!
背君而去,真乃不臣之輩!我朝中有他何用,無他何害?微子去則去矣,
叔父輕事重報。〔比〕陛下,聞太師遠征北海,梅伯被君慘死,如今微
子又去,賢良盡失,國家何所依賴?〔紂〕孤王力大過人,小有才智,
就是諸侯共反,孤王何懼也!〔比〕雖然陛下資辯捷疾,才力過人,手
格猛獸,勇武絶倫,但是陛下智足以拒諫,言足以飾非,矜人臣以能,
高天下以聲,以爲皆出手下,非人君之道也!望陛下親君子,遠小人,
禮賢下士,去讒遠色,方能挽回末運,重振祖業。〔紂〕好了,好了!
好了!不要往下講了,孤王我曉得了,你還有事無事?〔比〕爲臣還有
本上奏。〔紂〕討厭,討厭!〔比〕崇侯虎奉命監造鹿臺工程……〔紂〕
孤王是百姓的皇上,就是萬民之主。他們是孤王的工民,都是孤王的奴
隸。他們替孤做工,是應該的,況且鹿臺造成,何必多奏!〔比〕容奏。
〔紂〕又來了。〔比〕今陛下常常不臨大殿。〔紂〕好了,好了!又是孤
王常常不臨大殿,想這樣太平天下,叫孤王常常臨殿何爲?〔比〕萬歲,
萬歲呀!説什麽天下太平,如今百姓盼望,諸侯背叛,水旱不時,民窮
軍乏,連日奏章堆積如山,萬歲不臨大殿,這這這,爲着什麽?〔紂〕
好了,好了!孤王被你幾本奏得頭昏了,也罷,孤王明日上朝理事,也
就是了,皇叔你還有本,到明日再奏吧!〔比〕我主乃是有道的明君。

〔紂〕叔父，孤王明日登殿理事，今夜要盡歡方休。叔父你也隨孤遊玩遊玩。〔下臺〕叔父，趁此月色，你我隨意歡樂呀！〔比〕陛下要曉得百姓費力辛苦。〔紂〕你看華堂采色，何等光明！〔比〕你看百姓的精神，何等頹唐。〔妲〕萬歲，你看這些珍玩珍寶。〔比〕萬歲，那都是民脂民膏。〔紂〕梓童，我與你好有一比，〔妲〕比作何來？〔紂抱妲〕鹿臺上的一對神仙伴侶。〔妲〕是呀！〔比〕唉，鹿臺下無數的慘鬼冤魂。〔妲〕不要理他，萬歲吃酒。〔紂〕叔父，你也嘗一嘗這玉液瓊漿。〔比〕我不忍暢飲那百姓的鮮血。〔妲〕不要聽他胡言，快奏樂，快奏樂，快飲酒來！〔紂醉〕哈哈！你好造化，也來聽聽絲竹管弦。〔比〕聽這個不好。〔紂〕聽什麼好？〔比〕隨為臣去到郊外，聽聽那百姓飢餓的哭聲！〔紂〕真敗興，真敗興！〔妲〕萬歲，他老了，昏了。萬歲是有道的明君，哪個不稱頌！〔紂〕着呀！〔比〕不錯，百姓有兩句言語，稱頌陛下。〔紂〕哪兩句言語？〔比〕天下咒一人，獨夫殘萬民。〔紂〕孤王若是無道，焉能感動神仙下界朝拜？〔妲〕萬歲有福，福者多生。〔比〕無福者妖孽廣積。〔妲〕哎呀！萬歲，他這言講，得罪神仙，那還了得。〔紂〕着呀！得罪孤的神仙，他們下次不來，我豈能與你干休！〔比〕祇顧奏本，倒忘了今夜萬歲大會神仙，但不知神仙在哪裏？〔紂〕你真是肉眼凡胎，許多的神仙，你却沒有看見，那不是嗎？〔比看〕啊！原來這都是神仙？〔妲〕丞相出言不遜，得罪神仙，就該罰他與列仙敬酒。〔紂〕叔父，你得罪了神仙，罰你與列仙敬酒。〔比〕這……〔思、點頭〕〔紂〕你若不敬酒，孤王生氣了。〔妲、紂上臺入座〕〔比〕領旨。且住，那有神仙與凡人來往之理？若是不是神仙，看他一個個倒有仙氣，真像有長生之術，實實令我不解也。也罷，昏工命我敬酒，正合我意，待我走上前去看他個水落石出有何不可！〔上臺〕列仙請了！〔群狐〕你是何人？〔比〕我乃丞相比干，奉旨陪宴。〔群狐〕好，你真有緣，賜你壽活一千年。〔比〕看酒來！〔太監斟酒〕〔唱〕

自盤古至我朝哪有仙降，明明是衆鬼妖來亂朝綱。這玉壺必須要探明行藏，好借機來勸醒無道昏王。

〔斟酒看。醜狐怕。比斟酒，紂醉〕〔首狐〕你爲何這樣縮頭縮腦，叫他看破，那還了得！〔醜狐〕我心想看看這丞相，想他與紂王一樣，一定是一派邪氣，再不然是一團的和氣，誰知他的浩然正氣，罩住了我的妖氣。我見了他怨氣，嚇得我上下都不敢出氣。〔露出狐尾〕〔首狐〕如此要小心了。〔入座看比〕〔比〕酒乾了，換酒來！〔首狐〕不能吃了，要醉了。〔比〕你們都是大羅神仙，哪有吃醉之理！哈哈！神仙也會客氣呀！〔醜狐〕神仙，我們是門神仙，小神仙。〔比〕神仙哪有大小，看酒來。〔斟酒〕呀，哪里來的狐騷氣呀！〔群狐驚〕莫非此處有狐精作祟？〔群狐〕你不要胡說！這都是神仙。〔比〕神仙乃潔净之體，爲何如此？〔醜狐〕你是何人，無有到過天上去，天上都是這個味兒。〔比〕靠這些氣味熏人，令人欲嘔。〔醜狐〕你沒嗅慣，嗅慣了，想嗅還嗅不着呢。〔比〕哦哦哦我明白了！〔唱〕

樂開懷來飲瓊漿，須得要留心來提防。要看個水落石出，便知道妖魔之樣。狐狸尾巴露出來了。萬歲，哪來的大羅神仙？分明是一群狐妖亂朝綱。

〔群狐俱收尾，酒醒〕〔妲〕萬歲酒醉，難道你也醉了。酒醉狂言，有失體統，還不下臺去！〔群狐下臺，見比干抖〕〔比〕哎！正是：妖氛四起罩乾坤，冷霧陰霾天地昏。王氣已隨怪氣盡，如今迷笑鹿臺魂。哈哈哈！〔比下〕〔妲〕嗯，忘了自己失揀點，醉成這個樣兒，還不回去。〔群狐歪斜作醉，全下〕〔内侍走上〕〔太監〕娘娘千歲，〔妲〕萬歲酒醉，快快扶上龍床。〔太監〕領旨。〔妲、太監全下〕

第四場

〔衆馬夫，黃明、周紀引黃飛虎上〕〔黃〕軍士們，小心巡查皇城去者！
〔圓場，衆狐過場上〕〔黃明、周紀〕啓王爺，不知是何人，闖過御街。
〔黃〕這般時候，不是奸細，定是妖魔，速速追趕。〔四龍套引比上〕〔比〕
什麼人在此？〔黃明、周紀〕拿奸細。〔比〕少師比干在此。〔黃明、周紀〕
少師當道。〔黃〕人馬列開，〔衆分開〕丞相。〔比〕王爺。〔各下馬〕〔黃〕
丞相夜靜更深，不回府安歇，怒氣不息，今欲何往？〔比〕可惱呀，可惱！
〔唱〕

堂堂帝統功德茂，牝雞司晨萬事休。

〔黃〕自從蘇護進來妲己，萬歲寵信，日夜荒淫，不理朝事，百姓怨望，
諸侯背叛，水旱不時，民窮軍乏，姜皇后挖目烙手，梅伯死節而亡，微
子逃亡，箕子佯狂，這真是賢人在野，小人在堂。你我雖有忠心，但是
陛下聽信讒言，不訥忠諫。丞相，你氣死也無有用處。〔比〕武成王此
言差矣！微子逃亡，朝中更無有敢諫之士，唯有我比干，乃商湯國裔，
豈忍坐視。君有失，而不以死爭，奈衆百姓何！〔唱〕

微子去國遍遨遊，梅伯炮烙一命休。箕子佯狂不問政，朝中你我怎
袖手？

〔黃〕話雖如此，但是聖上暴君，以酒爲池，懸肉如林，使男女裸體，
相逐其間，使師涓作新淫聲[2]，北里之舞，靡靡之樂，斂賦稅，以實鹿
臺之錢，這樣無道，累有忠臣諫本，萬歲反聽妲己之言，造下炮烙非刑，
以禁忠臣進諫之口。丞相，何必如此等死？〔比〕我比干呵！〔唱〕

盡忠言孝生有守，生死榮辱等浮漚。〔黃唱〕你昂藏氣宇來盡忠，怕
紂王貪戀酒色難回頭。

〔比〕下臣捧奏章，去至鹿臺啓奏，誰知那昏王會什麼神仙，不容見駕，
是我一怒闖上了鹿臺。〔黃〕鹿臺之上可有神仙？〔比〕鹿臺之上倒有
不相識之人，在席前飲酒，奏本已畢，妲己命我與神仙敬酒。〔黃〕奇

怪呀，難道真會有神仙下降？丞相你闖上鹿臺，倒會着神仙，你的造化
不小呀！〔比〕會神仙？〔黃〕正是。〔比〕嘿嘿！那是妄想啊！〔唱〕
我道是天上神仙真下界，誰料想酒醉時露尾藏頭。

〔黃〕如此説來，你是看出破綻來了。〔比〕看他們倒有點仙風道骨，令
人不解，妲己命我敬酒，我將計就計，要探個水落石出，誰知酒過三巡，
他們一個個自身拖狐尾。〔黃〕原來是妖狐作祟。〔比〕故而追趕前去，
看他們逃奔那裏，來帶馬追趕。〔黃〕且慢，何必丞相親往。黃明，周紀，
帶領人馬，把守四門，命你二人追趕那些妖魔，投奔那裏，速報我知，
速速前去。〔黃明、周紀〕得令！〔下〕〔黃〕丞相，多帶硫磺烟硝等引
火之物，待等回報妖魔巢穴，縱火焚燒，管叫那些妖魔難逃羅網。〔比〕
武成王此計甚妙，就照此而行。〔黃〕衆將官，〔衆將〕有！〔黃〕隨帶
硫磺烟硝等引火之物，前去追蹤妖魔！〔衆將〕是。〔黃、衆將同下〕

第五場

〔四龍套、四校衛引黃上〕〔黃唱〕

氣得俺怒氣沖九霄，要把那妖巢全焚燒。催馬直奔那軒轅道，焚墳
墓叫妖命難逃。〔衆馬夫持火上，黃明、周紀引比上〕〔黃明、周紀〕來
到軒轅墳。〔黃〕軍士們，四面把守，縱火焚燒。〔衆軍〕是。〔黃唱〕四面
把守縱火燒，要把狐穴來滅剿。見妖狐不由人怒沖霄，〔捉狐〕一
個一個不輕饒。滿山頭都是妖魔叫，那裏有什麼神仙到？〔又捉狐〕
這群狐妖來亂朝，管叫那妖孽難脱逃。〔燒墳畢，大笑〕俺喜滋滋除
却煩惱，今日裏把豺狼狐狸一旦消。

〔黃明、周紀〕狐狸盡皆一死。〔比〕這些妖狐，被我等燒死，老夫倒有
一計在此。〔黃〕有何妙計？〔比〕將這些狐狸皮剝下，作成皮裘，獻
與陛下，以寒妲己之心，你看如何？〔黃〕言之有理。衆將官，把燒死
之狐狸抬回城去。〔衆將〕是。〔衆抬狐，黃、比同下〕

第六場

〔比上，唱〕

想當年夏桀亂民遭無妄，我先王放帝桀實有榮光。不料想殷紂辛綱常淪喪，前車覆怎叫我能不憂惶。牝雞司晨，婦言是聽。欲要高風千古，必須一片丹心。想我比干，乃商湯後裔，何忍見危不告，坐視喪邦，待老夫就此燈下寫成奏章，明日一死諫奏。倘蒙見准，吾皇以宗廟社稷爲重，悔過自新，還可挽回末運也！〔唱〕夏桀王紊賞罰百姓遭難，造瑤臺寵妹喜好色淫荒。我主公貪酒色前朝應鑑，寵妲己殺忠良兵亂四方。

〔公子、夫人同上〕〔比唱〕樵樓上打三更玉兔下降，慘慘的寒風冷浸透衣裳，連夜間草擬下奏王表章，到明天金殿上啓奏君王。

〔夫人〕相爺。〔比〕夫人。〔公子〕爹爹，〔比〕罷了，你們爲何不去安睡？〔夫人〕相爺，你爲何不去安睡？〔比〕哎呀，國事要緊，叫我哪裏睡得着？〔公子〕爹爹在此何事？〔比〕爲父修成本章，準備明日上朝，讀給王聽。〔公子〕爹爹，陛下忠言逆耳，爹爹雖有忠心也是枉然。〔比〕明日上本，萬歲若又不聽，爲父當以死諫奏。〔唱〕

嘆君王遠賢人喜愛奸黨，不諫奏國破日何等淒涼。拼一死瀆君聽須把本上，〔看桌上一信〕這封柬何人寄未知端詳。這封書柬是哪裏來的？

〔公子〕昔日姜子牙拜別爹爹之時，言道日後必有大難，等大難臨頭，展開一觀，必有搭救之策。〔比〕術士之言，不足信也！〔擲信〕〔夫人〕相爺，想那姜子牙，相爺平日器重此人，他的言語，不可不信。〔公子〕是呀，爹爹何不拆開一看。〔比〕就命我兒拆書一觀。〔公子〕〔拆書〕內有書柬，並符咒一張。〔比〕將書柬念與我聽，是什麽言詞。〔公子〕遵命。〔讀〕明日大難臨頭，速將符咒吞下，出北門百里之外，可以逢凶化吉，遇難呈祥，姜尚拜。哎呀，爹爹，姜子牙早已肯定爹爹明日有大難臨頭，請爹爹不要上本了吧，不上本了吧！〔比〕哈哈！爲父如今視死如歸，慢説是大難臨頭，就是粉身碎骨，爲父也是不懼怕的了！〔夫人〕相爺，必要上本，妾身倒有一個兩全之計。〔比〕夫人有何妙計？〔夫人〕相爺，爲人終有年災月晦，姜子牙早已算定，明日時日，與相爺不利，故賜符咒，消災免禍，豈不辜負他的好意。請相爺吞符咒往北門，百里之外遊玩，一日後回來上本，也還不算遲呀！〔比〕這個……〔公子〕爹爹就是要上本，少遲一日，也無妨礙。〔比〕夫人這樣講，下官從命就是，我想北門百里之外，乃先王陵墓，我正要拜別皇陵，以死諫君，吩咐下去，速備祭禮，馬匹侍候。〔公子〕遵命。〔下〕〔四更〕〔夫人〕天交四更鼓，請相爺將符咒吞下。〔比〕如何看水來。〔夫人〕知道了！〔取水焚咒〕〔比唱〕

非是我貪生命戀戀世上，一心心挽末運哀求上蒼。取净水燒靈符吉人天相，〔飲符水〕出北門行百里祭祀先王。

〔公子急上〕啓禀爹爹，孩兒正在預備，家院報導，聖旨到此。〔比〕呀，這般時候聖旨到來，難道朝中有什麼大事。香案伺候。〔四太監引大太監上〕〔大太監〕聖旨下跪，聽宣讀詔曰：宫中有緊急之事，命丞相速速進宫！〔比〕萬萬歲！〔接旨〕宫中有什麼大事，這樣緊急？〔大太監〕這個……老千歲到宫中你就明白了。告辭了。〔太監下〕〔比〕呀，你看他欲言又止，是何緣故？大概是凶多吉少。〔院子上〕啓禀相爺，聖旨下。〔比〕哎呀，又有聖旨到了，香案伺候。〔陳上〕望旨下跪。召丞相比干，火速進宫，再若遲延，就爲不忠，旨意讀罷望上三呼。〔比〕萬歲，萬歲，萬萬歲！陳公公這樣急，到底是爲了何事？〔陳抖〕老千歲，我明奉聖旨，實在是與你送信來了。〔比抓陳〕難道此旨與我有大大的不利嗎？〔陳哽咽着〕然也。〔比〕如此陳公公請講。〔陳〕哎呀，老千歲！祇因……〔比〕但講何妨！〔陳〕祇因妲己身染重病，胡喜媚奏道："病倒好治，缺少藥引，須要七竅玲瓏心一片，合藥飲下，方可痊癒。"陛下問道："這七竅玲瓏心那裏去找"，可恨那胡喜媚奏道："滿朝文武的都是血心，唯有你……"我怕怕怕! 老千歲，你你你，害怕呀! 〔比〕老夫不怕，請速速講來。〔陳〕哎呀，老千歲，她道你是七竅玲瓏心。你此番進宮，恐怕是凶多吉少。〔比〕哎呀! 〔唱〕

我還要挽末運癡心妄想，想什麼整太平重理朝綱。到如今百念灰神魂飄蕩，縱有那玲瓏心也無主張。此一番進宮去凶多吉少，那昏王要害我命喪無常。

〔陳〕老千歲，此番進宮，性命難保，我勸你遠去他鄉，也好保全性命啊! 〔比〕我想那昏王聽信妲己之言，要我一死。爲人臣者，何能逃避? 〔陳〕哎呀，相爺! 聞太師遠征北海，梅伯慘死，微子逃亡，箕子佯狂，大丞相再若一死，朝中還有何人理政，從此朝綱大事，不堪設想。依我之見，暫且逃避，留此有用之身，以圖後效，老千歲若是癡心盡忠，進宮送死，豈不反中他們的奸計嗎? 〔比〕多蒙公公厚意，感恩不忘，我自有道理，公公你復旨去吧。〔陳〕哦哦哦，告辭了。〔陳下〕〔夫人〕哎呀，相爺呀! 今日之事，早被姜尚算就，老爺就該乘馬逃出北門，逢凶化吉，亦未可知。〔比〕呀，我有王命在身，你叫我往哪裏逃去呀? 〔公子〕爹爹，你若進宮，難免一死。〔比〕我常講以死諫君，視死如歸，爲人一生衹怕不得其死。若能死得其所，重如泰山，有何不樂，死得大哉大哉! 〔夫人〕相爺，你今一死，妾身何所依賴呀! 〔比強笑〕爲人臣，以身許國，那裏管得了許多，我做的事，你何必來這樣滅我的浩然正氣? 〔公子〕難道爹爹你捨得孩兒嗎? 〔比〕你捨不得爲父，爲父怎會捨得你呀! 但是，如今國亡家破之時，昏王尚且如此淫亂，叫爲父怎樣挽回君心，以報先王? 除此之外，別無良策。〔唱〕

捨不得妻和子滴滴淚下，眼睜睜頃刻間就把心挖。原來是生死別這樣景況! 〔哭〕夫人，我的兒呀! 〔院子〕衆文武闖進內堂來了! 〔比唱〕衆文武因何事闖進我家?

〔夏、官、赫、昆四人同上〕〔夏唱〕

聽説是妲己她要害丞相，〔比唱〕衆文武因何事這樣緊張？〔官、赫、
昆合唱〕那昏王要殺你故來阻擋。〔夏接唱〕此一番非好意你莫進
朝廊。

　　老千歳，祇因妲己身染重病，胡喜媚奏道，要七竅玲瓏心，以爲藥引，
　　昏王不分輕重，宣你進宮挖心一片，多蒙陳青各處送信，我等纔得知道，
　　故而前來與老丞相送信。〔比〕此事陳青也曾對我講過了。〔昆、赫、官
　　同〕老千歳此番前去，凶多吉少。你你你，不可入朝呀！〔比〕君命宣召，
　　那有不遵之理？〔夏〕君命不能不遵，可是昏王要挖你的心與讒妃醫病，
　　這樣亂命，自然不遵。〔比〕我修成本章，正要上本，怎能不去？〔官〕
　　昏王正要害你，何必前去送死？〔比〕我意決定，衆位大人，你們不必
　　阻攔了！〔院子上〕啓稟相爺，御札下。〔比〕請。〔小太監上〕陛下等
　　候多時，再若遲延，必問抗旨之罪。〔比〕知道了。〔小太監〕快些！〔下〕
　　〔昆、赫、官〕老千歳，昏王這樣殘暴，令人可恨。你我保定老千歳，
　　一面聚齊文武軍民，就反了吧！〔比〕這是什麽話！可知我比干平生非
　　禮不動，非禮不言，非禮不聽。家院，帶馬上朝！〔夏〕且慢，老千歳，
　　大廈將傾，全仗你一木主持，如今丞相一死，商湯的江山休矣！〔唱〕
我勸你休得要奉旨前往，〔比唱〕我比干抗君命實不敢當。〔夏唱〕
留殘生圖後效暫避風浪，〔比唱〕我不忍離開了父母之邦。〔夏唱〕
此一去挖心死一命身喪，〔比唱〕夏龍逢殷比干一樣的忠良。〔夏唱〕
你一死社稷傾全不思想，〔比唱〕愧比干難諫主有負成湯。帶馬！
〔夏、赫〕且慢！〔昆唱〕攔住了老丞相死也不放！〔比〕且慢，〔唱〕
衆大夫休如此有話商量。

　　列位大人，你們攔阻老夫，爲了何事？〔夏、赫〕恐怕昏王要挖你的心
　　呀！〔比〕多蒙美意，但是聖命要緊，你們苦苦不放，豈不是陷我不忠
　　嗎？〔撫劍〕待我自刎了吧！〔衆攔〕〔官〕也罷，老千歳，此去必不生還，
　　老丞相，比干今日死，社稷明日亡，我們活着，也是無益，待我撞死了

吧！〔夏〕且慢，我們死在這裏，有什麼用處，何不去到金殿，問問那昏王爲何無故慘殺大臣？他若執意要殺丞相，我把那昏王痛罵一場，終要一死，死也死得痛快。〔比〕列位不要爲我喪了性命。〔夏〕呔！你願意死，難道不許別人死嗎？真正不講道理呀！〔赫、官、昆同〕着哇！那個畏首畏尾，就不是好漢。〔夏〕好哇！不怕死的跟我來！〔四人同下〕〔比〕哈哈！〔唱〕

見他們忠義人心赤膽壯，恨蒼天生紂辛百姓慘傷。〔院子〕御札下。〔比〕有請。〔四龍套引雷上〕〔雷〕老千歲，萬歲請千歲速速上朝，快隨下官前往。〔夫人〕事到如今，你有什麼話吩咐與我？〔比〕國事已不能挽回，家事有什麼吩咐，此去一死倒也痛快。我的事情完了，你們自己主張，待我拜罷祖先，就此永別了。〔唱〕拜祖先忍不住悲聲大放，〔雷〕快些！〔比接唱〕你看他惡狠狠恰似虎狼。也罷！含悲泪別妻子把馬來上。〔出門上馬，院子扶比上馬下，公子哭叫下。雷隨後圓場〕〔衆百姓上〕大丞相去不得！〔攔住馬頭，雷打衆百姓〕〔比接唱〕衆百姓因何故攔住馬繮？

父老們，你們大家到此，攔住馬頭，莫非奸黨欺壓你們不成？〔衆百姓〕老丞相，聽説昏王宣召，此番進宮，凶多吉少，丞相不可入朝。〔同哭〕〔比〕哎，聖旨宣召，議論國家大事，你們因何阻攔？〔衆百姓〕老丞相，如今妲己身染重病，要玲瓏心一片，以爲藥引，昏王他要挖你的心，全城百姓，哪個不知？昏王無道，用非刑，加重税。就鹿臺之工，也不知死了多少我們的父老兄弟。許多賢臣，死的死，走的走，我們老百姓苦到九分九。昏王還要殺害老丞相，我們急速趕來攔阻。我們睡在地下，你要過去，除非是打我們身上過去，我們就是死在老丞相馬蹄之下，也不放你老丞相。〔哭跪〕〔雷〕呔！可惱，這般老百姓真可惡，我們放馬過去。〔比〕且慢！〔笑〕哈哈哈！〔衆百姓〕丞相爲何發笑？〔比〕我笑你們可憐的愚民，真是不知好歹。〔衆百姓〕怎樣不知好歹？〔比〕起來，對你們講。〔衆百姓〕哦哦哦。〔起身〕〔比〕我主聽信妲己之言，纔造下鹿臺，害得你們民窮財盡，家破人亡。人民怨恨，諸侯背叛，昨日我上了一本，萬歲忽然覺悟，追悔莫及，不料如今妲己身染重病，陛下捨不得她即刻就死，故命雷開將軍前來迎接老夫入朝，商議國政，解去民苦，你們反不讓我入朝，豈不是不知好歹？〔衆百姓〕原來如此。〔一百姓〕分明是挖你的心，老丞相，你還來騙我們嗎？〔比〕唉！老夫從不妄言，此時入朝，少刻即有佳音，報與你們知道。〔衆百姓〕萬歲若真信你的話，改過自新，那有不放丞相前去的道理。〔比〕如此你們齊呼萬歲！〔衆百姓〕萬歲！〔比唱〕

此一番若能夠爲民松綁，我比干縱一死亦有餘光。望蒼天憐下民流離飄蕩，望蒼天降吉祥保佑吾商。〔下〕〔衆百姓唱〕但願得此一去吉人天相，廢妲己拆鹿臺重整朝綱。〔同下〕

第七場

〔夏、官、赫、昆上〕〔夏唱〕

天子無道殺丞相，〔官唱〕滿朝文武心着忙。〔赫唱〕捨死忘生把本上，〔小太監上〕呔！鹿臺禁地，無旨不得撞入哇！〔昆〕住了！〔唱〕緊急本章奏君王。

〔小太監〕原來是衆位大夫，有緊急本章，可是萬歲爲了蘇娘娘有病，那有心思理國事，有本改日再奏。〔官、昆、赫同〕一定要奏！〔夏〕且慢，怎麼妲己她病了麼？〔小太監〕不錯，她病了。〔夏〕你與我轉奏，就説夏超初學過神農氏的醫術，娘娘病體我會治。〔小太監〕待我轉奏。

〔下〕〔昆、赫同〕妲己死了，倒也痛快，你爲什麼反要與她治病？〔夏〕我那裏會治什麼病？不是這樣的誆他出來，那裏能見昏王的面哪！〔昆、赫同唱〕

他花言巧語這樣講，原來是設計將他誆。〔官唱〕鐘鼓之聲一齊響，

〔四太監，二刀斧手，費、尤引紂上〕〔紂唱〕快宣夏超醫娘娘。〔小太監〕萬歲有旨，宣夏超上鹿臺！〔夏〕好哇！〔唱〕夏超獨自見君王。〔昆、赫、官同〕且慢！〔唱〕同生同死齊把鹿臺上。

〔同上鹿臺〕臣等見駕！〔紂〕平身。〔昆、赫、官同〕謝萬歲！〔紂〕夏超，你言道曾受過神農氏傳授，有何妙方醫治娘娘。〔夏〕有的。祇要娘娘不造炮烙，不設酒池，不作淫曲，不作獸舞，不殺賢臣，不害百姓，她的病就會好了。〔紂〕嗯！你既無妙方，就有誆君之罪。〔夏〕主不誆臣，臣焉能誆君？〔紂〕寡人誆過誰來？〔夏〕陛下宣比干何事？〔紂〕這……我是一君，他是一臣，國家有事，難道孤王就宣他不得！〔夏〕什麼國家大事，分明是誆他前來，要他的赤心。〔紂〕這個……孤王要他的心，這與你有什麼相干？〔夏〕陛下！如今諸侯不來伐商，祇因有賢臣在朝，如今箕子佯狂，微子逃亡，就剩一個比干丞相，你還要挖他的心，與讒妃醫病，你今日挖了比干的心，恐怕明天天下的諸侯，要挖你的心肝。〔紂〕嘟！匹夫，焉敢罵孤，武士們，與我拿下來。〔武士欲拿夏〕〔赫、昆同奪刀〕誰敢來！昏王哪昏王！你不納忠言，一定要死無葬身之地也。〔同唱〕

昏王你把商湯喪，〔官唱〕信寵妲己可自盲。〔夏唱〕咬牙切齒罵君上，剝你皮來抽你腸。〔紂〕哇，呀呀呀！〔唱〕虎口捋鬚不自量，〔官上打紂，紂打死官。昆、赫取刀，與紂合鬥，紂殺赫、昆。夏打紂〕〔紂唱〕叫你碎骨如泥漿。〔打死夏〕

〔雷上，復旨。比上，見武士擡屍，又見夏死屍，哭，唱〕
一見夏超把命喪，點點珠淚灑胸膛。費仲尤渾爲虎倀，信寵妲己亂朝綱。許多忠良俱在鹿臺喪，不少的熱血灑朝廊。忠良的屍體速安放，〔四武士擡屍下〕〔接唱〕不由我一陣陣怒滿胸膛。自古忠良不怕死，怕死豈能爲忠良。怒氣不息鹿臺上，含悲忍淚見君王。

參見陛下！〔紂〕叔父平身！〔比〕萬萬歲！〔紂〕叔父，蘇娘娘病了。

〔比〕死了纔好!〔紂〕叔父,蘇娘娘與你何仇?你爲何盼她死呢?〔比〕老夫與她無仇,天下的百姓與她仇如山海。〔紂〕哎呀呀呀,〔怒〕祇因此病,太醫棘手,故而宣召叔父。〔比〕臣又不是神農,宣爲臣來,她也不能起死回生呀!〔紂〕胡喜媚能醫此病,祇是缺少藥引。〔比〕什麼藥引?〔紂〕七竅玲瓏心。〔比〕何爲玲瓏心?〔紂〕就是人心。〔比〕心在人膺內,怎知它玲瓏不玲瓏?〔紂〕胡喜媚這樣言講,滿朝文武都是血心,唯有叔父的乃是七竅玲瓏心。〔比〕爲臣的心,連陛下都不知道,胡喜媚甚等之人,怎能夠知道我的心是七竅玲瓏之心?〔紂〕叔父的心,孤王怎會不知,常言聖人心有七竅,人人稱叔父爲聖人,既是聖人,自然心有七竅,請你借心一片,若能醫好了蘇娘娘,你的功勞不小!〔比冷笑〕哈哈!心者一身之主,隱於肺內,坐六葉兩耳之中,百惡無侵,一侵即死。心正者,手足正;心不正者,手足不正。心乃萬物之靈,苗乃四象變化之根本。人心一動,性命即休矣!〔紂〕哼!你乃三朝元老,先王托孤的老臣,又是孤王的叔父,常聽你說爲君盡忠,今有蘇娘娘身染重病,向你借心一片,你都不肯,你這人呀,也太小氣了。〔比〕陛下呀!微臣雖死不惜,祇怕社稷丘墟,賢能盡絕,江山不保。〔紂〕江山不保也不要緊,叔父死了也不要緊,唯有娘娘是最要緊的。〔比〕哈哈!你聽妖婦之言,賜臣摘心之禍,祇怕比干在,江山在,比干亡,江山亡。〔紂〕哎呀,孤王不過向你借心一片,無傷於國事,何必正言厲色,你真是小題大做!〔比〕昏王呀!你這昏王,貪迷酒色,糊塗狗豬,去心一片,豈能得活!臣不犯挖心之罪,如何無故遭此極刑,你這昏君亂命,我不奉召。〔紂〕嘟!君叫臣死,不死爲不忠,臺上毀君,有愧臣節。武士們,抓下去將心挖了!〔費〕且慢,老丞相,萬歲不過向你借心一片,並非要你的全心。你若不允,難免真叫武士們動手,這不是太不體面了嗎?〔尤〕着哇!我要是你,早把這顆心獻上去了,可惜下官不是七竅玲瓏之心。〔比〕萬歲,微臣有一妙方,可治娘娘的病呀!〔紂〕

祇要醫好娘娘的病，就不用你受挖心之苦。〔比〕藥倒有，缺少藥引。〔紂〕什麼藥引？〔比〕娘娘良心不正，臣的心正，哪能醫好，若能醫娘娘的心病，非用費仲、尤渾的心不可。〔費、尤〕微哎呀萬歲！爲臣的心，早就死了，早就無用了。〔紂〕哼！祇要醫好娘娘，也無不可，可將藥名報來。〔比〕要醫此病，非用鶴羽化酒，鶴頂丹紅與妲己吃了。〔紂〕那不是死了嗎？〔比〕妲己死了，百姓就活了。〔紂〕好老狗，你敢害孤的美人！〔比〕她死了何妨，依我看來，你這昏王，也應當吃一些纔好。〔紂〕好老狗哇！〔唱〕

孤王聖旨敢違抗，還敢自誇爲忠良。〔比唱〕學一個關龍逢立廷諫上[3]，〔紂〕你是關龍逢，孤王是夏桀不成？〔比唱〕寵妲己和喜媚酒色淫荒。〔紂〕他造瑤臺，害百姓，怎比得孤王，孤王是有道的明君。〔比唱〕他造瑤臺你造鹿臺同是一樣，〔紂〕他有瓊室響廊，孤王沒有。〔比唱〕摘星樓勝過了瓊室響廊。〔費、尤〕爲王者，理當行樂，與臣子有什麼相干！〔紂〕着哇！〔比唱〕又恐怕弔民伐罪南巢放，〔紂〕夏臺囚了先王，故而諸侯不服，如今誰叛反寡人？〔比唱〕可見得囚羑里還有姬昌。〔紂〕寡人有托梁換柱之力，格殺猛獸之能，衆諸侯，我何懼哉！〔比唱〕夏桀他亦有那伸鈎縮鐵力量。〔紂〕孤王文有費仲、尤渾，武有崇侯虎，還怕誰來？〔比唱〕暴於辛詔觸龍還有趙梁。

〔紂〕呀！〔唱〕

聽他之言侃侃講，説得孤王臉無光。不叫比干回宮往，〔費、尤〕陛下你不挖他的心，娘娘就要痛死了！〔紂〕哎呀，叔父哇！〔唱〕借心一片有何妨！〔比〕好昏王！〔唱〕商朝有你難久享，看你是人面獸心腸。〔紂〕好老狗哇！〔唱〕寶劍付與你二人掌，挖他的玲瓏心好醫娘娘。

〔費、尤〕比干你拿心來，呀呀呀，比干快拿心來！〔比唱〕

盤古氏生兩儀變化四象，天皇氏製干支氣化洪荒。地皇氏定三星日月星朗，人皇氏分三區各據一方。混沌開原始氏何等樸贛，真是個無憂慮極樂之邦。這都是盤古氏無端囉唣，到如今崑崙離扭撐天梁。江漢千支入海潮，都是他弄的虛假之象。伏羲氏畫什麼奇和有偶，女媧氏補什麼地柱天梁。朱襄氏五弦瑟什麼巧妙[4]，有巢氏架什麼避風巢房。陳康氏教什麼舞外憨笑，葛天氏作什麼廣樂歌唱。神農氏做什麼百卉合草，軒轅氏做什麼厚薄衣裳。造什麼貨幣招惹什麼殃，韜爭奪殘酷的殺人刀棒，堯傳舜舜傳禹永傳家邦。夏桀王民咒詛斯日曷喪，嘆先王重遷居經營國邦。嘆先王怕鄰邦贈羊送酒，嘆先王殺葛氏恨民報仇。嘆先王十一征國無對手，嘆先王平夷狄解除民愁。嘆先王薦伊尹將君諫奏，嘆先王受盡了夏臺幽囚。嘆先王三面網何等仁厚，嘆先王弔民伐罪會諸侯。祇道是三字享國能長久，誰知道六百年成了冤家對頭。嘆昏王怎不學唐堯虞舜，怎不學夏禹王和我朝先君？王好比夏太康屍立失衆，王好比夏孔甲鑄劍監龍。王好比夏桀王把江山斷送，老比干好一似赤心龍逢。恨昏王設酒池終日沉醉，恨昏王寵妲己淫亂宮闈。恨昏王任費仲忠良告退，恨昏王造鹿臺聖德有虧。恨昏王殺忠良諸侯速背，恨昏王失民心難以挽回。最可恨那箕子爲人奴輩，最可憐微子啓有國難歸。最可憐姜皇后珠殞玉碎，最可憐梅伯炮烙骨化成灰。最可憐大商朝一旦破碎，最可憐衆百姓身受凍餒。造鹿臺使萬民傾家蕩產，最可憐鹿臺下孤魂冤鬼。最可憐我比干三朝元老，赤膽忠心祇落得挖心一死好不傷悲。

〔費、尤〕呔！像你這樣慢慢的！莫非貪生怕死嗎？〔比〕好奸臣！〔唱〕罵一聲狗奸賊心腸狡獪，巍巍的錦江山被爾顛危。恨奸賊不由我牙根咬碎，〔費、尤〕你再不割心，我們就要動手挖了！〔比〕你們不要動手，家將帶馬！〔二旗牌拉馬上，比拿劍欲下〕〔費、尤〕比干，你逃走嗎？〔比〕

我挖心之後，要去北門，死在先王靈前，我死也瞑目也。〔唱〕拼一死報先王死也光輝。〔挖心倒地〕

　　〔費、尤執盤捧心獻紂，衆人笑，同下〕〔二旗牌〕丞相。〔比疼，上馬下，一旗牌跟下，黃上〕丞相今在何處？〔旗牌〕丞相挖心已畢，乘馬已出北門，祭奠皇陵去了。〔黃〕哎呀，你去報與夫人、公子知道，待本爵追趕。〔旗牌〕遵命。〔下〕〔黃圓場，黃明、周紀、馬夫同上〕〔衆人〕啓稟王爺，比干丞相乘馬往北門而去。問他不言，不知何故。〔黃〕快快往北門追趕。〔同下〕

第八場

　　〔比出城，黃等人全出城。比夫人及公子出城。同下〕

第九場

　　〔宮娥，胡扶妲上〕〔妲唱〕

叫喜媚快攙我床沿靠攏，〔胡唱〕等候了玲瓏心與你調停。〔費、尤〕玲瓏心在此。〔胡〕呈上來，待我與娘娘和藥。〔合藥，妲服藥〕〔妲唱〕適纔服藥心血穩，哎呀！霎時間舒適遍全身。叫喜媚攙我來和順，不見聖上不放心。

　　胡喜媚，與我服的是什麼藥？一時之間我病體痊癒了！〔胡〕方纔費仲、尤渾二人送來比干之心，與你合藥。〔妲〕多謝喜媚之妙方。費、尤二卿，陛下在哪裏？〔費〕陛下爲娘娘之病，還在那裏發愁呢？〔妲〕那比干挖心之後，便怎麼樣？〔尤〕那比干挖心之後並不曾死，他上馬往北門去了。〔妲驚〕哦！你二人速速報與萬歲，就説我病體痊癒了，要陛下放心，你們下去吧！〔費、尤〕領旨。〔下〕〔妲〕喜媚，比干挖心不死，你可知道爲什麼？〔胡〕倒也不知。〔妲〕原來是姜子牙賜他符咒護身，

出百里之外，復生如初。〔胡〕這便如何是好！〔妲〕你不必擔心，待
我變一賣菜婦，在百里之內，破他法術便了。〔胡下〕〔妲唱〕

念真經祇一變，〔急下，變一賣菜婦又上〕管叫那比干染黃泉。

〔旗牌引比上〕〔比〕可到皇陵？〔旗牌〕出了北門九十九里，未到皇陵。
〔比〕待我加鞭。〔內喊：“賣無心菜喲！”〕〔妲上〕〔比〕誰賣的無心菜？
〔妲〕是我。〔比〕哎呀！你你你賣的無心菜？〔妲〕是呀！菜無心就不
能活，人若無心，就該死呀！〔下〕〔比〕哎呀！〔跌下馬死〕〔馬夫，
黃明，周紀，黃飛虎，夫人，公子，車夫同上〕〔眾人唱〕

蓋世忠良實可慘，從此成湯不周全。

〔黃〕將屍體抬下去！〔眾抬屍下〕

〔劇終〕

【校記】

〔1〕“徙”，原誤作“徒”。晉張華《博物志》卷七：“夏桀之時，
費昌之河上，見二日，在東者爛爛將起，在西者沉沉將滅，若疾雷之
聲。昌問於馮夷曰：‘何者為殷？何者為夏？’馮夷曰：‘西夏東殷。’於
是費昌徙疾歸殷。”

〔2〕“師涓”，原誤作“師渭”。《史記‧殷本紀》：“（帝紂）愛妲己，
妲己之言是從。於是使師涓作新淫聲，北里之舞，靡靡之樂。”

〔3〕“廷”，原誤作“延”，茲改。

〔4〕“朱襄氏五弦瑟”，原誤作“朱襄色五位瑟”。《呂氏春秋》卷
五：“昔古朱襄氏之治天下也……士達作為五弦瑟以采陰氣，以定
群生。”

卷之十一
繪　畫

　　作爲歷史名人，比干的形象也出現在歷代的繪畫特別是木刻版畫作品中。這些作品可以分爲兩類，一類是戲曲小説中的比干故事插圖，一類是想象中的比干肖像。它們非常直觀地表現出不同時代人們心目中比干的樣子。

　　這裏選録一些年代較早、藝術水準較高的繪畫作品。

　　清代以後的小説和族譜中，也有不少與比干相關的繪畫，大多比較粗略。民間收藏中還有許多文財神木版年畫，大都没有標注文財神即比干，同時刊刻年代也很難證實，且大量是近現代的作品，不屬於歷史文獻，因此本卷不再收録。

　　爲排版方便，所有圖像均置於本卷卷末。

160. 元佚名《比干射九尾狐狸》《剖比干之心》

【題解】

這兩幅木刻版畫是元代福建建安虞氏刊刻的《武王伐紂平話》（《全相平話五種》之一）中的插圖，是現存最早的比干題材的繪畫作品。其作者不詳。建安是宋元的出版中心，刊刻過大量圖書，特別是通俗讀物。虞氏是刻書的大家族，開辦過許多書坊。

原刻本上圖下文，相輔相成，共有圖像42幅，各幅從頁中折開，成爲上、下半頁兩幅。這一形式也爲後世的小說效仿。其圖像筆法質樸，構圖合理，人物簡潔生動。

161. 明汪耕繪、黃應組刻《比干剖心》

【題解】

本圖源自明萬曆二十八年（1600）新都汪氏環翠堂刻本《人鏡陽秋》，原無題。《人鏡陽秋》，明汪廷訥撰，是一部插圖本歷史人物故事，分爲忠孝節義四部，每人一幅插圖，附小傳和評論。汪廷訥，字昌朝，南直隸休寧人，是萬曆年間知名的文人、戲曲家和出版商。他以環翠堂名義刊刻的圖書，插圖精美，名盛一時。他不僅是本書的作者，也是本書的出版者。

關於本圖的繪畫者，今人據畫風等推斷是汪耕。汪耕，字于田，南直隸歙縣人。刻工黃應組，號仰川，南直隸新安人，本書第一圖有"剞劂氏黃應組"字樣。二人是萬曆間知名的插圖畫家和木刻家，有許多優秀的插圖存世，被認爲是徽派版畫的代表性人物。汪廷訥撰寫和出版的圖書，大都由二人擔任插圖繪工和刻工。本圖線條細膩，人物精細，刻工刀法流暢，是明代版畫中不可多得的佳作。

162. 明佚名《妲己設計害比干》

【題解】

本圖源自明末金閶書坊舒冲甫刻本《封神演義》，約刻於晚明。該書封面跋語署"金閶書坊舒冲甫識"，卷二前署"金閶載陽舒文淵梓行"，大概刻書者名文淵，字號冲甫、載陽。其生平已不詳。金閶是蘇州的代稱，因此可知此書是蘇州書商刊刻的。但繪工、刻工姓名都沒有標注。

全書卷前附插圖50頁，每頁上、下半頁各一幅，共100幅。繪圖和刊刻都相當精細，代表了蘇州刻書的風格。它對後世的《封神演義》插圖，以及民間繪畫中封神榜人物的形象繪製，都有很大影響。

163. 清佚名《商王子像》

【題解】

此像源自清佚名繪《歷代名臣像解》。《像解》是一部紙本彩繪肖像畫册，收錄自遠古至明末256位名臣的肖像，各人附小傳，以人物的年代爲序。繪圖者姓名、年代不詳。所繪人物最晚者是明末史可法，推測可能是清初或稍後的作品。

這幅肖像是現查到的最早的比干像，筆法細膩，表情生動，表現出自信而又歷經滄桑的神態。此據1996年河北美術出版社出版的《中國歷代帝王名臣像真跡》複製。該書《出版説明》説，《像解》有較重的民間氣息，可能出自民間畫師。可備一説。

浙江省圖書館《中國歷代人物圖像》數據庫收録此肖像，注出"清代修《福建惠安西河林氏族譜》"，誤。中國國家圖書館"地方館藏特色資源"數據庫，也據浙江省圖書館數據庫收録，但没有標注原始出處。

164. 清佚名《文曲星殷比干像》

【題解】

此像源自清佚名繪《封神真形圖》。此册是一部墨繪本《封神演義》人物肖像，收録肖像50幅，個別人物附有題詩。繪畫者姓名、年代不詳。原本收藏於臺北"國家圖書館"。

這幅比干肖像線條明快流暢，人物表情和服飾都傳達出喜慶的氣氛，顯然描繪的是比干被封爲文曲星之後的情形。

元佚名《比干射九尾狐狸》

元佚名《剖比干之心》

比干射九尾狐狸

剖比干之心

明汪耕繪、黃應組刻《比干剖心》（左幅）

明汪耕繪、黃應組刻《比干剖心》（右幅）

明佚名《妲己設計害比干》

清佚名《商王子像》

清佚名《文曲星殷比干像》

卷之十二
無心菜與無心草

在明代小説中，比干因爲吞食了姜子牙的符咒，剖心之後不死，走馬出北門，遇到一個叫賣無心菜的民婦，問："人若無心如何？"民婦説："人若無心便死。"於是比干大叫一聲，跌下馬來，一腔熱血濺灑塵埃。

無心菜在民間傳説中又演化爲無心草，成爲一種與比干相關的文化現象。依照小説，叫賣無心菜是在朝歌城北，即今河南淇縣。現實中相關的無心草最早出現在山東鉅野比干村，明萬曆年間已有記載。民國初年，衛輝比干墓也栽種有無心草。留馬村也有無心菜傳説，雖然出現較晚，但至少明嘉靖年間林縣就有出産無心草的記録。

無心草究竟是什麽草，説來十分複雜。過去對植物的文字、圖片描述大都很簡略，加上植物又有別名、同名現象，所以衆説紛紜。梳理古籍，除叙述過簡而無法明確者外，無心草有四種，一是薇銜草的別名，一是鼠耳草的別名，一種是本名就叫無心草的，還有就是衛輝無心草——半夏。

現代植物學和中藥學中的"無心菜"（Arenaria serpyllifolia L.），見於《中國植物志》著録，係據《臺灣植物志》命名，又據《植物名實圖考》列異名"小無心菜"；《中華本草》以"小無心菜"爲正名。它與傳統《本草》體系中的無心草無關。

以下分門別類，輯録相關文獻。其中鉅野無心草已見卷四，林縣留馬無心草另見卷十三，不再重複。

一、薇銜別名

薇銜是《神農本草經》中記載的365種藥物之一。先秦時代已有應用。宋代以前，別名有麋銜、鹿銜、吳風和無心草等。明代以來解釋混亂，不清楚爲何物了。《中華人民共和國藥典》《中華本草》《中國植物志》均未收録。所收有"鹿銜草"（Pyrola decorata H. Andres），係據《滇南本草》命名的植物，與薇銜無關。

165. 佚名《素問》

帝曰："善。有病身熱解墮，汗出如浴，惡風少氣，此爲何病？"歧伯曰："病名曰酒風。"帝曰："治之奈何？"歧伯曰："以澤瀉、術各十分，麋銜五分，合以三指，撮爲後飯。"（《黄帝内經素問》卷十三）

【題解】

《黄帝内經》是我國現存最早的醫學著作，約成書於戰國至秦漢間，成書後冠以黄帝之名。《素問》是其中的一部分。文中提到的麋銜，後世稱爲薇銜，即無心草的別名。

166. 東漢佚名《神農本草經》

薇銜：味苦平。主風濕，痺歷，節痛，驚癇，吐舌，悸氣，賊風，鼠瘻，癰腫。一名麋銜。（從《經史證類備急本草》卷七引）

【題解】

《神農本草經》是中國最早的中藥學著作，收錄了 365 種藥物。傳説是上古嘗百草的神農氏所作，但由於《漢書·藝文志》沒有記載，六朝以來的學者一般認爲成書於東漢。原書久已不存，但傳世的藥學著作，大都是在它的基礎上增補修訂，發展而來，因此其内容在後來的本草類圖書中得以保存。

167. 魏晉佚名《名醫别録》

（薇銜）一名承膏，一名承肌，一名無心，一名無顛。生漢中川澤及冤句、邯鄲。七月採莖葉，陰乾。（從《經史證類備急本草》卷七引）

【題解】

《名醫别録》是魏晉時期名醫關於藥物的著述，有人認爲是南朝陶弘景彙輯的，也有人認爲陶氏之前已彙編成書。陶弘景撰寫了注釋《神農本草經》的著作《本草經集注》，並將《名醫别録》的内容分别插入其中。《名醫别録》和《本草經集注》都久已失傳（後者的首卷《序録》存有敦煌寫本），同樣在後世的本草書中得以體現。這裏最早記載了薇銜的别名爲無心草。

168. 唐李勣、蘇敬等《新修本草》

　　此草（薇銜）叢生，似茺蔚及白頭翁。其葉有毛，莖赤，療賊風大效。南人謂之吳風草。一名鹿銜草，言鹿有疾，銜此草差。又有大小二種，楚人猶謂大者爲大吳風草，小者爲小吳風草也。（從《經史證類備急本草》卷七引）

【題解】
　　《新修本草》是中國第一部官方藥典，也是世界上最早的藥典，由英國公李勣領銜，蘇敬（避宋諱改爲蘇恭）承擔主要工作，成書於唐顯慶四年（659），又稱《唐本草》。它是在《本草經集注》基礎上重新編纂，增加了114種藥物。原書有文有圖，文字部分日本存有早期抄寫的殘卷。其内容在中國後來的本草類圖書中也有體現。圖的部分在宋代失傳了。

　　"薇銜"條原在卷七《草部上品之下》，這一卷已經失傳。

169. 唐陳藏器《本草拾遺》

　　（薇銜）一名無心草，非草無心者。南人名吳風草，方藥不用之。（從《經史證類備急本草》卷七引）

【題解】
　　陳藏器，生平不詳。《本草拾遺》是一部針對《新修本草》補闕拾遺的著作，成書於開元二十七年（739）。原書也久已失傳，部分内容收録在後世的本草圖書中。

170. 宋蘇頌《本草圖經》

（薇銜）葉似芄蔚，叢生，有毛，黃花，根赤黑也。（從《經史證類備急本草》卷七引）

【題解】

蘇頌（1020—1101），北宋學者，嘉祐年間任職於校正醫書局，參與編纂國家藥典《嘉祐本草》。《本草圖經》是一部圖典，用以彌補《嘉祐本草》沒有圖片的缺憾。爲此，朝廷曾下詔，命全國各地呈送藥物的圖畫、説明和樣品。書成於嘉祐六年（1061），次年刊行。原書已失傳，内容則基本完整地保存在北宋晚期唐慎微編纂的《經史證類備急本草》中。其書存在有圖無説、有説無圖的現象。"薇銜"一條沒有插圖。

171. 明劉文泰等《本草品彙精要》

【題解】

《本草品彙精要》是明孝宗下詔編纂的一部官修藥典，由太醫院院判劉文泰任總裁。它是在《政和本草》基礎上刪繁補缺而成，成書於弘治十八年（1505）。當時太醫院人學術不精，此書多有舛誤。書成後不久，孝宗因醫療事故駕崩，劉文泰等被判斬（後來得免）。此書遂深藏內府，民國以後纔得以印行。原書的插圖都是重新彩繪，十分精美，迄今未有彩印出版。其中前代《本草》缺失的圖，都加以補繪。但是補繪的植物，未必可信。

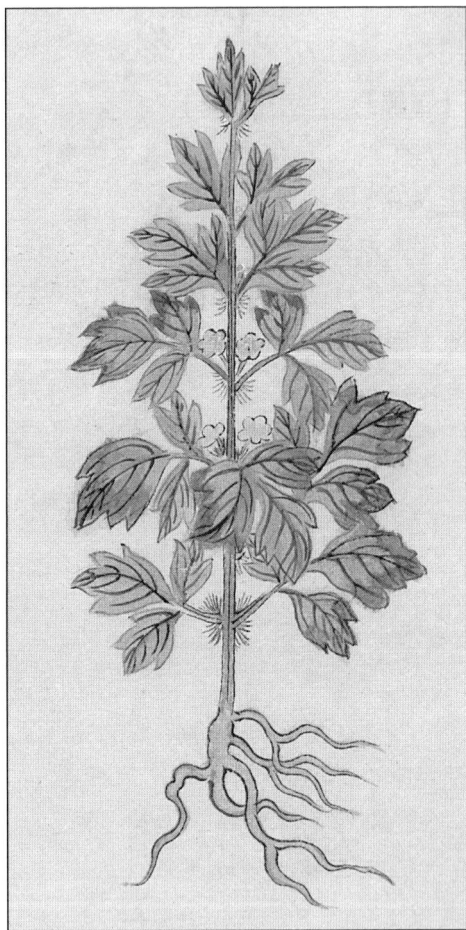

薇銜條在原書卷九，文字内容是簡化的前代《本草》。插圖爲增繪。圖示的植物類似艾（Artemisia argyi H. Lév. & Vaniot），即《神農本草》中的白蒿。

172.明李時珍《本草綱目》

【題解】

　　李時珍（1518—1593），明代知名醫學家。《本草綱目》是一部本草名著，是在《經史證類備急本草》等前代《本草》圖書的基礎上加以補充，重新分類編成。

　　薇銜條在原書卷十五《隰草類上》，内容基本承襲前代《本草》，並補充資料，加以説明。卷前《附圖》收録了右圖，是由李時珍的兒子李建元繪製。圖示的植物類似於蒿，與《本草品彙精要》差距很大。

　　薇銜條末尾附録了《本草圖經》中的無心草（詳後），認爲二者可能同

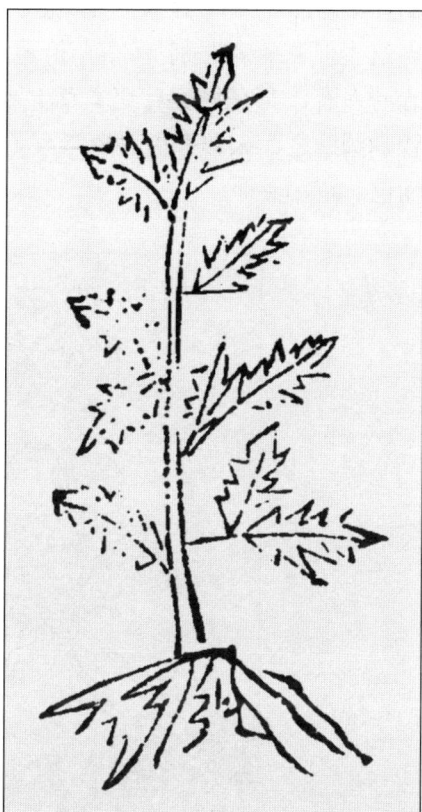

是一草，説："麋銜，一名無心草。此草功用與之相近，其圖形亦相近，恐即一物也。故附之俟訪考焉。鼠耳草亦名無心，與此不同。"但《本草圖經》中的無心草插圖，與此圖差異更大。

173. 清吳其濬《植物名實圖考》

薇銜:《本經》上品。《唐本草》注謂之鹿銜草,言鹿有疾,銜此草即瘥。今鹿銜草《安徽志》載之,治血病有殊功,而形狀與叢生似茺蔚者迥別。《本草拾遺》一名無心草。今無心草平野春時多有,形狀既與《唐本草》不符,與《圖經》無心草亦異。皆別圖繪之,未敢合併。蓋諸家圖說不晰,方藥少用,姑存其名而已。(卷十一)

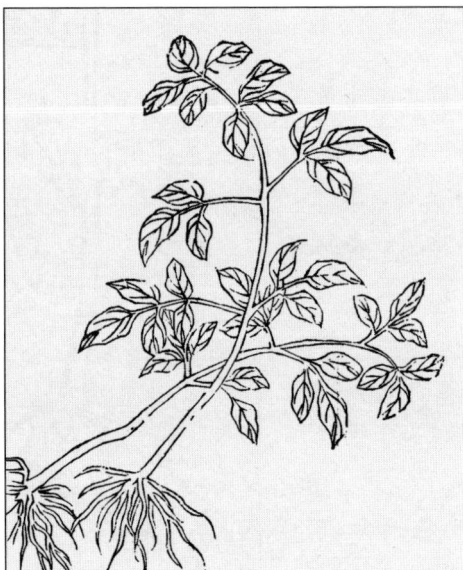

【題解】

吳其濬(1789—1847),河南固始人,知名學者和官員,曾經擔任湖廣、雲貴總督及山西巡撫等職。《植物名實圖考》是一部植物學名著,現代植物學中,不少植物的中文命名取自於該書。

文中講到,這裏的薇銜是安徽地方志所載的另一種鹿銜草,也叫無心草，當時很常見，與以往《本草》的薇銜未必同是一物。作者認爲，前代《本草》的薇銜解説不清，藥方中也不常用，祇是徒有其名而已，不妨張冠李戴一下。

此無心草今已不明。

二、不明確者

174. 晋葛洪《抱朴子》

玉脂芝，生於有玉之山，常居懸危之處。玉膏流出萬年已上，則凝而成芝，有似鳥獸之形，色無常采，率多似山玄水蒼玉也，亦無明如水精。得而末之，以無心草汁和之，須臾成水，服一升得一千歲也。（内篇卷十一《仙藥》）

【題解】

葛洪（約281—341）是東晋知名的道家人物。《抱朴子》是他的道學著作，講述了許多道家不可思議的事物，大體上這段文字可以視爲妄誕不經。

三、鼠耳草別名

鼠耳不見於《神農本草經》，是陶弘景據《名醫別録》補入《本草》的經外藥物，在唐《新修本草》中被列入“有名無用”的第二十卷，此卷所列，都是“陶弘景不識，今醫博識人亦不識者”。可見自陶弘景開始，就不知道鼠耳草是什麽草了。宋代的幾種《本草》都照抄了《唐本草》的鼠耳草，列在“有名無用”那一卷。

　　此外，另有一種藥用植物鼠麴草，別名也叫鼠耳草。最早見於南朝梁宗懔《荆楚歲時記》。唐陳藏器增入《本草拾遺》。約五代日華子《日華本草》有同樣記載。宋掌禹錫編《嘉祐本草》時，補入卷十一。宋蘇頌《本草圖經》未收。明劉文泰《本草品彙精要》補繪了插圖。

　　李時珍《本草綱目》認爲鼠耳草即鼠麴草，將它合併到鼠麴草條下，列爲同一種藥物。其論據不夠充分。其插圖也與《本草品彙精要》完全不同。

　　現在，《中國植物志》著録有"鼠麴草"（Gnaphalium affine D. Don），命名取自《日華本草》；《中華本草》則作"鼠曲草"，命名取自《本草拾遺》，並繼承《本草綱目》，將《名醫別録》的"鼠耳""無心"列爲鼠麴草異名。但是，《中國植物志》《中華本草》圖示的鼠麴草（《中國植物志》指定圖示爲《中國高等植物志》插圖），與《本草綱目》的鼠麴草插圖，明顯不是同一品種。《中華人民共和國藥典》未收鼠麴草、鼠耳草。

175. 魏晉佚名《名醫別録》

　　鼠耳，味酸，無毒。主痹寒、熱[1]，止咳。一名無心。生田中下地，厚華肥莖[2]。（從唐《新修本草》卷二十引，亦見《經史證類備急本草》卷七引）

【校記】

　　〔1〕主痹寒、熱，《經史證類備急本草》卷七引作"主痹寒、寒熱"。

　　〔2〕厚華肥莖，《經史證類備急本草》卷七引作"厚葉肥莖"。

176. 唐段成式《酉陽雜俎》

蚍蜉酒草，一曰鼠耳，象形也，亦曰無心草。（前集卷十九）

【題解】

段成式（約803—863），唐朝知名的志怪小説家。《酉陽雜俎》也被歸入志怪小説一類，記録了許多奇奇怪怪、不見經傳的事物。

【附録】鼠麴草

（1）宋掌禹錫《嘉祐補注神農本草》："鼠麴草：味甘平，無毒。調中益氣，止洩，除痰，壓時氣，去熱嗽。雜米粉作糗，食之甜美。生平崗熟地，高尺餘，葉有白毛，黄花。《荆楚歲時記》云：三月三日，取鼠麴汁，蜜和爲粉，謂之龍舌䉽，以壓時氣。山南人呼爲香茅。取花雜櫸皮染褐，至破猶鮮。江西人呼爲鼠耳草。（新補。見陳藏器、日華子）"（《經史證類備急本草》卷十一引）宗懍《荆楚歲時記》、陳藏器《本草拾遺》、日華子《日華本草》都已失傳，已無法分辨三書各自内容。

（2）宋《寶祐仙溪志》卷一："鼠麴，藍色，生山園中。土人多以米粉并糖和作餅，其味香美。《艾軒集》

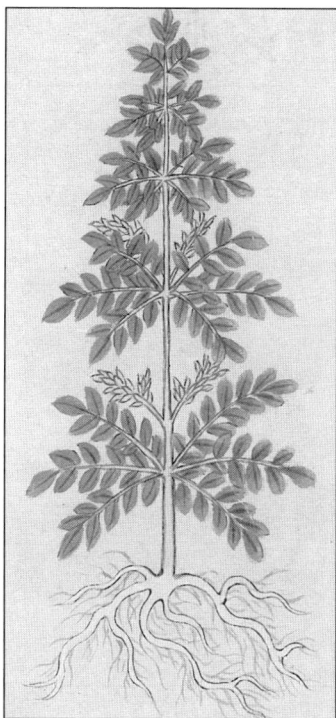

明劉文泰等《本草品彙精要》卷十五圖

謂之暑菊。"《仙溪志》是福建仙遊縣的地方志。《艾軒集》是南宋理學家林光朝（1114—1178）的著作，今存本中沒有見到關於暑菊的記載。

（3）明劉文泰等《本草品彙精要》卷十五（圖見上頁）

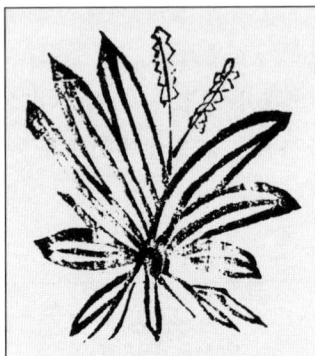

（4）明李時珍《本草綱目》卷十六："鼠麴草：……麴，言其花黃如麴色，又可和米粉食也；鼠耳，言其葉形如鼠耳，又有白毛，蒙茸似之。……《日華本草》鼠麴即《別錄》鼠耳也。唐宋諸家不知，乃退鼠耳入有名未用中。"

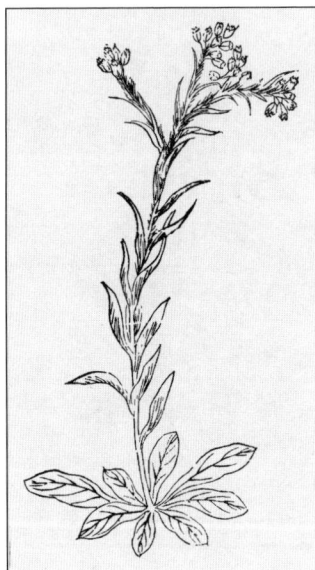

（5）清吳其濬《植物名實圖考》卷十四："鼠麴草：《本草拾遺》始著錄，李時珍以爲即《別錄》鼠耳、《藥對》佛耳草。《酉陽雜俎》：蚍蜉酒，鼠耳也，即此。今江西、湖南皆呼爲水蟻草，或即蚍蜉酒之意，煎餅猶用之。雩婁農曰：鼠麴染糯作糍，色深綠。湘中春時粥於市，五溪崗中尤重之。清明時必採製以祀其先，名之曰青。其意以爲，親沒後，又復見春草青青矣。"根據其所示插圖，有學者認爲可能是寬葉鼠麴草［Gnaphalium adnatum (Wall. ex DC.) Kitam.］。

四、商州、秦州無心草

　　商州、秦州無心草是同一種草，始見於宋蘇頌的《本草圖經》，有文有圖。但宋以後人們就不知其爲何草了。明李時珍《本草綱目》附録在薇銜條末尾，懷疑它即是薇銜，但未下結論，已見前引。明劉文泰《本草品彙精要》、清吳其濬《植物名實圖考》都重繪了插圖，沒有補充新的信息。

177. 宋蘇頌《本草圖經》

　　無心草，生商州及秦州。性溫，無毒。主積血逐氣，塊益筋節，補虛損，潤顏色，療澼洩、腹痛。三月開花，五月結實，六七月採根苗，陰乾用之。(從《經史證類備急本草》卷三十一引)

【題解】

　　前邊提到，《本草圖經》的基本內容，保存在北宋晚期唐慎微編纂的《經史證類備急本草》中。此書在稍後的流傳中，經不同人的修訂、校勘，分化出不同的系統。各系統的插圖稍有差異。下頁左上圖出自北宋大觀年間艾晟修訂的《大觀本草》系統，南宋嘉定四年（1211）刊刻的《經史證類備急本草》卷三十一，其源出於淳熙十二年（1185）江南西路轉運司刻本；右下圖出自北宋政和年間曹孝忠修訂的《政和本草》系統，蒙古定宗四年（1249）刊刻的《重修政和經史證類備用本草》卷三十。

178. 明劉文泰等《本草品彙精要》卷四十一

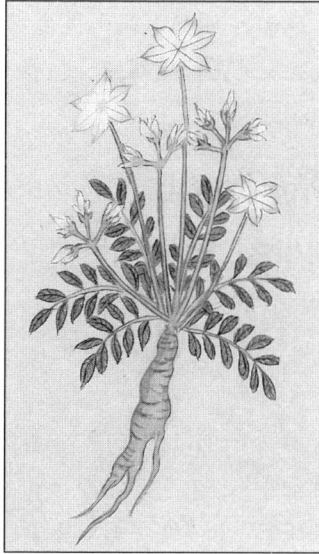

179. 清吳其濬《植物名實圖考》卷十四

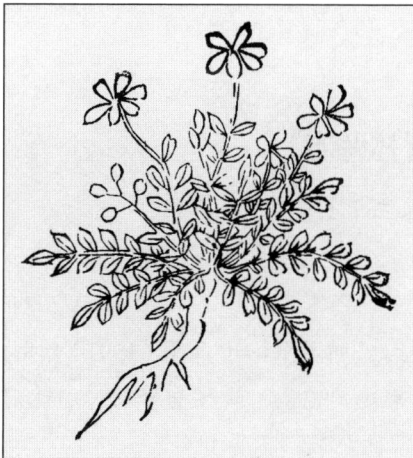

五、林慮無心草

林慮，即林縣林慮山，林縣以此山得名。林慮山出產無心草，明代已有記載，但已不知道是什麼樣子，僅存其名。

180. 明崔銑《嘉靖彰德府志》

林慮天平，藥物頗盛。雖於用有粗有良，今備録載之，資博求者：……無心草……（卷八《雜志·藥品》）

【題解】

明代設彰德府，治所在今河南安陽。《彰德府志》是彰德府的地方志，成書於嘉靖元年（1522）。作者崔銑（1478—1541），是安陽一位大名鼎鼎的學問家。《彰德府志》大量、整篇引用了宋陳申之編寫的《相臺志》（參見卷十三），這段關於林慮山藥材的記載很完整，也有可能源自《相臺志》。

林縣屬彰德府轄。"林慮天平"是指彰德府轄下的林縣林慮山脉的天平山。

181. 明《萬曆林縣志》

無心草。（卷三《土產·藥屬》）

【題解】

《萬曆林縣志》，明萬曆二十五年（1597）刊刻出版。上述內容當是抄自《嘉靖彰德府志》。此後纂修的《彰德府志》《林縣志》，大都承襲了無心草的記載，不再贅引。

六、汲縣無心草（半夏）

　　半夏［Pinellia ternata (Thunb.) Ten. ex Breitenb.］是歷史悠久而又應用普遍的常見藥用植物，《神農本草經》中已有記載，歷代傳承清楚，現在的《植物志》《藥典》都有收錄。但在古籍中，它從未有"無心草"或"無心菜"的異名。大約清末民初，汲縣比干廟的道士在比干墓上種植了半夏，稱之爲無心菜或無心草，延續至今。

　　以下選録《本草》文獻兩則，並輯録近代比干墓無心草的資料。

182. 東漢佚名《神農本草經》

　　半夏，味辛，平。主傷寒、寒熱，心下堅，下氣，喉咽腫痛，頭眩，胸脹，欬逆，腸鳴，止汗。一名地文，一名水玉。（從《經史證類備急本草》卷十引）

183. 宋蘇頌《本草圖經》

　　半夏，生槐里川谷，今在處有之，以齊州者爲佳。二月生苗，一莖，莖端出三葉，淺緑色，頗似竹葉而光。江南者似芍藥。葉根下相重生，上大下小，皮黃肉白。五月、八月内採根，以灰裹二日，湯洗曝乾。一云五月採者虛小，八月採者實大，然以圓白陳久者爲佳。其平澤生者甚小，名羊眼半夏。又由跋絶類半夏，而苗高近一二尺許，根如雞卵，大多生林下，或云即虎掌之小者，足以相亂。半夏主胃冷嘔噦，方藥之最要。（從《經史證類備急本草》卷十引）

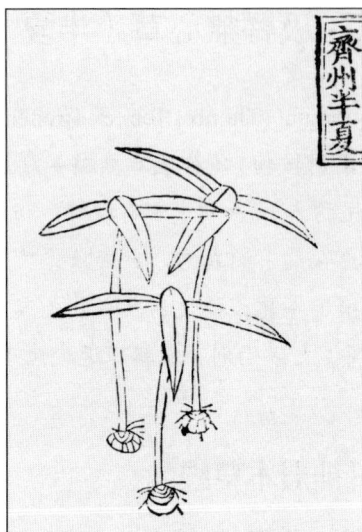

184. 民國林修《謁太始祖比干公墓記》

　　墓旁有無心草，俗又稱無心菜，惜方萌芽，不能擷取，道士謂俟滋長後，郵寄數本與修，且以餉我宗人也。（旅菲西河林氏宗親總會《西河林氏族志》）

【題解】

此文作於民國六年（1917）四月一日，已見前引。這是比干墓栽種無心草的最早記載。照片右側可見盆栽植物前挂的牌子上，有"無心菜"三字。但作者並沒有説明無心菜是什麽植物，從照片上也無法辨别。

185. 民國鐵展畫刊特刊編委會《比干墓之無心草》

殷太師比干墓，距汲縣車站二十里許。墓上有無心草，今則移植於盆。（《鐵展畫刊》1934年第1期）

【題解】

　　《鐵展畫刊》是鐵道部全國鐵路沿線出産貨品展覽會出版的刊物，宣傳鐵路沿線的特産和風光。這一期介紹了道清鐵路旁的比干廟，刊發了上邊的圖片。

比干廟中栽種的半夏，2022 年

卷之十三
留馬村與留馬比干廟

　　留馬地處太行山腳下的一塊小平原，位於北緯36°1′4″，東經113°92′9″，是一個古老的村莊，至少在宋代就有了留馬村名，歷史上一直屬於林縣管轄，現屬林州市橫水鎮。明初，在它的東北方幾百米處，設立了一個軍屯，叫留馬村屯，後來也叫留馬營、營里村。現在，隨着村莊的發展，兩個村已經連爲一體了。

　　這裏是殷商先民的故地，東距商代的故都殷墟約36千米，南距商紂王的離宮朝歌約50千米。在民間傳說中，比干剖心之後，騎馬出城，來到此地，遇賣菜女問答，氣絕身亡，馬留於此，因而有了留馬的村名。在豫劇故事中，姜子牙曾交代比干，出朝歌城北門百里之外，可以逢凶化吉。而比干走了九十九里，遇到賣菜女。從里程上來說，這地方差不多正是留馬村。

　　留馬村比干廟，是祭祀比干的一座祠廟，創立時間已不可考。明萬曆四十二年（1614）曾經重修，立有《重修題名碑》。清乾隆十年（1745）又曾重修，立有碑記。其他時代的重修未見記載。1992年，我的祖母曾發起並主持重修。最近一次重修是2019年。

一、林縣名稱的由來

先秦文獻中祇有一次提到"臨慮"，一般認爲就是現在的林縣。西漢的行政區劃設置了隆慮縣，是由縣北的隆慮山得名。東漢時避殤帝諱改爲"林慮縣"。金代曾升爲林州，以後多次升降，至明洪武三年（1370）固定爲縣，持續到民國。

民國年間，曾有學者提出，林縣的名稱是由林慮山而來，與比干相關，但沒有文獻依據。

186. 戰國荀況《荀子》

今秦南乃有沙羨與俱，是乃江南也。北與胡貉爲鄰；西有巴戎；東在楚者乃界於齊，在韓者踰常山乃有臨慮，在魏者乃據圍津。（《彊國》）

【題解】

一般認爲，這裏的"臨慮"即隆慮，是林縣地名最早的記載，當時是韓國的轄地。

187. 東漢班固《漢書》

河内郡……縣十八：懷，汲，武德，波，山陽，河陽，州，共，平皋，朝歌，脩武，温，墅王，獲嘉，軹，沁水，隆慮①，蕩陰。(卷二十八《地理志》)

【題解】

這是隆慮設縣的最早的記載。應劭注釋説，因避東漢殤帝劉隆之諱，改爲林慮。漢殤帝，剛滿百天登基，在位不到一年夭折。

【注釋】

①東漢應劭注：“隆慮山在北，避殤帝名改曰林慮也。”

188. 北魏酈道元《水經注》

洹水……東過隆慮縣北。

縣北有隆慮山，昔帛仲理之所遊神也。縣因山以取名。(卷九《洹水》)

【題解】

這裏首次明確説，隆慮的縣名是由隆慮山而來。

189. 民國林傳甲《大中華河南省地理志》

黄河以北，太行山脉，自山西底柱，析城、王屋，迤邐而來。蟠於河北道西、北、中三部。……在境内者，則以林慮山爲河北之鎮，以象林氏蕃於河北之狀況，至今稱爲林縣。比干墓爲林氏之祖塋，其脉即來自林慮。古時長林豐茂，比干之子堅奔長林而得姓焉。（第十三章《太行及王屋山脉》）

【題解】

林傳甲（1877—1922），福建侯官人，近代知名學者。《大中華河南省地理志》是他和他的弟弟林傳濤共同編寫，民國九年（1920）由大總統徐世昌資助出版的。按文中所述，林縣命名的來源是因爲"長林"和林氏，與比干的兒子林堅相關。這一解釋與古籍的記載完全不符，沒有根據。大概是由於作者爲福建林氏，其氏族奉比干爲先祖，纔有此偏愛之説。參見本書卷六。

二、留馬村沿革

190. 宋陳申之《相臺志》

林縣。……趙村管統村十三：北郭下，曲山，趙村，留馬，白壁，西黃木，東黃木，南流泉，李村，臺村，上史家泉，下史家泉，邏口。（從《嘉靖彰德府志》卷八《雜志·村名》引）

【題解】

宋代安陽名爲相州，相州有銅雀臺，所以被稱爲"相臺"。《相臺志》十二卷，即相州的地方志，是北宋元祐年間（1086—1094）相州知州李琮，命本州的文學掾（官名）陳申之編纂的。原書在明代中葉失傳了。明嘉靖年間，安陽的大學問家崔銑在編纂《彰德府志》的時候，即以《相臺志》爲基礎進行增删，並大量引用了原文。

　　林縣是相州的屬縣，所以《相臺志》也收錄了林縣的資料。以上所引的地名，崔銑明確説是“宋志”的原文：“村名，《宋志》所載也，雖分隸與今或異，然其傳邈矣。悉仍舊録焉。”意思是，這些村名雖然與現代的行政隸屬關係不一樣了，但已流傳很久了。

　　這是最早記錄留馬村村名的文獻，距今快一千年了。據此可知，當時趙村是一個行政村，留馬村則是自然村，屬趙村管轄。

191. 明崔銑《嘉靖彰德府志》

　　守禦林縣中千户所：在縣治東南修文坊。洪武七年，撥守蟻尖寨。二十四年，移入縣。二十八年，千户張成等建鎮撫十百户所。附官十八員（正千户三員，副千户四員，百户十員，鎮撫一員）；旌軍一千一百二十一名；屯田九，曰諸翟，曰張村，曰橫水，曰留馬，曰黃華，曰趙村，曰柳灘，曰東泊，曰廣運；原降守城軍器一千六十二件。（卷三《建置志·林縣·行署》）

【題解】

　　明代軍隊編制中設有“千户所”，千户所下設百户所。同前代一樣，明代也實行屯田制，軍隊駐紮的地方有自己的耕地，以供給軍需。文中講到，洪武七年（1374），林縣設立了“守禦林縣中千户所”，二十八年（1395），設立了十個百户所。全縣共有九處屯田，留馬村是其中一處。他們的兵器都是元代守城部隊投降後留下來的。

192. 清《康熙林縣志》

　　明洪武三年降爲縣，屬彰德府。初爲四鄉，曰賢孝、忠義、仙岩、孝感。後改四鄉爲十三社，作三十二里。永樂十年，歸併爲二十五里。後相繼遷民，加以軍屯十七處，編爲八里，合前共作三十三里。天順六年，湊撥二里，共編户三十五里。

本朝因之。順治十六年，裁本縣守禦千户所，歸併本縣爲三十六里云。

……

諸翟社管二里（俱在縣東二十里）

曲陽社管三里（其一在縣北二十里，其二在縣北三十里，其三在縣東三十里）

……

林所，管一里。諸翟村屯，在縣東南十里；張村屯，在縣北二十里；横水村屯，在東南二十里；留馬村屯，在縣東北二十五里；黃花村屯，在縣西北三里；趙村屯，在東北二十里。柳灘村屯，在縣西北十里；東泊村屯，在縣北二十里；彰德廣潤泊屯，在縣東南一百三十里。（卷一《沿革·邑里》）

【題解】

《康熙林縣志》編成於康熙三十三年（1694）。

明代以前，留馬村在縣以下的行政機構中，隸屬關係已經没有記載了。這裏講到明代以來的情况，基本上都是從《萬曆林縣志》《順治林縣志》抄録下來的。

由此可知，明洪武三年（1370），林縣下設4個“鄉”，後來撤鄉改社，改爲13個“社”。社下設“里”，最初設32個里，永樂十年（1412）合併爲25個里。後來，外邊遷來了一些移民，加上軍屯，又編成8個里，總共33個里。天順六年（1462），又撥來兩個里，成爲35個里。里下爲村。但這裏没有記載留馬村屬於哪個社哪個里管轄。從方位推測，應該屬於諸翟社或者陽曲社。

　　清順治十六年（1659），政府把明代設置的軍隊機構千户所撤銷了，交給地方管理。原來的那些軍屯，被編成一個里，其中就包括"留馬村屯"。管理這個里的上級叫"林所"，是一個與"社"平級的特別行政機構。

　　趙村管統村十三：北郭下，曲山，趙村，留馬，白壁，李村，西黃木，東黃木，南流泉，臺村，邏口，上史家泉，下史家泉。（卷一《沿革·村疃》）

【題解】

　　這段話是從《嘉靖彰德府志》抄來的，並不是當時的實際行政區劃。

193. 清《乾隆林縣志》

里社

　　乾隆五年，知縣丁永琪盡革里書牌甲，改三十六里爲三十鄉。按縣屬東南西北，分爲四方。每方分爲五鄉，而南方屯所附焉。

　　……

　　東方五鄉：

　　馬鞍山，九家莊，大白壁，小白壁，翟曲村，李家莊，東下洹，張家井，簸箕掌，窑頭村，馬家莊，達連池，留馬村，楊家窑，火龍山，曲山村，管家莊，段家窑，太平莊，蔣塾村，石家塾，高阜村，西下洹，焦家灣，蔣裡村，韓家屯，火燒屯。

　　……

屯所：

……留馬村

鄉總

東方（共三總巡）：

東方北半總巡（管二鄉長）：

嶺西鄉長（管四約）

……

留馬村鄉約：留馬村，西趙村，東趙村，楊伯山屯

……

留馬營甲長：留馬營

（卷一《疆域志》）

【題解】

《乾隆林縣志》編成於乾隆十七年（1752），記録了林縣的許多風土民情，是歷代縣志中非常有特色的一部。

清代縣以下的機構非常混亂，全國没有統一規定，各縣都不一樣，而且經常變化。

里社，是行政管理體系。它的職責主要是徵收税賦，分派徭役，管理户籍。乾隆五年（1740）撤里改鄉，把全縣按方位劃分成25個鄉，加上縣城爲30個鄉。留馬村歸屬東方五鄉。此外還在南方附設了一個特别行政機構"屯所"，來管理原來的那些軍屯，包括留馬的這個屯。

鄉總，是治安和道德管理體系，帶有些半官方半民間的性質，主要功能是勸善懲惡，解決民事糾紛和小的刑事案件。全縣劃分爲5個區域：城關和東、南、西、北四方。每個區域，自上而下有三個層級：總巡、鄉長、鄉約。一個鄉約管理若干個村。

　　以上可見，留馬村設有一個鄉約，下邊管了4個村莊，上邊從屬於東方的東方北半總巡的嶺西鄉長。另外，留馬的軍屯戶，還設了一個留馬營甲長，直接歸嶺西鄉長管。

194.《民國林縣志》

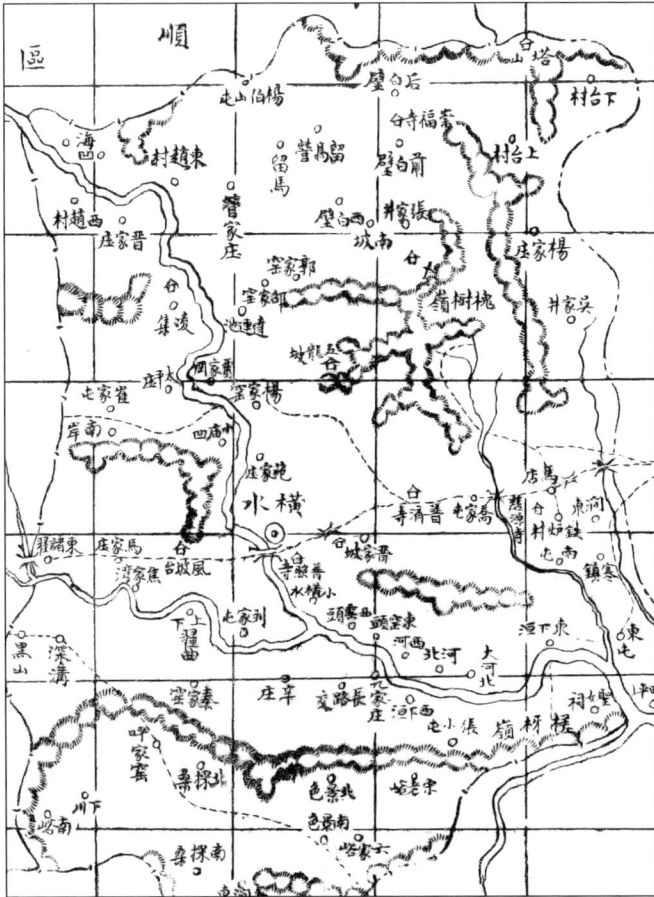

《民國林縣志》橫水區地圖

民國肇造，促辦自治。因舊社倉之區劃，分全縣爲九區，而城區因舊有南北關兩倉，仍析爲南北兩部分，設區長二人，餘八區各設區長一人，故亦稱十區云。

橫水區

……

留馬村，二二，東五八。

（卷一《地理上》）

【題解】

《民國林縣志》編成於民國二十一年（1932）。

民國時期推行地方自治，林縣根據舊的行政區劃，分爲十個區，區下設鄉。留馬村屬於橫水區。上邊兩組數字，前邊是距離縣城的里數；後邊是所屬的鄉名，即東五十八鄉。

從書前所附的《橫水區地圖》可見，當時留馬村和早先的軍屯留馬營，還是相鄰的兩個地方。

195. 1989 年《林縣志》

民國24年（1935），將9個區合併爲6個區，即：城關、合澗、臨淇、東姚、姚村、任村。

民國29年（1940）3月，林縣以姚村爲界分爲林北縣、林縣。林北縣抗日民主政府先後設立4個區，即：任村、東崗、北楊家莊、馬鞍。林縣國民黨統治區分5個區。

民國32年（1943）5月，林縣抗日民主政府設立城關、合澗、原康、臨淇、東姚、橫水、河順、姚村等8個區。9月，林縣城以北劃歸林北縣，林北縣設有任村、東崗、河順、姚村、凌集、逆河頭、西鄉坪等7個區；林縣設有城關、合澗、原康、臨淇、七泉、淇東、東姚、橫水、大峪、棋梧、洪河等11個區。

民國35年（1946）6月，林北縣、林縣合併，稱林縣。設有城關、合澗、原康、三井、臨淇、澤下、東姚、河順、橫水、東崗、任村、姚村等12個區。

1952年7月，全縣劃爲15個區，除上述12個區外，增設南陵陽、舜王峪、茶店等3個區。同年冬，區下設192個鄉。

1955年9月，由15個區合併爲6個區，即：合澗、臨淇、東姚、河順、任村、陵陽。下設110個鄉。

1957年，110個鄉合併爲43個鄉。

1958年7月，撤銷6個區，成立15個鄉。8月10日，以鄉成立15個人民公社，即：城關、合澗、原康、小店、茶店、臨淇、澤下、東姚、采桑、橫水、河順、東崗、任村、石板岩、姚村。下設152個大隊。1959年增爲288個大隊。1961年爲331個大隊。1969年爲487個大隊。

1982年，全縣共有531個大隊。

1983年12月，15個公社改爲15個鄉，531個大隊改爲531個村民委員會。（第一卷第一章第一節四《區劃》）

橫水鄉：……留馬，營里。（第一卷第一章第一節四《區劃·林縣村名録》）

【題解】

1989年《林縣志》記録了民國以來林縣的行政建置變化。這期間，留馬村的歸屬没有記載。1937年全面抗戰爆發後，林縣的北部一度被日僞控制。留馬村也在其中。

1958年人民公社成立後，留馬村屬橫水人民公社，爲留馬生産

大隊。1983年公社改鄉，留馬屬橫水鄉，爲留馬村民委員會。《村
名録》是1989年時的狀況，留馬和營里爲兩個村，既是行政村，也
是自然村。

196. 《橫水鎮志》

民國29年（1940）3月，根據國共兩黨協議，林縣以姚村爲界，
劃分爲林縣、林北縣。林縣（南部）爲國民黨統治區，分爲五個區。

民國32年（1943）5月，林縣抗日民主政府設立橫水、河順
等八個區。9月林縣城以北劃歸林北縣，林北縣設有凌集、河順
等七個區，林縣設有橫水、東姚等十一個區。

民國33年（1944年）橫水解放後，人民政府爲了便於生産，
由原來戰爭時期常路郊村和凌集區合併爲橫水區，區署設在橫水，
劃分爲區、村。

民國35年（1946年）6月，林縣、林北縣合併，稱林縣，設
有橫水、姚村、任村等十二個區，橫水爲林縣第八區，區公所駐
橫水村。

1949年10月，中華人民共和國成立後，橫水仍爲林縣第八區。

1952年7月，全縣劃爲橫水、姚村等15個區。

1955年9月，全縣十五個區又合併爲六個區，撤銷了橫水區，
區下設鄉。境内有凌集鄉、西白鄉、橫水鄉、鐵爐鄉等。

1958年7月，在農業合作化初級社、高級社的基礎上，撤銷
了全縣六個區，設立15個鄉。8月10日，以鄉成立15個人民公社，
實行政社合一。全社分爲7個基點、41個生産大隊，後又設爲44
個生産大隊，組織形式是：公社—基點—生産大隊—生産隊。

1979年3月，留馬村分設爲留馬、楊伯山屯、營里、海凹、

西白5個行政村。

1980年12月5日，根據工作需要，經上級部門批准，撤銷橫水大隊，新設橫水、東橫水、范家莊3個大隊。

1983年12月，根據林發〔1983〕43號文件，按照橫水人民公社原來管轄的範圍將政社合一的人民公社體制改建爲中共橫水鄉委員會、橫水鄉人民政府和橫水鄉經濟聯合社，鄉下設行政村。

1988年，根據工作需要，經上級有關部門批准，撤銷九家莊大隊，新設九家莊和常路郊兩個大隊。

1988年12月，改橫水鄉爲橫水鎮，下設48個行政村、67個自然村。

1994年5月，經上級部門批准，撤銷范家莊村，新設范家莊、橋東、小廟凹3個行政村。（第一卷第一章第三節《區劃　沿革》）

1941年，日本軍駐紮在橫水村，在大石橋往北100多米的一座小樓上，修成了崗樓。占地面積約30平方米，高七米，共3層，第三層爲晾棚，周圍有槍孔，主要是封鎖橫水大石橋。（第二卷第一章第二節《橫水歷史軍事設施》）

【題解】

《橫水鎮志》是橫水鎮的地方志，2006年由鎮政府的鎮志編纂委員會編纂。

三、留馬人物李玉

197. 元胡祗遹《顯武將軍安陽縣令兼輔岩縣令李公墓誌銘》

公諱玉，世爲林慮人。父寶，孝弟力田，世其業，户冠鄉里。曾大父、大父，兵亂世系遺失，諱字不可記。公生十八歲，金主走汴，河朔爲藩障，干戈擾攘，不能安畎畝，即自奮拔，投身懷孟等路招撫使杜公帳下，以驍勇智略受謀克。未幾，拜千夫長兼提控，爵顯武將軍，遥受汲縣尉。天厭金德，杜公以讒謗引退。天兵日熾，金土日削。歲丁亥，公挺身内屬，隸職彰德路總帥府，換授總領，佩符。歲戊子，東平行尚書省承制，以公舍逆從順，帥衆來歸，授武略將軍，充總領。歲丙申，改授林慮沿山都巡檢使，兼輔岩都巡檢。歲丁酉，兼充林慮主簿。歲壬寅，陞充輔岩縣令。歲壬寅，兼充安陽縣令。既而，帥府以林慮闕官，不妨本職兼充林慮縣令。後以本職兼銅冶、申村兩冶鐵場使。庚申改元，中書左丞兼大名等路宣撫使司激濁揚清，一時久任州縣者，舉經沙汰，獨公以廉幹如故，重新恩命以寵之。

中統二年，自以禄仕四十餘年，功成名遂、不得勇退爲恨，力以病辭。既得請，治生教子，三致豐阜，鼓鐵煮鑾。所居城市，凡能傭力而無恒産者，魚聚水而鳥投林，相率來歸。寒者得衣，飢者得食，窮殍者得生活，卵翼子孫，累世不忍相舍去。

頤指氣使、優游素封二十餘年。享年八十有一，神識精力如五六十歲人。一日傳家政於其子，曰："自兹事無巨細，勿復相關白，吾將以閑適終天年矣。"

私第之東即縣學，公倡始以建。至是以外戶未立，身親工力以成之。子孫請代其勞，曰："吾非強勉要譽，但心自慕樂，不知其老憊。"時至元十七年八月也。九月十二日，以食少壽隆，遺訓明悉，薨於正寢。

夫人五：張氏，景氏，呂氏，趙氏，蔡氏。子男六人：長曰濟，部劄輔巖商酒監。次彬，襄鄧萬戶府征南百夫長，不幸二十三歲而夭；其妻鄭氏，以少艾嫠寡，苦節莫奪，時人以貞節稱之。次湜，以軍功爵武略將軍，金符，千夫長，兼造作提舉。次天一，銀符，彰德路鐵冶同提舉。次溫，次裕，以養親未仕。女四人：長適張氏；次適陳氏，早卒；次適陳氏；次適秦氏。孫男一十四人：楫，杠，咬兒，千壽，壽山，海壽，同壽，福山，定安，長壽，伯奴，安壽，定童，玉奴。孫女五人：迎春，適鄭氏；賽春，適賈氏；梅哥，適鄭氏；定哥，桂哥，未笄。曾孫男四人，長孫曾孫遇，僧，翁，惜。

公起身田里，兵荒廢讀書，又出入行陣，一旦當牧民繁劇之任，吏畏其明，民懷其惠。勸課字諭之暇，剖決疑獄，動合於古。或告布縷爲某人盜去，公佯不爲理而斥去之，默命其人訴詈所疑者，盜者果以誣罵來反告，不片言而伏其辜。一婦抵訴頭釵爲某人所盜，公反以告者爲誣，三問而遣之，以旅進旅退之間，而察其情狀，即以退先進後者爲真盜，不詰而請受罪。農人牛舌爲怨家暗夜截去，公命同里近墅悉聚於庭，俾人歷祝之殆遍。一夫若退縮而不肯前，既前，牛觳觫退曳，驚奔而不能挽。公謂其人曰："汝不仁若是，夫復何言！"即叩首慚謝，輸情吐實，以法當之。圃瓜者告瓜引蔓而將實，忽爲人鋤剪殆盡。公命聚群鋤，使人舐而嘗之，坐其刃之苦者，喜受其杖，而不以爲冤。公之臨政明斷敏捷，類是者甚衆。至於度田畝之多寡，不引尋丈，策馬徐步，若不經意。雖地形高下之不同，圓方曲直之不一，往返之間，先曰若干頃畝。掌數者布算推之，不跬步之差。雖不知書，老吏抱案來前，聽讀一過，是是非非，詳悉明辨，不敢欺蔽。其明敏過人又如此。

先世塋域皆在留馬村。子孫以溪澗丘壑不能增廣，今卜葬於前輔岩縣南某原。以十二月十四日窆。諸子狀公之行以誌公之墓，請銘。銘曰：

污白爲緇，持坎作離，輕重高下，文深險巇，此奸吏之所素習。雖明經學古、達權通變者，有時而陷其蒙紿之機。持狀按訊，瞭不能欺，摩揣不露，鈎距不施，情見勢屈，不得盡其辭。在公而言，是之謂不學而知。心計鞭算，勞思苦情，鹽鐵貨食，泉布流行，得算勝負，逋欠餘贏，此周於利者之不敢必，材智者困於慮而弗勝。目擊計得，如響應聲，可緩可急，有權有衡，財貨豐殖，義全利并，積而能散，隨減隨增。在公而言，是之謂不學而能。奮身農里，卓爲能吏，富貴安榮，蘭玉叢萃，壽八十一，精健明粹，老而能傳，韜卷餘智，易簀之言，可遵可誨，盥漱虛心，奄然而逝。此養生理性者之未易能，公游刃而有餘地。使公少有所學，長有所養，趙廣漢之御吏臨民，劉士安之生財省費，衛武公之年高德劭，亦不難。至刻石埋銘，固安深邃，徵文責實，永永無愧。（《紫山大全集》卷十八）

【題解】

胡祗遹（1227－1295），磁州武安（當時與林縣同屬彰德府）人，元代著名的大學者和文學家。這是他應邀撰寫的一篇墓誌銘。

墓主人李玉，是留馬村有記載的第一位名人。據《墓誌銘》記載，他生於金章宗承安五年（1200），家族世代在留馬務農，金末元初戰亂時，18歲從軍，在金軍中升任千夫長，封顯武將軍。正大四年（1227）率兵歸順蒙古，擔任總領，授武德將軍。乃馬真后元年（1242）任輔岩縣令，以後又兼安陽、林縣兩縣令。他雖然沒有讀過書，但聰敏嚴明，斷案有方，深爲民衆信服。中統二年（1261）堅請辭職。歸後經營冶鐵、煉礬，居家教育子女，並從事社會慈善活動。臨終之前還身體力行，參加安陽縣學校的修建工程。元世祖至元十七年（1280）卒，享年81歲。

四、留馬比干廟

留馬比干廟，2022 年

198. 明佚名《重修比干廟碑》

大明萬曆四十二年重修□名于後：

栗　凌　栗思中　［以下題名略］

【題解】

此碑現存留馬比干廟中。碑陽已被鑿平，殘留數字。碑陰額題
"碑陰"二字，首行題"大明萬曆四十二年重修□名于後"，以下捐
修人姓名，凡十五行，橫讀，末排爲女性，如栗門蘭氏、谷門紀氏
等，計148人；末並泥水匠等匠人3人。四周飾線刻雲紋。已漫漶。
乾隆間《重修比干廟工完記》講述萬曆碑時，衹提到栗尚章，而其
名不見於碑陰題名，可能是在碑陽中有所叙述。

《重修比干廟碑》是留馬比干廟中最古老的文物。萬曆四十二
年即公元1614年，距今已經四百多年。既爲"重修"，則比干廟的
初建遠在此前。它見證了留馬比干廟的悠久歷史。

碑中所題，以栗姓最多，其他還有王、谷、焦、姬、楊等姓氏。

199. 清佚名《重修比干廟工完記》

比干廟之立，渺不知始於何人矣。觀其舊碑，重修者乃有明
萬曆時栗氏尚章等是也。自重修後以至於今，世遠年湮，木將朽
而瓦多裂矣。當此之時，非得善人君子，焉能興此大功哉！

何幸本村有楊氏諱永正者，少而肄業於斯，長而設教於斯。
凡講讀孔孟書，至曰仁曰賢之句，已心爲慕之矣。且值殿宇將傾
之日，每遇風而益爲惻然。於是糾合村衆，各捐己貲，勸督工匠，
不數月而聿觀厥成焉。廟貌古樸，不改醇□之風；聖像新鮮，別

增丹獲之色。

　　猗歟，休哉！自成此舉，不唯比干之忠貫日月，益流芳萬載；即楊氏等重修之功，亦永垂不朽矣！故刻諸貞石，使後之覽者，亦將共勵於善云。

　　社首楊永正，男若驪，監生宋來□，栗廷富，栗大經，劉坤重，栗大成，吳師程，栗叢林，侯文德攢首。

　　栗永吉，劉廷士［以下題名略］

　　大清乾隆十年歲次乙丑六月二十四日吉旦立

【題解】

　　此碑現存留馬比干廟中。額題"碑銘"，四周飾線刻花草紋。碑中所列捐助者姓名共154人，以栗氏、楊氏最多。末並刻石匠、木匠、鐵匠、泥水匠、畫匠姓名6人。落款的日期，是公元1745年7月23日。由碑文可見，這次留馬比干廟重修，是"社首"楊永正發起並主持的。

明萬曆四十二年（1614）《重修比干廟碑》碑陰

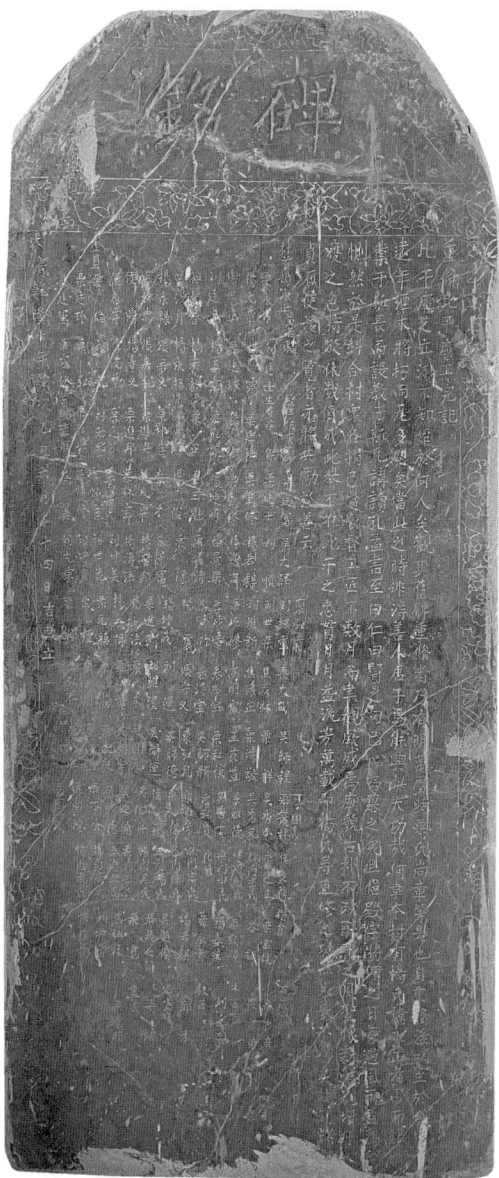

清乾隆十年（1745）《重修比干廟工完記》碑

200. 對聯

逆耳披鱗，周朝尚封其墓；
原心略跡，至聖亦許以仁。

【題解】

這副對聯，刻於留馬比干廟正殿門前廊柱上。柱爲石質，係舊時遺留構件。刻字年代不詳。聯中的成語"原心略跡"，在清初纔開始流行，所以對聯應該是清代人撰寫刻石的。

五、留馬的比干傳說

201. 牛安民《比干剜心》

傳説，殷紂王到女媧廟進香，調戲女媧神。後來女媧娘娘就派狐狸精妲己女，到殷都朝歌宮中，專毀殷紂王的江山。

亞相比干是殷紂王的叔叔。看到妲己女進宮來，整天以酒色迷戀紂王，使紂王不理朝政，對周武王聯合諸侯攻打朝歌的事一點兒也不挂心上，於是多次規勸紂王，疏遠妲己。妲己對比干懷恨在心。

一天，妲己裝病，説是非吃比干的玲瓏心不能活。殷紂王貪色，寵幸妲己，再加上早已對比干的勸説厭煩了，就傳旨逼比干剜心救妲己女。

比干也明知這是妲己女毀害他，可是"君叫臣死，臣不死不忠"，祇好含冤走上高臺，用劍切開胸膛，摘下心來。後來，人們就把這個高臺地叫"摘心臺"。説來也怪，比干開膛摘心，竟一滴血也没流，他也没有死。你猜是啥原因？原來，他早就喝了姜子牙的符水，叫他離開京都，祇要不説話，就不會死。

比干騎上馬，帶着兵將，從朝歌向太行山走去。當他騎馬來在現在的林縣楊伯山屯村西路邊，碰見一個老婆兒在路邊剜没心菜，他覺得奇怪，竟忘了姜子牙的囑咐，問老婆兒："你怎麽剜的菜没心？"那老婆兒説："怎麽没心？人没心就死了，菜没心咋活？"老婆兒這一説，比干"啊呀！"大叫一聲，從馬上跌下來，滿腔熱血飛濺到路旁石頭上，至今這裏的石頭，還有紅斑點，土是紅夾斑。你猜這位老婆兒是誰？原來是南海觀音，如果南海觀音説人無心還能活，比干也不至於就死，這是姜子牙符水的妙用。後世人爲了紀念比干，就在這裏修了比干廟，廟的正殿立了兩根五米高一摟粗的石柱，左邊寫著"原心略跡至聖亦許以仁"，右邊刻寫著"逆耳披鱗周朝尚封其墓"。現在還清清楚楚。

比干騎的馬受驚，向東面跑去，拖着繮繩，越過了一嶺，後來這道嶺叫拖繮嶺。馬跑過拖繮嶺又轉向西面，人們把它攔住，留下它，這個村後來叫留馬村。隨跟比干的兵將在留馬村東北面半里地紮下營來，這個村叫營里村。

（《林縣民間故事集成》）

【題解】

《林縣民間故事集成》又名《中國民間故事集成·河南林縣卷》，1987年中國民間文學集成河南林縣卷編委會編輯。《比干剜心》一篇，文後標注是牛安民搜集整理。

202.《林縣部分村名由來》

留馬，位於城關鎮東北十公里處，橫水鄉轄。傳說商時丞相比干因忠諫被紂王挖心而死。其馬奔此也死。後人修比干廟紀念丞相，將此地命名留馬。古跡有比干廟、拖韁嶺。(《林縣文史資料》第三輯)

【題解】

《林縣文史資料》第三輯，由中國人民政治協商會議河南省林縣委員會文史資料委員會1987年編，文末注："根據林縣地名辦公室、縣志總編室供稿整理。"

203.《中華人民共和國地名詞典·河南省》

留馬，在林縣城關鎮東北10.5公里。屬橫水鄉。商紂王無道，丞相比干忠諫，被挖心而死，其馬奔此亦死。後人立廟紀念比干，村名留馬。村落呈方形，東西、南北主街"十"字相交。人口1882。附近盛產棉花。有公路接新河公路。村中有比干廟。

【題解】

《中華人民共和國地名詞典》是中國地名委員會、國家教委、新聞出版署組織編纂的大型地名詞典。河南卷由河南省人民政府委託河南省地名委員會，組織成立專門的編纂委員會及編輯部負責編纂，省地名辦公室和地、市、縣地名工作者也參加了編寫工作。

204.《留馬》

留馬村位於橫水鎮北部，村中有座"比干廟"，村外有道"拖繮嶺"。民間傳說，其村名與"比干挖心"的歷史故事有關。

比干是我國有史記載的第一位諫臣。《孟子雜記》云："王子干，封於比，叫比干。"殷都沫邑（今河南衛輝市）人。生於公元前1902年5月6日，官居少師（丞相），輔佐哥哥商王帝乙，功勛卓著。帝乙臨終前，將王位傳給兒子受（即紂王），托付比干輔佐。在紂王執政的前10年，比干作爲王叔和受命大臣，嘔心瀝血精心輔政，使商朝經濟繁榮，國富兵强，人民安居樂業。後來，紂王逐漸傲慢起來，生活荒淫無度，處事專橫跋扈，對愛妃妲己更是言聽計從。朝臣屢諫不聽，致使微子出走，箕子裝瘋，人心渙散，國力日衰。比干心急如焚，便直諫紂王道："我王所作所爲，上不顧天，下不顧地，中不顧人，天地人心失盡，傾國之禍迫在眉睫，你必死於萬人之手！"紂王大怒，並聽從妲己讒言，面對比干道："朕聞聖人之心有七竅，今日我要看看真假！"遂讓人當庭剖胸取心。比干視死如歸，浩然應對，時年63歲。

相傳比干丞相被挖去心肝後，從朝歌城（今淇縣）騎馬西行向林州走來。當行至今橫水鎮楊伯山屯村西時，見一老婦在路旁挖無心菜，感到很奇怪，便停馬問道："你怎麽挖的菜没心？"老婦答曰："怎麽没心？人没心要死，菜没心咋活？"老婦話音未落，比干"啊呀"一聲落馬墜地身亡，一腔熱血噴湧而出，濺得四周全是血跡。至今這裏的石頭上仍還有許多紅色斑點，土也全是血紫色，當地群衆稱這種土叫"紅夾板土"。

後人爲紀念比干，在這裏修了比干廟，廟的正殿前立有兩根五米高、一人伸雙臂方能抱住的石柱，柱上對聯現在仍清晰可見，上聯是："逆耳披鱗周朝尚封其墓"；下聯是："原心略跡至聖亦許以仁"。

比干落馬倒地之後，其馬受驚拖著繮繩向東邊山嶺跑去，後來又扭頭向西跑來，被當地人拉住留下，攔馬的地方就是現在的"留馬村"。那道叫拖繮嶺的山名也一直傳說至今。每年農曆二月十一日，這裏有傳統廟會。

關於"没心菜"是何科植物，人們也没少費了腦筋，經歷代多人查證，這"没心菜"實際上就是中草藥中的"半夏"。

也有傳說，當初比干被挖心後，其妻陳氏有孕在身，隨比干一起逃來林州。當走至山林間一水泉旁時，生下一子，取名"林泉"。一年後，周武王滅商，建立了周朝，賜林姓給比干的兒子，改名"林堅"，成爲天下林氏始祖。3000多年來，海内外建有許多供奉比干的祠廟，留馬的比干廟當屬其一。

（《林州文史資料》第十五輯）

【題解】

《林州文史資料》第十五輯，2005年林州市政協文史資料委員會編。

205.《留馬村》

根據歷史記載，商朝時期，殷紂王在位，其叔父陛干爲大臣，爲人正直，鐵面無私，維持朝政安定。然而貴妃妲妃却懷狠在心，獻計曰："食陛干心可長生不老。"陛干聞訊騎馬外逃，來到此地，馬因病死在這裏。從此爲了紀念陛干在村中修建陛干廟一座，又因其馬死後葬於此地，故取名爲"留馬村"，沿用至今（現有陛干廟一座）。（《橫水鎮志》第二十卷第二章《各村村名由來》）

引用書目

A　安陽集　宋韓琦撰　明正德張士隆刻本

B　寶刻叢編　宋陳思編　《中華再造善本》影印宋刻本

　　寶祐仙溪志　《續修四庫全書》影印清抄本

　　抱朴子　晋葛洪撰　《中華再造善本》影印宋刻本

　　本草綱目　明李時珍撰　明萬曆胡承龍刻本

　　本草品彙精要　明劉文泰等編　德國柏林圖書館藏清抄繪本

　　比干挖心（豫劇劇本）　佚名撰　1989年河南省戲劇研究所

　　　《河南傳統劇目彙編》排印本

　　泊菴集　明梁潛撰　影印《文淵閣四庫全書》本

　　博物志　晋張華撰　明弘治賀志同刻本

C　蒼崖先生金石例　元潘昂霄撰　元刻本

　　册府元龜　宋王欽若等編　宋刻本

　　長短經　唐趙蕤撰　《中華再造善本》影印宋刻本

　　成化河南總志　明成化刻本

　　成化山西通志　明成化刻本

　　程文恭公遺稿　明程文德撰　《明別集叢刊》影印明萬曆刻本

　　重修政和經史證類備用本草　宋唐慎微撰　宋曹孝忠修訂

　　　《中華再造善本》影印蒙古定宗刻本

　　崇禎廣昌縣志　明崇禎刻本

楚辭　戰國屈原等撰　漢王逸注　宋洪興祖補注　《四部叢刊》影印明翻宋刻本

D　大戴禮記　漢戴德撰　《中華再造善本》影印元刻本

大明一統志　明李賢等編　明天順內府刻本

大宋重修廣韻　宋陳彭年等編　宋刻本

大唐內典録　唐釋道宣撰　宋刻《崇寧藏》本

大中華河南省地理志　民國林傳甲撰　民國九年自印本

道光鉅野縣志　清道光刻本

鄧析子　戰國鄧析撰　清同治劉履芬摹宋刻本

東觀餘論　宋黃伯思撰　宋刻本

洞天福地嶽瀆名山記　唐杜光庭撰　影印《正統道藏》本

洞玄靈寶真靈位業圖　南朝陶弘景編　影印《正統道藏》本

F　封神天榜　清佚名撰　《古本戲曲叢刊》影印清內府抄本

封神演義　明許仲琳編　明末金閶書坊舒冲甫刻本

封神真形圖　清佚名繪　臺北“國家圖書館”藏清繪本

G　古今合璧事類備要　宋謝維新、虞載編　《中華再造善本》影印宋刻本

古今姓氏書辯證　宋鄧名世撰　影印《文淵閣四庫全書》本

古列女傳　漢劉向撰　《文選樓叢書》摹宋建安余氏刻本

光緒曹縣志　清光緒刻本

國語　《士禮居黃氏叢書》摹宋刻本

H　韓非子　戰國韓非撰　清影宋抄本

韓詩外傳　漢韓嬰撰　明嘉靖蘇獻可通津草堂刻本

漢隸字源　宋婁機撰　宋刻本

漢書　漢班固撰　中華書局點校本

鶴山先生大全文集　宋魏了翁撰　《中華再造善本》影印宋刻本

橫水鎮志　2006年北京藝術與科學電子出版社出版

弘治潞州志　明弘治刻本

淮南子　漢劉安撰　《四部叢刊》影印宋抄本《淮南鴻烈解》

黃帝內經素問　佚名撰　《中華再造善本》影印金刻本

J　濟北晁先生雞肋集　宋晁補之撰　明崇禎詩瘦閣刻本

嘉靖河南通志　明嘉靖刻本

嘉靖湖廣圖經志書　《日本藏中國罕見地方志叢刊》影印明嘉
　　靖刻本

嘉靖山東通志　《四庫全書存目叢書》影印明嘉靖刻本

嘉靖潞縣志　明嘉靖刻本

嘉靖彰德府志　《天一閣藏明代方志選刊》影印明嘉靖刻本

賈長沙集　漢賈誼撰　《中華再造善本》影印明成化刻本

金石錄　宋趙明誠撰　《中華再造善本》影印宋刻本

金史　元脫脫撰　中華書局點校本

經史證類備急本草　宋唐慎微撰　宋艾晟修訂　《中華再造善本》
　　影印宋刻本

K　康熙重修平遙縣志　清康熙刻本

康熙廣昌縣志　清康熙刻本

康熙汲縣志　清康熙刻本

康熙林縣志　清康熙刻本

康熙潞城縣志　清康熙刻本

孔子家語　魏王肅注　《四部叢刊》影印明翻宋刻本

L　樂善錄　宋李昌齡撰　《續古逸叢書》影印宋刻本

李太白文集　唐李白撰　宋宋敏求編　《中華再造善本》影印
　　宋刻本

禮記　漢鄭玄注　《中華再造善本》影印宋刻本

歷代名臣像解　清佚名繪　1996年河北美術出版社《中國歷代帝王名臣像真跡》影印本

歷代鐘鼎彝器款識法帖　宋薛尚功輯　2021年中華書局《宋刻宋拓〈歷代鐘鼎彝器款識法帖〉輯存》影印宋拓本

隸釋　宋洪适撰　清乾隆汪氏樓松書屋刻本

隸續　宋洪适撰　日本傳抄元泰定寧國路儒學刻本；清康熙曹寅揚州使院刻本

列國志傳　明余邵魚編　《古本小説集成》影印明萬曆余象斗三台館刻本

林縣民間故事集成　該書編委會編　1987年内部印刷

林縣文史資料第三輯　中國人民政治協商會議河南省林縣委員會文史資料委員會編　1987年内部印刷

林縣志　1989年河南人民出版社出版

林州文史資料第十五輯　林州市政協文史資料委員會編　2005年内部印刷

陸士龍文集　晋陸雲撰　《中華再造善本》影印宋刻本

路史　宋羅泌撰　羅苹注　明嘉靖洪梗刻本；明萬曆喬可傳刻本

論語　春秋孔子撰　《西安碑林全集》影印唐《開成石經》本

論語詳解　明郝敬撰　明萬曆刻本

論語義疏　梁皇侃撰　《知不足齋叢書》刻《論語集解義疏》本

論語注疏　魏何晏集解　宋邢昺疏　南宋蜀刻本

吕氏春秋　秦吕不韋編　《中華再造善本》影印元刻本

M　賣菜（高腔劇本）　清佚名撰　2001年臺灣"中央研究院歷史語言研究所"、新文豐出版股份有限公司《俗文學叢刊》

影印舊抄本；2001年學苑出版社《清車王府藏曲本》影印

舊抄本

毛詩注疏　唐孔穎達撰　《足利學校秘籍叢刊》影印宋刻本

梅溪先生文集　宋王十朋撰　明正統劉謙刻本

孟東野詩集　唐孟郊撰　《中華再造善本》影印宋刻本

孟龍川文集　明孟思撰　明萬曆金繼震刻本

孟子　戰國孟軻撰　《續古逸叢書》影印宋刻本

孟子集注　宋朱熹撰　宋刻本

孟子集注考證　宋金履祥撰　影印《文淵閣四庫全書》本

孟子雜記　明陳士元撰　清道光刻《歸雲別集》本

秘笈新書　宋謝枋得編　明吳道南補　明萬曆刻本

民國（二十三年）梨樹縣志　民國排印本

民國海城縣志　民國排印本

民國林縣志　民國林縣華昌石印局石印本

民國雙城縣志　民國排印本

名疑　明陳士元撰　明萬曆刻《歸雲別集》本

墨池編　宋朱長文撰　明隆慶永和堂刻本

墨莊漫錄　宋張邦基撰　明刻《稗海》本

墨子　春秋戰國墨翟撰　影印《正統道藏》本

N　南齊書　梁蕭子顯撰　中華書局點校本

Q　乾隆安鄉縣志　清乾隆刻本

乾隆汾州府志　清乾隆刻本

乾隆廣昌縣志　清乾隆刻本

乾隆河南府志　清乾隆刻本

乾隆林縣志　清乾隆刻本

乾隆偃師縣志　清乾隆刻本

乾隆直隸澧州志林　清乾隆刻本

欽定全唐文　清董誥等編　清嘉慶內府刻本

秋澗先生大全文集　元王惲撰　元刻明修本

全相武王伐紂平話　元佚名撰　元建安虞氏刻本

群書治要　唐魏徵等編　日本鐮倉時期抄本

R　人鏡陽秋　明汪廷訥撰　明萬曆汪氏環翠堂刻本

　汝帖　宋王寀輯　2002年湖北美術出版社《中國法帖全集》影
　　印宋拓本

S　尚書　《西安碑林全集》影印唐《開成石經》本

　尚書　（僞）漢孔安國傳　《中華再造善本》影印宋刻本

　尚書正義　唐孔穎達撰　宋刻本

　詩經（毛詩）《西安碑林全集》影印唐《開成石經》本

　史記　漢司馬遷撰　宋裴駰集解　唐司馬貞索隱　唐張守節正
　　義　中華書局《點校本二十四史修訂本》

　使金錄　宋程卓撰　明弘治刻《新安文獻志》本

　事物紀原　宋高承撰　明正統陳華刻二十卷本；明成化李果刻
　　十卷本

　書史會要　元陶宗儀撰　明洪武刻本

　書小史　宋陳思撰　宋刻本

　水經注　北魏酈道元注　清乾隆勵志書屋刻本;《武英殿聚珍
　　版叢書》本

　說文解字　東漢許慎撰　宋刻元修本

T　太平寰宇記　宋樂史編　中華書局點校本

　太平御覽　宋李昉等編　宋刻本

　太師比干錄　明曹安編　日本江戶時期傳抄明天順刻本

　唐音統籤　明胡震亨編　《故宮珍本叢刊》影印清康熙刻本

苕溪漁隱叢話　宋胡仔撰　清乾隆楊佑啓耘經樓刻本

通鑑前編　宋金履祥撰　元刻本

通志　宋鄭樵撰　元大德三山郡庠刻元明遞修本

W　萬曆（二十四年）兗州府志　齊魯書社影印明萬曆刻本

萬曆（元年）兗州府志　《天一閣藏明代方志選刊續編》影印明
　　萬曆刻本

萬曆鉅野縣志　明崇禎刻增補本；清康熙抄增補本

萬曆林縣志　明萬曆刻本

萬曆潞城縣志　明萬曆刻天啓崇禎增修本

萬曆衛輝府志　明萬曆刻本

萬首唐人絕句　宋洪邁編　明嘉靖陳敬學德星堂刻本

緯略　宋高似孫撰　明抄本

魏書　北齊魏收撰　中華書局點校本

文粹　宋姚鉉編　《中華再造善本》影印宋刻本

文選　梁蕭統編　唐李賢等注　宋刻本

文苑英華　宋李昉等編　明正德刻本；明抄本

吳越春秋　漢趙曄撰　《中華再造善本》影印元刻本

無上秘要　北周武帝宇文邕編　影印《正統道藏》本

X　西河林氏族譜（福建上杭）　清道光刻本

西河林氏族志　旅菲西河林氏宗親總會成立五十周年紀念刊編
　　委會編　1960年出版

嘯堂集古錄　宋王俅編　《中華再造善本》影印宋刻本

新編分類夷堅志　宋洪邁撰　明嘉靖刻本

新編翰苑新書　宋佚名編　明藍格抄本

新編連相搜神廣記　元秦子晉撰　元刻本

新編事文類聚翰墨全書　元劉應李編、元詹友諒編　元泰定元

新編纂圖增類群書類要事林廣記　宋陳元靚編、元佚名增
　　補　元西園精舍刻本

新定九域志　宋佚名編　明抄本

新集古文四聲韻　宋夏竦編　《中華再造善本》影印宋刻本

新書　漢賈誼撰　明正德吉府刻本

新唐書　宋歐陽修等撰　中華書局點校本

新修本草　唐李勣、蘇敬等編　日本江戶時期寫本

新序　漢劉向撰　《中華再造善本》影印宋刻本

姓解　宋邵思撰　宋刻本

續博物志　宋李石撰　明弘治刻本

續高僧傳　唐釋道宣撰　金刻《趙城藏》本

學齋占畢　宋史繩祖撰　明抄本

荀子　戰國荀況撰　《古逸叢書》影印宋刻本

Y　姚文敏公遺稿　明姚夔撰　明弘治姚璽刻本

伊川擊壤集　宋邵雍撰　明成化畢亨刻本重修本

逸周書（《汲冢周書》）　《中華再造善本》影印元刻本

意林　唐馬總編　明嘉靖黃鳳儀刻本

殷太師忠烈錄　明暴孟奇編　明萬曆暴孟奇刻本

俑廬日札　羅振玉撰　《羅雪堂合集》影印民國石印本

有商誌傳　明鍾惺編　《古本小說集成》影印清嘉慶刻本

酉陽雜俎　唐段成式撰　明萬曆李雲鵠刻本

于肅愍公集　明于謙撰　明嘉靖刻本

輿地碑記目　宋王象之編　清抄本

玉海　宋王應麟編　元刻本

元和郡縣圖志　唐李吉甫編　中華書局點校本

元和姓纂　唐林寶編　影印《文淵閣四庫全書》本

越絕書　漢袁康撰　明嘉靖陳塏刻本

樂府詩集　宋郭茂倩編　《中華再造善本》影印宋刻本

雲笈七籤　宋張君房編　影印《正統道藏》本

Z　戰國策　《四部叢刊》影印元刻本

真誥　南朝陶弘景編　影印《正統道藏》本

正德大名府志　《天一閣藏明代方志選刊》影印明正德刻本

正德宣府鎮誌　《南京圖書館藏稀見方志叢刊》影印明正德刻
　　嘉靖增修本

正統大名府志　明正統刻本

植物名實圖考　清吳其濬撰　清道光陸應穀刻本

中國植物志　中國科學院中國植物志編輯委員會編　科學出版
　　社出版

中華本草　國家中醫藥管理局《中華本草》編委會編　1999年
　　上海科學技術出版社出版

中華人民共和國地名詞典・河南省　該書編委會編　1993年商
　　務印書館出版

中華人民共和國藥典　國家藥典委員會編　2015年中國醫藥
　　科技出版社出版

中論　漢徐幹撰　明嘉靖杜思刻本

中州金石記　清畢沅撰　《經訓堂叢書》本

中州雜俎　清汪价撰　清德星堂抄本

周書　唐令狐德棻等撰　中華書局點校本

籀史　宋翟耆年撰　舊抄本

諸神聖誕日玉匣記等集目録　明佚名撰　影印《續道藏》本

竹書紀年　明嘉靖范氏天一閣刻本

祝氏集略　明祝允明撰　明嘉靖張景賢刻本

莊子　戰國莊周撰　宋刻本

莊子音義　唐陸德明撰　上海古籍出版社《日藏宋本莊子音
　　義》影印宋刻本

紫山大全集　元胡祇遹撰　影印《文淵閣四庫全書》本

後 記

　　奶奶是我生命中最重要的人。我一歲多母親便過世了，是奶奶把我帶大，養育成人。我一直想送給奶奶一件有意義的禮物，可是，她從來什麼都不缺。工作之後，回故鄉去看她，帶點牛奶、水果什麼的，或者一條圍巾、一件毛衣，她總是轉送給其他更需要的人，還會叮叮："回就回吧，帶這些做什麼？"有時候給奶奶留一點錢，想讓她手頭寬裕一些，可臨別時，她又總是塞回我的背包……最終，我想起來，寫一本書獻給她，這也許是最好的禮物。

　　我出生在太行山邊緣一個再普通不過的小村莊。西邊是巍峨的林慮山，南邊是長流的洹水，東邊是起伏的丘陵，小山坡的灌木叢中，星星點點地散落着各種野花。越過丘陵，往東再翻過一道山，就是殷商的故都——安陽了。

　　村子裏綠樹蔭蔭，房舍儼然，四周被一隴一隴的麥田環繞。小麥，是我們的主糧，也是我們這裏主要的農作物。春天的時候，麥子返青、拔節、抽穗，從蒼重的深綠到青蔥的油綠，再變爲燦燦的金黃。當遠方的熱風掠過田野，麥穗如波浪般起伏搖曳，發出唰唰的聲音，就到了收割的季節。隨後，大地又會裸露出褐紅的顏色，我們這些孩子，開始挎起籃子，撿拾麥穗，不讓一粒糧食遺落田間。到了秋天，玉米成長起來，田野又成了一望無垠的青紗帳。

　　村裏有一座小小的比干廟，祇有三間正殿。後面是一片樹林，槐樹、榆樹、楊樹、桐樹和不知名的雜樹，錯落其間。前邊是一塊空地。廟裏的神仙是誰，不是我們關心的事。平時廟門上着鎖，安静又神秘。相傳，村裏蓋房不得高過它，否則會招惹禍端，據説真有應驗的事情發生。

大人的世界，孩子們完全不懂，祇是沉浸在我們的樂園裏。廟基前有青石板砌成的石階，兩側長長的斜石就是我們的滑梯，小伙伴們排着隊，一遍遍從上邊滑下來，樂此不疲，下邊的土地上，被小脚丫衝擊出一個深深的坑。還有就是跳皮筋、捏泥巴、抓石子、老鷹捉小雞的遊戲，或者在落滿桐花的林子裏捉迷藏……這兒總是飄蕩着我們的喧鬧和笑聲，伴着樹上小鳥的鳴叫。

每逢年節，廟門大開，接受信衆的朝拜。十里八村的鄉親從四方趕來，點上一炷香，或者求子祈福，或者祝願家裏的病人早日康復，孩子考上一個好的學校，或者祈求在外的親人平安……神情虔誠而寧静。於是，廟前烟火繚繞，人聲鼎沸起來。這時候會有扭秧歌、劃旱船的表演，還有唱大戲的，紅紅綠綠，真真令人眼花繚亂，興奮不已。很多年以後，我閱歷漸廣，見識了許多類似的藝術表演，但總覺得没有兒時家鄉的好看。

村莊的日子就在這樣的平淡和不平淡中淌過，周而復始，年復一年。

奶奶家和我們家都是村裏的大姓。她的祖上很富裕，曾經開過銀號，生意做到很遠的山外邊。父親是個郎中，可是父母過世很早，因此家道中落。少年時，奶奶便承擔起家庭的重擔，帶着她的姥姥、六歲的弟弟和襁褓中的妹妹，靠着自己的勞動和親戚的接濟，艱難度日。抗日戰爭時期，我們的村莊處在遊擊區。很多時候，奶奶不得不帶着全家四處躲避。有一次往陝西逃難，在盤山路上遇到日本軍隊經過，全家伏在路基下斜坡的草叢裏，僥倖躲過一劫。那一年，她剛滿十歲。

苦難賦予奶奶堅韌和果决。她帶着外婆和弟弟妹妹嫁到我們家之後，便成了我們家的主心骨。我的爺爺是一位勤勞、忠厚的農民，非常疼愛奶奶，從不讓她做體力活。早先，他曾經用架子車拉水缸，淘換些錢物；還曾到山裏開採石頭，拉到山外去賣。有點餘錢，爺爺就會放在枕頭底下，怎麼開銷，是奶奶的事兒。在我的印象中，奶奶是做"大事"的。哪間房子該翻建了，哪個孩子該娶媳婦了，哪家有病人該去看望了，是時候該買輛汽車跑運輸了……幾乎每天晚上，我都是聽着奶奶跟爺爺絮叨着這些事情入睡，而早上一覺醒來，他們就又開始念叨了。爺爺六十歲過世之後，家裏更是都由奶奶來操持，父輩的叔叔們做什麼，怎麼做，都是奶奶來規劃。在奶奶的鋪排下，我們家逐漸興旺，成爲村上一個殷實的大家庭。

日子久了，總會有一些風風雨雨。子孫輩的學業無着、彷徨無助，田地裏的自然災害，莊稼歉收，生意上的血本無歸、起起伏伏……奶奶面臨過家族中不止一次的困境，甚至生離死別，經歷了不止一次白髮人送黑髮人的悲傷。可她總是從容面對，給我們安慰，教我們自強，給我們信心，而最深最沉的痛，自己埋在心裏，一個人默默承擔。在我們面前，她永遠都那麼自信。直到現在，我有什麼事情不順心，遇到挫折時，就想給奶奶打個電話，訴說心裏的委屈。

我幼小的時候，家裏的孫子輩已經成群了。父輩下地幹活，奶奶照看我們，孩子們挨挨擠擠，依偎在她身邊。她總是充滿耐心，從不厭煩，招呼這個招呼那個。吃飯時，一碗碗熱騰騰的飯，擺晾在院裏的石臺上，高聲招呼我們。奶奶常常給我們準備很多好吃的零食，親友們送的點心，自然也都留給了我們。後來長大入學，再往後到縣裏上學，零食、衣物、被褥，都是奶奶準備，一一查看，遇到哪件不合心，馬上替換補齊。上小學時我出疹子，高燒不退，奶奶日夜看顧，把我捂在厚厚的被子裏，不讓我受一點點的風寒。每次生病，最着急的就是奶奶，找醫生開藥，打點滴，上香求神仙保佑，凌晨准時起來送"災星"……因了奶奶悉心的照看，我們感受到了家庭幸福的溫暖。

奶奶敬重知識，即使家裏再窮再困難，也不會因爲經濟問題讓孩子們失學。我的父輩都讀完了高中，在那時候的鄉村是非常了不起的。

我是個愛讀書的孩子，從小讀武俠小說，看雜誌，但凡見到有字的紙，都要讀上一遍，甚至連大人的烟盒都不放過。可是，性子太野，又懶散，不喜歡上學，幻想長大做一個俠女，自由自在地行走江湖。特別是考入鎮上的初中後，一周纔能回一次家。那時候，要騎一輛二八的大自行車，在鄉間的道路上顛簸一個多鐘頭。因爲個頭太矮，即使車座落到最低，依然不能蹬一個完整的圓，祇能左右來回挪動，腿都磨破了，疼痛難忍。十歲出頭的年紀，從未離開過家，想家想得緊，常常在夜裏哭泣，因而總是生病，每次都是頭痛欲裂。

那一次，一病又是半個多月，歸家休養。在奶奶的照料下好轉了，不得不返校。奶奶一直把我送到大路邊，站在村口的大樹下，目送我遠去，眼神裏充滿了期待。出了村，我扶着自行車，在麥田邊佇立了許久許久，最終，做出了我人生中第一個重要的決定——輟學。當我轉回家通報我的決定時，奶奶勃然大怒，臉色鐵青，重重地給了我一巴掌。我從來沒有見過奶奶生這麼大的氣，也從未想到慈祥的奶奶會打我，心裏非常害怕，甚至不敢哭出聲來。第二天一大早，奶奶讓父親押送我去上學，我乖乖坐在自行車後邊，沮喪地回到學校。說來也怪，自從挨了那一巴掌，我好像再也沒有頭痛過。後來，我一直讀到研究生畢業，成爲奶奶的驕傲。

細細回想起來，奶奶給予我的，遠遠不止生活、學業上的照顧、鼓勵和鞭策。

奶奶待人極好，心裏好像裝着所有人。村裏誰生病了需要看望，誰家有大事難事需要幫忙，她都一一籌劃。她從來都是和藹可親，從不給人冷眼、甩臉子。舊時，常有些走鄉串户的生意人，賣雜貨的，賣煤球的，收廢品的，剃頭的，收糧食的，推着小車，挑着擔子，吆喝着從門口經過。每到飯點，奶奶就會給他們端去熱騰騰的飯菜，從不收人一分錢。農曆的二月十一，是村上一年一度的廟會。在會上買東西，奶奶都會多付塊兒八毛錢。我問爲什麼，她總是淡淡地說一句："出門在外，都不容易。"後來，我漸漸懂一點事的時候，她跟我講述了小時候逃荒要飯的經歷：在山陝的黃土高原上，挨門叩開一戶戶人家的院門，一家子排開跪下，那些莊戶人家，總是慌忙把她們攙扶起來，給她們拿出食物，儘管他們也並不富裕。這時我纔若有所悟。

從奶奶身上，我知道了感恩、關愛、同情、寬容、幫助別人。再後來讀書，懂得了那就是書裏邊講到的互助和博愛，大同世界的圖景。

也正是因了這些，奶奶受到鄉親們的愛戴。人們有了難處，遇到災病，都會來找她傾訴、求助。奶奶很樂於幫助他們，也總能想出辦法，爲他們排憂解難。奶奶是一個睿智、聰敏、心細如髮的女性，能一眼看穿你的心思。在奶奶面前，我們都是乖乖的，從不敢撒謊。有時候，來家的客人還沒發話，奶奶便會道出事情的原委，癥結的所在，熱心出謀劃策，這讓他們獲得了莫大的安慰，也讓他們大爲贊嘆和欽佩。她好像真的有第六感官，哦，我神奇的奶奶！

久而久之，在我們村，甚至方圓十里八鄉，奶奶便成爲一個神奇的存在。那方小院，差不多天天都有人造訪，門庭若市。許多時候，人們祇是單純地爲了來看看她，跟她坐一會兒，聊上那麼幾句天。

奶奶信神，各路神仙都信，但最看重的，是姜太公。也許是因爲姜太公最爲足智多謀吧，我想。堂屋的正中，有一方磚砌的倉櫃，用來存放麥子，上邊設了一座神龕，供奉着一尊姜太公的神像。村民也大都信神，各有偏愛，像天神、地神、南海觀音、太白金星、文曲星、財神、門神、灶君等。這是人們尋求心靈慰藉、珍惜今日生活的表現。改革開放以來，人們生活日漸富足，村裏便醞釀重修比干廟。上一次的修葺，是清朝的乾隆年間。大家自然而然地想到，請奶奶來主持這次修建，奶奶也自然而然地覺得，這是自己的使命。

那是上世紀90年代初。我清楚地記得，那時候家裏經常擠滿了人，通宵達旦，夏夜的小院，燈火通明。鄉親們聚在一起，興奮地討論着，誰來設計，誰負責土木，材料從哪裏購買，神像如何請，老構件怎麼保護利用……大夥伙眼睛裏亮晶晶的，充滿希望的光芒。慶祝廟宇落成的開光典禮上，鞭炮聲不絕，彩旗飛揚，熱鬧異常，周邊村落祝賀者紛至沓來。至今村民們每每憶起，依然激動不已。

當我決定寫這本書送給奶奶，查閱久遠的歷史資料時，纔更加深深地認識了這座小廟、這片土地，和我的奶奶。

我讀到一個又一個讓我感動甚至令我感到震撼的故事，還有一首首詩歌，一篇篇小説和戲文。它們幾乎表達了同樣的情感。我這纔知道，村裏這座小小的比干廟，至少已有四百年的歷史，那時候奶奶家和我們家，已經是村上的兩大家族。萬曆年間那次重修，是我們家族主持的；乾隆年間那次，是奶奶家族主持的。我們村的名字，至少在一千多年以前的北宋就已經出現。而我一次次不經意走過的麥田，那些麥子，已經在這裏生長了三千多年！

麥田伸展到的天際那邊，曾經是殷商宮殿的廢墟。經歷了亡國之痛的微子，悵望剛剛吐穗的麥野，吟下這首悲傷的歌：

麥秀漸漸兮，
禾黍油油……

他們悲天憫人，以赤子之心熱愛着這片土地，關懷着這片土地上勞作的人民，爲這些，可以奉獻自己的生命。先哲們把這些品格歸結爲一個簡單的字——仁。"仁者，愛人。"比干，正是孔子筆下"殷有三仁"的仁者之一。我忽然明白，我們民族的許多優秀品德，早已融化在血脉裏，通過無數個像奶奶這樣普通的、平凡的人，身體力行，成爲我們的世之常理、人之常情，代代相傳。因此，我們的民族纔歷盡劫波而堅韌不拔，在這片土地上，生生不息，世世繁衍，一如村旁山坡上那些離離的小草，野火燒不盡，春風吹又生；一如我們田野裏那些綠油油的麥子……

如今我走出山村，成爲在外的遊子。但我没有浮萍那樣漂泊的幽怨，相反内心充滿堅定，就像一朵蒲公英，不管飄到哪裏，祇要有土地，就會生根發芽，茁壯成長。因爲奶奶，我心中充滿力量，可以戰勝任何困難。她是我的星空，我的大海，我心靈永遠可以依靠的太行山。

誰言寸草心，

報得三春暉！

我知道，這本小書，遠遠不能回報奶奶對我的撫育，給我的愛，那無法回報，也從不需要回報。然而我也知道，奶奶見到這本書，一定會非常地開心，儘管她不識字。

奶奶姓楊氏，諱長英，生於 1933 年。

栗軍芬

記於 2023 年 4 月，麥子快要抽穗的季節